마인크래프트
RPG 만들기

마인크래프트 RPG 만들기

ISBN: 978-89-314-8054-2

독자님의 의견을 받습니다.

이 책을 구입한 독자님은 영진닷컴의 가장 중요한 비평가이자 조언가입니다. 저희 책의 장점과 문제점이 무엇인지, 어떤 책이 출판되기를 바라는지, 책을 더욱 알차게 꾸밀 수 있는 아이디어가 있으면 팩스나 이메일, 또는 우편으로 연락주시기 바랍니다. 의견을 주실 때에는 책 제목 및 독자님의 성함과 연락처(전화번호나 이메일)를 꼭 남겨 주시기 바랍니다. 독자님의 의견에 대해 바로 답변을 드리고, 또 독자님의 의견을 다음 책에 충분히 반영하도록 늘 노력하겠습니다.

파본이나 잘못된 도서는 구입처에서 교환 및 환불해드립니다.

이메일: support@youngjin.com

주 소: (우)08512 서울특별시 금천구 디지털로9길 32 갑을그레이트밸리 B동 1001호

등 록: 2007. 4. 27. 제16-4189호

STAFF

저자 우마공 운영진 | **총괄** 김태경 | **진행** 현진영 | **디자인·편집** 김소연
영업 박준용, 임용수, 김도현, 이윤철 | **마케팅** 이승희, 김근주, 조민영, 김민지, 김진희, 이현아
제작 황장협 | **인쇄** 예림

마인크래프트 RPG 만들기

자바 코딩으로 만드는 **나만의 RPG 세상**

우마공 운영진 지음

YoungJin.com Y.
영진닷컴

　　아마 이 책을 펼쳐 보신 많은 독자분들, 혹은 독자분들의 자녀께서도 마인크래프트를 좋아하실 것입니다. 저 역시 마찬가지입니다. 하지만 그저 재미있기 때문이라고만 한다면 마인크래프트의 잠재력을 너무 얕잡아 보는 셈이겠지요. 2011년의 어느 날, 네이버에서 우연히 발견한 투박하고 네모난 그래픽의 게임은 제게 신선한 충격으로 다가왔습니다. 화려하고 멋진 그래픽을 내세우던 당시 게임들과 비교하자면 정말 못나 보였습니다. 그러나 넓은 세상을 돌아다니며 무엇이든 만들 수 있다는 설명에 왠지 모르게 끌리기 시작했고, 저는 이내 마인크래프트에 빠져들게 되었습니다.

　　생각보다 훨씬 멋진 게임이었습니다. 단순한 그래픽은 오히려 풍부한 상상의 기반이 되었으며, 디지털 세계의 블록은 현실의 블록 놀이를 뛰어넘는 무궁한 창의력을 발휘하게 했습니다. 모르는 것이 있다면 인터넷을 돌아다니며 정보를 수집하고 공부했으며, 그렇게 알아낸 것을 다른 사람과 공유하고 교류하기도 했습니다. 누군가의 멋진 작업물을 보며 감탄하기도 했고, 다른 사람이 만들어낸 고유한 콘텐츠를 플레이하기도 했습니다.

　　이쯤 되니 마인크래프트는 더 이상 평범한 게임이 아니었습니다. 그것은 창작자들이 자신만의 세계를 창조할 수 있게 해주는 '도구'이자 '공간'이었습니다. 픽셀로 이루어진 그림을 그리기도 하고, 블록을 쌓아 멋진 건축물을 만드는가 하면, 다른 사람들과 같이 게임을 즐길 수 있도록 서버를 구축하기도 하고, 심지어 게임 속에서 또다른 게임을 만들기도 했습니다. 그 중에서도, 나만의 코드를 작성하여 새로운 세상을 만드는 사람을 우리는 개발자라고 불렀습니다.

　　이 책은 그런 '창작자'와 '개발자'를 위한 책입니다. 그렇다고 이 책을 읽으실 여러분이 디자이너, 건축가, 프로그래머와 같은 직업을 가져야 한다는 의미는 아닙니다. 물론 마인크래프트를 계기로 그러한 진로를 선택한 사람들도 많지만, 그보다 중요한 것은 창작과 개발을 직접 경험해 보는 것입니다. 우리 인간이 본래 놀이하는 인간(Homo Ludens), 만드는 인간(Homo Faber)으로도 풀이된다는 점을 생각해 보세요. 무엇인가에 몰두하고, 무엇인가를 직접 만들어내는 행위는 아주 인간적이고 본질적입니다. 마인크래프트에서 파고들고, 만든다는 것은 단순히 재미 있을 뿐만 아니라 자아를 실현하고 인간성을 확장하는 행동이기도 합니다.

이 책을 펼친 이유는 각자 다를 것입니다. 마인크래프트가 좋아서, 나만의 게임을 만들고 싶어서, 개발자가 멋져 보여서 등, 무엇이든 괜찮습니다. 여러분이 이 책을 펼치고, 디지털 세계를 거닐다 보면 언젠가 현실 세계의 복잡한 길을 마주할지도 모릅니다. 이 길이 내 길이 아니면 어떡하지? 나의 꿈을 바꾸어야 하나? 내가 쌓아온 경험이 빛이 바래는 것은 아닐까? 하는 고민에 빠지실 수도 있습니다. 그런 걱정은 잠시 내려 놓아도 괜찮습니다. 무언가에 몰입하고 끝까지 해낸 적 있는 사람은 그 경험을 발판 삼아 어떤 사람으로서든, 어떤 길에서든 빛을 발하며 성장할 수 있으니까요. 그런 사람은 이미 창작자이고 개발자입니다. 이 책이 여러분의 모험에 작은 발판이 되기를 바랍니다. 여러분이 마인크래프트를 통해서, 이 책을 통해서, 놀이하는 사람이자 만드는 사람이 되기를 응원합니다.

우리들의 마인크래프트 매니저

전현수

PO 파바네온

박상우

서경대학교 아트앤테크놀로지학과 재학 중

前 우마공 크리에이티브 부사장

前 샌드박스 네트워크 PD

前 픽셀네트워크 콘텐츠 제작 PD

前 2020 유튜브 크리에이터 타운 PD

前 2021 유튜브 크리에이터 타운 PD

"이전 미니게임 만들기는 어떠셨나요, 즐거웠을까요?"

"이번엔 게임 시스템의 더 깊은 곳을 탐험해 볼 차례입니다."

"이 책과 함께한 여정이 끝나있을 때, 저희가 두 팔 벌려 맞이하겠습니다."

"게임 시스템의 세계에 오신 것을 환영해요!"

원고 내적마스터

이원우

부경대학교 정보통신력공학과 재학

GDSC PKNU 4기(2023.09~2023.12)

前 VisionaryLabs UE 개발자(2024.05~2024.12)

"컴퓨터만 있으면 무엇이든 만들 수 있는 세상입니다. 코딩은 이런 컴퓨터와 소통하는 기술이에요."

"코딩을 어디서부터 시작해야될 지 막막했던 분들에게, 조금이나 이 책이 도움이 되길 바라요."

도움 주신 분들: 구효민 (잇스테이크) 박찬웅 (키루)

디자인 기획 리플

박서연

서경대학교 아트앤테크놀로지학과 재학

現 콘텐츠 창작팀 Semicolon 팀장

前 양띵TV 공식 콘텐츠 제작팀 팀원

前 마인크래프트 창작팀 The FOMMIK 팀원

"우리 모두 마음 속에는 어떠한 갈증이 있을겁니다."

"나의 머리 속 생각들을 정말로 만들어보고 싶은 갈증이요."

"마인크래프트에서는 가능합니다. 도전해보고 싶지 않나요 ?"

"이 책이 그런 여러분들에게 가이드가 되어줄거에요!"

디자이너 액셀

Accele

한국도로공사 마인크래프트 공모전 금상 수상

안녕하세요, 북디자인을 맡은 액셀입니다.

이 책의 분위기와 자연스럽게 어우러시면서도 힌눈에 시선을 사로잡을 수 있도록 디자인을 구상했습니다.

세련되고 감각적인 미래 도시 감성을 담아, 독자들에게 새로운 시각적 경험을 전하고자 했습니다.

디자이너 메갓

Megat

Meechu 마인크래프트 콘텐츠 "수호기" 디자이너

"쉽게 눈에 들어오는 디자인으로 여러분의 눈을 즐겁게 하고 싶습니다"

목차

PART
1
플러그인의 기초

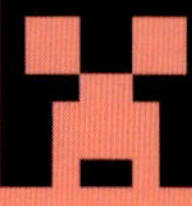

"코딩"이라는 말 들어 보셨나요? 그럼 "마인크래프트"라는 말은요? 아마 둘 다 아주 익숙한 이름들일 겁니다. 실제로 마인크래프트를 플레이해 본 적이 있거나, 지금도 여전히 즐기는 중인 분들도 있겠죠. 마찬가지로 여러분 중에서는 다양한 경로로 코딩을 접해본 분들이 많을 것이라고 생각합니다.

컴퓨터 세상은 코딩으로 되어있습니다. 물론, 마인크래프트도 그렇습니다. 코딩은 다른 말로 하면 "프로그래밍"이라고 합니다. 영어로 "프로그램 만들기"라는 의미죠. 프로그래밍은 컴퓨터를 사용해서 유용한 프로그램을 만드는 모든 과정을 말합니다. 게임을 만드는 것도 프로그래밍이고, 여러분이 핸드폰으로 사용하는 앱, 웹사이트 등등 정말 많은 것들이 "프로그래밍"으로 만들어졌습니다. 하지만 일반적으로 "프로그래밍"이라고 하면 어렵고, 복잡한 과정을 떠올리기 십상일 것입니다. 하지만 저희에겐 "마인크래프트"가 있습니다.

마인크래프트는 MOJANG에서 2009년에 처음 출시한 "샌드박스" 장르의 게임입니다. "샌드박스"란 해변에서 모래성을 짓는 것처럼 사용자가 높은 자유도를 가지고 원하는 일을 제한 없이 할 수 있는 게임을 말합니다. 마인크래프트에서는 정말 많은 것을 마음대로 가지고 놀 수 있답니다. 블록을 설치하며 멋진 건축물을 만든다거나, 레드스톤을 이용해 굉장한 기계를 만든다든지, 심지어는 게임의 코드를 바꾸어 완전히 새로운 게임을 만들어버릴 수도 있죠!

이 책에서는 마인크래프트로 코딩하는 법을 배워 볼 겁니다. 어떻게 그럴 수 있냐고요? 바로 플러그인이라는 걸 사용하여 가능합니다. 플러그인이란, 마인크래프트의 서버에서 실행되는 프로그램이라고 생각하면 됩니다. 플러그인은 서버와 플레이어가 통신할 때, 서버에서 여러 기능을 수행할 수 있게 도와줍니다. 어려울 것 같다고요? 그렇지 않습니다. 이 책을 따라 차근차근 단계를 밟아 가다 보면, 어려웠던 코딩이 어느 순간 친근하게 느껴지고, 멋진 플러그인을 만드는 자신을 발견하게 될 것입니다. 마인크래프트로 여러분이 생각하던 재밌는 기능들, 예를 들어 건축을 간편하게 만들어주는 도구라든가, 여러분의 게임을 도와줄 프로그램이라든가, 친구들과 같이 플레이할 멋진 게임이라든가! 여러분이 상상하는 기능을 여러분 손으로 직접 만들어 사용할 수 있도록 이 책이 옆에서 도와줄 겁니다.

이번 파트는 코딩을 처음 접해보는 독자분들에게 코딩이란 어떤 것이며, 마인크래프트 플러그인은 무엇인지 개념을 설명하고, 감을 잡게 해주는 파트입니다. 플러그인 개발을 위해 설치해야 하는 프로그램이나, 서버 등을 구축하고, 메시지를 보내고 명령어를 만드는 등 간단한 플러그인을 제작해 보며 플러그인 개발에 대한 감을 잡고, 마지막으로 변수를 학습하여 코딩을 향한 첫발을 내디뎌 보는 것까지 해볼 겁니다. 그럼, 준비되셨나요?

학습목표

- 컴파일러와 IDE의 차이점을 알고, IDE를 설치, 활용할 수 있다.
- 자바를 설치하고 마인크래프트 서버를 열 수 있다.

이번 챕터에서는 본격적인 개발에 앞서 플러그인 개발을 위한 환경을 준비합니다. 또한 프로그래밍에서 말하는 컴파일러와 IDE에 관한 기본 개념은 이번 챕터에서 확실히 알고 넘어가도록 설명하겠습니다. 그리고 마인크래프트 서버를 직접 설치해 봅니다. 마인크래프트 서버는 여러분의 컴퓨터를 통해 다른 플레이어와 멀티플레이를 할 수 있게 해주는 프로그램을 말합니다. 플러그인은 서버에서 실행되기 때문에 반드시 서버가 필요하답니다. 또한 서버에 플러그인을 제공하기 위해서 필요한 것이 버킷입니다. 버킷은 서버를 간편하게 구축하고, 플러그인 등의 여러 편의성을 제공해 주죠. 플러그인은 IDE로 제작되어 버킷을 통해 서버에 적용됩니다. 자, 그러면 시작해 보겠습니다.

개념 잡기

개발에 앞서, "컴파일러"와 "통합 개발 환경"(Integrated Development Environment)에 대해서 알아보겠습니다. 프로그래밍할 때, 일반적으로 우리는 "프로그래밍 언어"를 사용하게 될 겁니다. 컴퓨터는 우리가 일상적으로 쓰는 언어를 이해할 수 없습니다. 또한, 우리의 언어를 프로그래밍 언어로 바꾸어 코딩하더라도 컴퓨터는 여전히 그 문장을 이해할 수 없습니다. 그렇기 때문에 "프로그래밍 언어"를 컴퓨터의 "기계어"로 바꾸어줄 일종의 "번역기"가 필요한데, 이를 **"컴파일러"**라고 하고, 이 컴파일러로 언어를 번역하는 과정을 **"컴파일"**이라고 합니다.

보통 컴파일러는 언어 번역 기능만 제공합니다. 따라서 저희가 코드를 작성하기 위해선 별도의 텍스트 편집기가 필요하죠. 윈도에는 "메모장" 같은 것들이 있지만, 메모장에 코드를 작성하게 되면 매우 불편할뿐더러, 컴파일하는 과정이 번거로워 프로그램 개발이 매우 피곤해질 수 있습니다. 또한, 많은 코드를 사용하는 프로그래밍을 할 때는 이 코드를 하나하나 관리하기가 매우 힘들어집니다.

이런 이유로 일반적으로 프로그래밍을 할 때는 텍스트 편집기, 컴파일러, 디버거 및 각종 사용자 편의 기능을 모두 포함한 프로그램인 **"IDE"**를 사용합니다. 따라서 이번 챕터에서는 IntelliJ IDEA라는 IDE를 설치하고, 마인크래프트 플러그인 제작을 위한 환경을 세팅하겠습니다.

IDE 설치

IntelliJ는 JetBrain사에서 개발한 IDE로, 프로젝트 관리, 코드 자동 완성 기능 등을 제공합니다. 먼저 JetBrain사의 IntelliJ 공식 사이트(https://www.jetbrains.com/ko-kr/idea/download/)로 들어가서 IntelliJ Community Editon의 설치 파일을 다운로드해 줍니다.

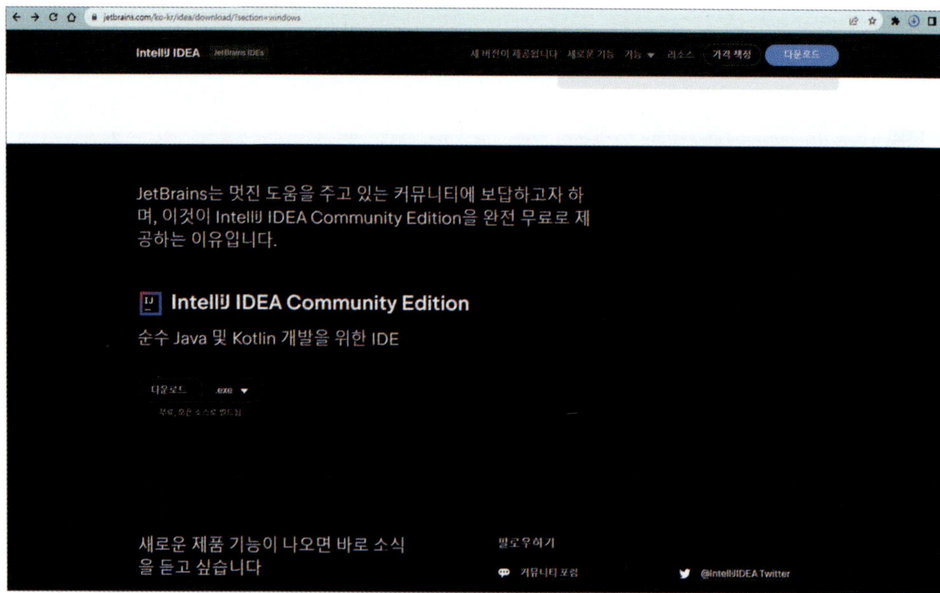

IntelliJ 사이트

이후 아래와 같이 세팅 후 Install 버튼을 눌러 설치를 해 줍니다.

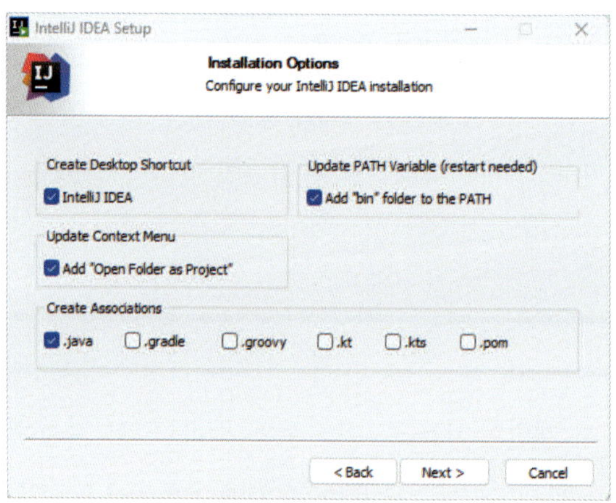

IntelliJ 설치 옵션

설치가 완료되었으면 컴퓨터를 재시작합니다. 그래야 설치가 제대로 끝나게 됩니다. 이후엔 프로그램을 한번 실행하여 제대로 실행이 되는지 확인해 줍니다.

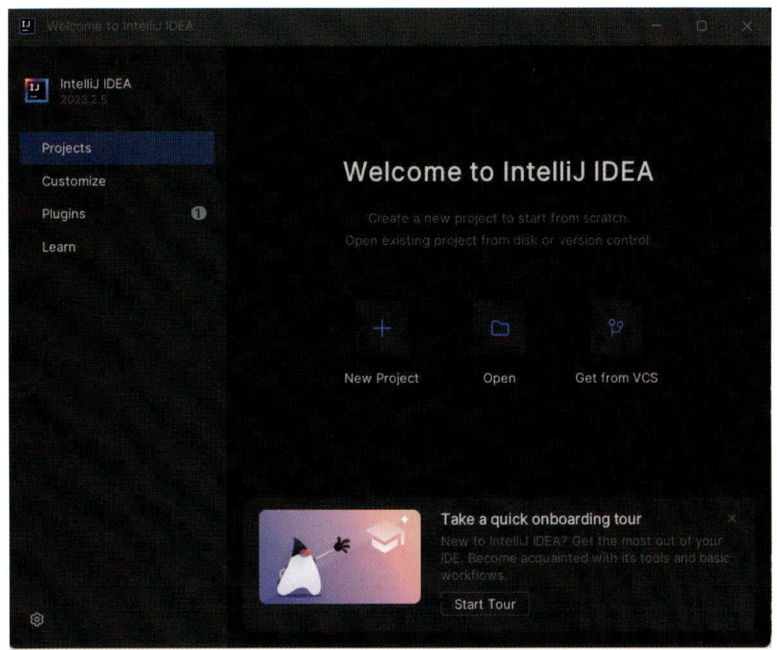

IntelliJ 실행 화면

버킷 서버 설정

버킷 다운로드

1-1의 과정을 성공적으로 마쳤다면 이번엔 마인크래프트 서버를 생성하겠습니다. 서버 생성을 위해 먼저 Paper를 다운받아 줍니다. Paper는 버킷 API을 지원하는 서버로, 버킷 API란 마인크래프트 서버를 쉽게 다루도록 도와주는 일종의 도구입니다. Paper는 이 버킷 API를 지원하며, 실제로 서버를 여는 역할을 합니다. 이번에 저희는 CraftBukkit 기반의 Paper를 사용합니다. 먼저 PaperMC 사이트(https://papermc.io/downloads/paper)로 접속하여 1.20.4버전의 Paper를 다운받아 줍니다.

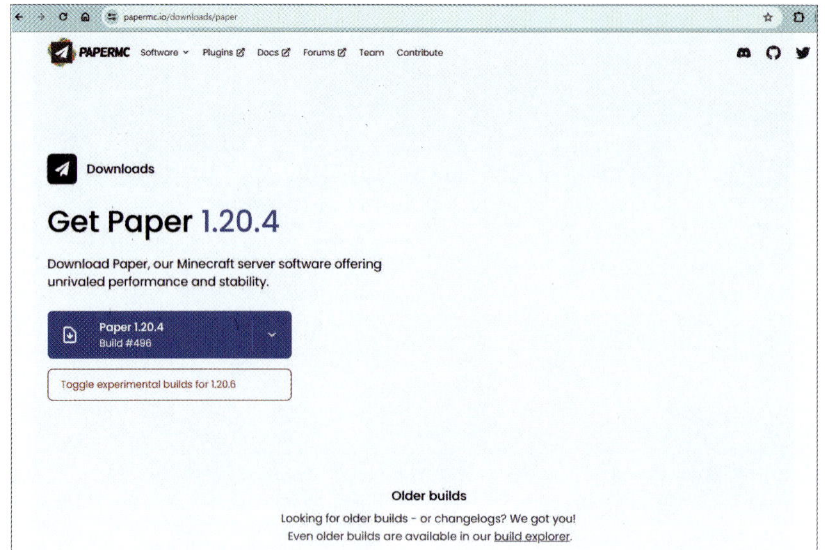

Paper 사이트

완료되었으면 새 폴더를 만들어 그 안에 파일을 넣어 줍니다.

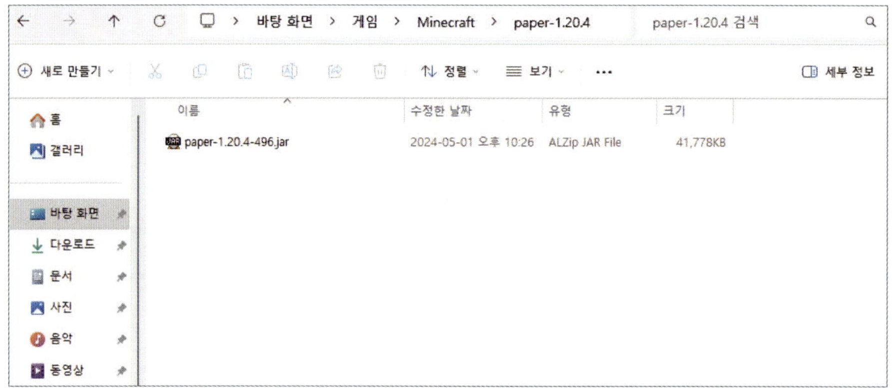

서버 폴더

이제 자바를 설치하겠습니다. JDK 다운로드 사이트(https://www.oracle.com/java/technologies/javase/jdk18-archive-downloads.html)로 가서 본인의 윈도 버전에 맞는 JDK 설치 파일을 다운받아 줍니다.

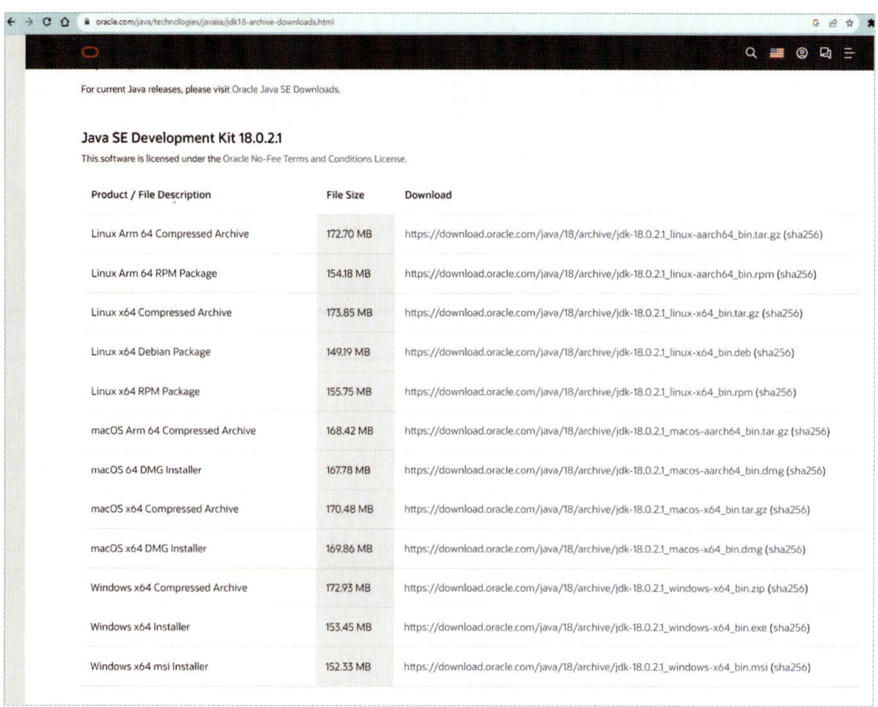

JDK 다운로드 사이트

다운로드가 완료되었으면 파일을 실행하여 JDK를 설치합니다. 이때 JDK의 설치 폴더 위치가 필요할 수 있으니 꼭 확인해 주세요!

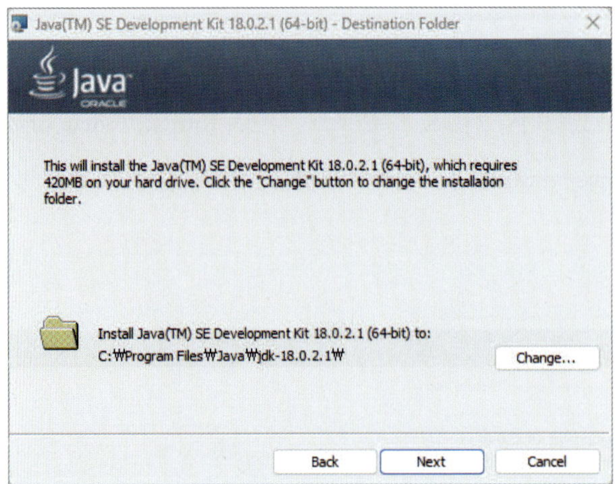

JDK 설치 화면

서버 구동기 설치

 설치가 완료되었으면, 다음으로 서버 구동기를 만들겠습니다. 메모장을 열고 다음과 같이 적어줍니다.

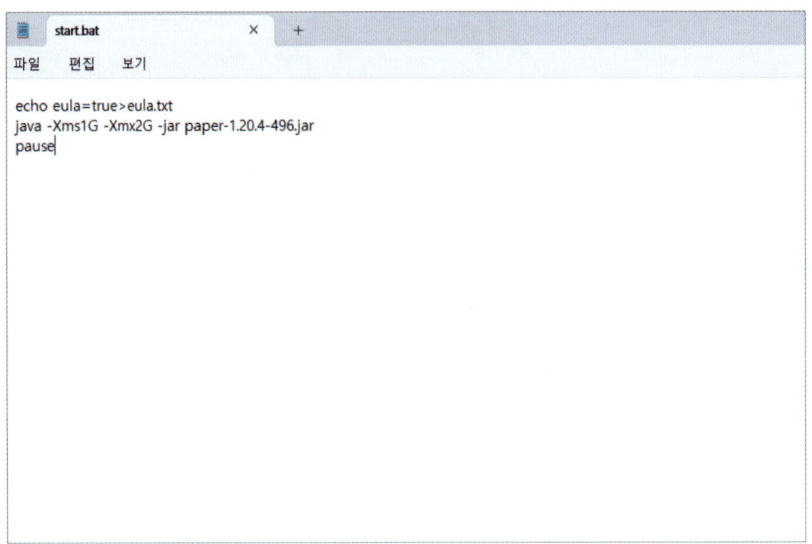

서버 구동기 코드

 이후 메모장 왼쪽 위에 위치한 파일 버튼을 클릭 후 나오는 메뉴에서 "다른 이름으로 저장"을 클릭하여 조금 전에 다운받았던 Paper와 같은 폴더에 start.bat라는 이름으로 저장해 줍니다.

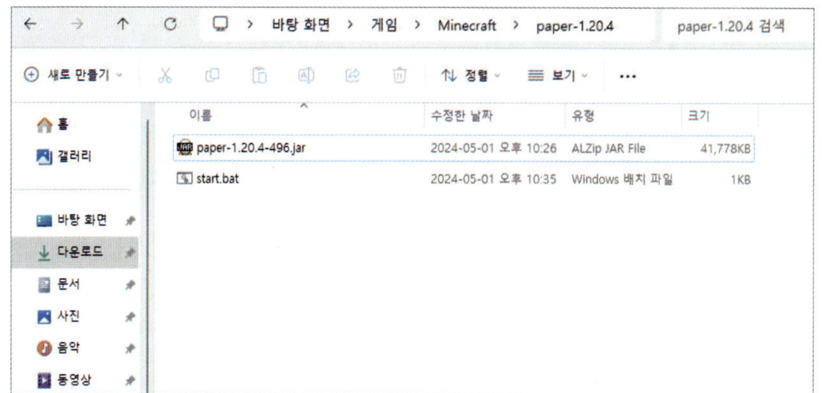

start.bat

두 번 눌러 실행해주면 폴더에 다음과 같은 파일들이 생성된 모습을 볼 수 있습니다.

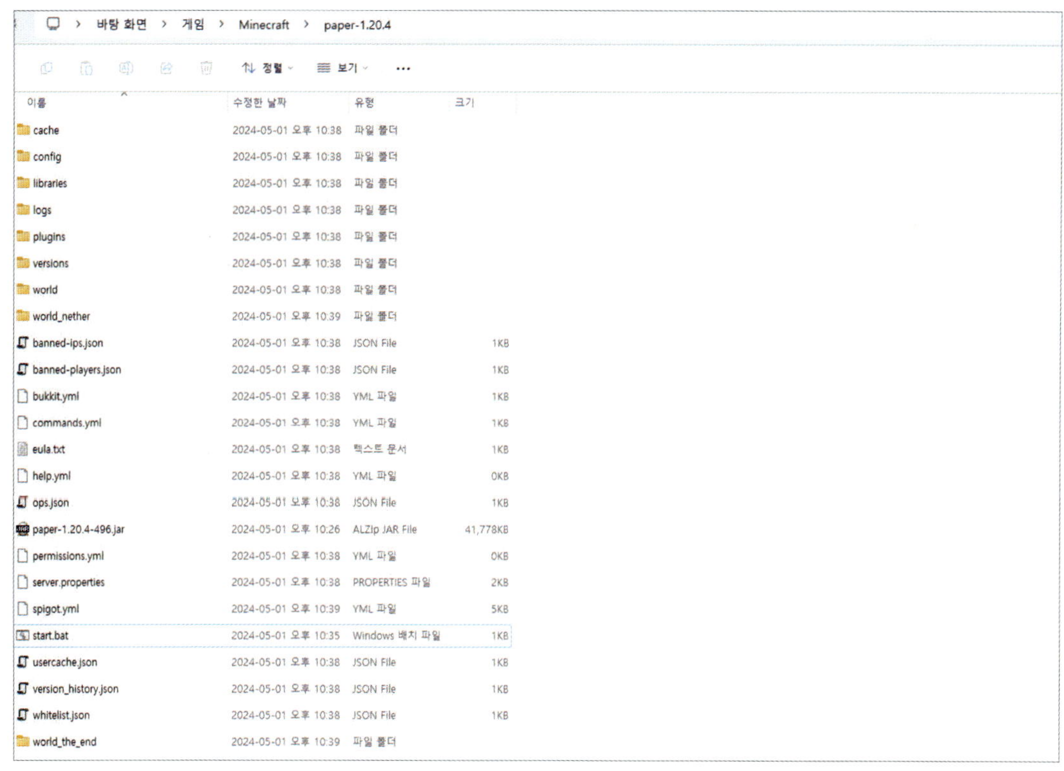

버킷에 의해 생성된 파일

```
NAPSHOT) (Git: 7ac24a1 on ver/1.20.4)
[22:38:56 INFO]: Server Ping Player Sample Count: 12
[22:38:56 INFO]: Using 4 threads for Netty based IO
[22:38:56 INFO]: [ChunkTaskScheduler] Chunk system is using 1 I/O threads, 4 worker threads, and gen parallelism of 4 th
reads
[22:38:56 WARN]: [!] The timings profiler has been enabled but has been scheduled for removal from Paper in the future.
    We recommend installing the spark profiler as a replacement: https://spark.lucko.me/
    For more information please visit: https://github.com/PaperMC/Paper/issues/8948
[22:38:56 INFO]: Default game type: SURVIVAL
[22:38:56 INFO]: Generating keypair
[22:38:56 INFO]: Starting Minecraft server on *:25565
[22:38:57 INFO]: Using default channel type
[22:38:57 INFO]: Paper: Using Java compression from Velocity.
[22:38:57 INFO]: Paper: Using Java cipher from Velocity.
[22:38:57 INFO]: Preparing level "world"
[22:39:01 INFO]: Preparing start region for dimension minecraft:overworld
[22:39:01 INFO]: Time elapsed: 74 ms
[22:39:01 INFO]: Preparing start region for dimension minecraft:the_nether
[22:39:01 INFO]: Time elapsed: 43 ms
[22:39:01 INFO]: Preparing start region for dimension minecraft:the_end
[22:39:01 INFO]: Time elapsed: 51 ms
[22:39:01 INFO]: Running delayed init tasks
[22:39:01 INFO]: Done (5.506s)! For help, type "help"
[22:39:01 INFO]: ********************************************************************************
[22:39:01 INFO]: This is the first time you're starting this server.
[22:39:01 INFO]: It's recommended you read our 'Getting Started' documentation for guidance.
[22:39:01 INFO]: View this and more helpful information here: https://docs.papermc.io/paper/next-steps
[22:39:01 INFO]: ********************************************************************************
[22:39:01 INFO]: Timings Reset
>
```

eula 동의 후 서버 실행 화면

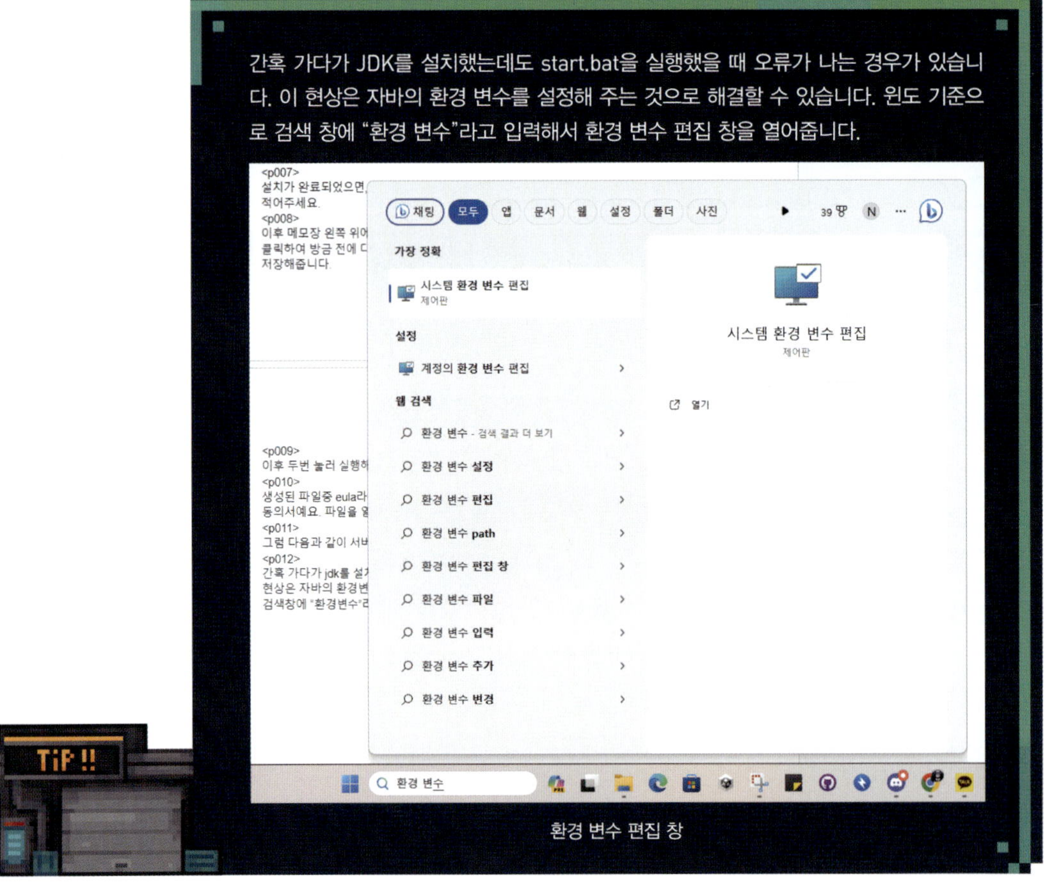

간혹 가다가 JDK를 설치했는데도 start.bat을 실행했을 때 오류가 나는 경우가 있습니
다. 이 현상은 자바의 환경 변수를 설정해 주는 것으로 해결할 수 있습니다. 윈도 기준으
로 검색 창에 "환경 변수"라고 입력해서 환경 변수 편집 창을 열어줍니다.

환경 변수 편집 창

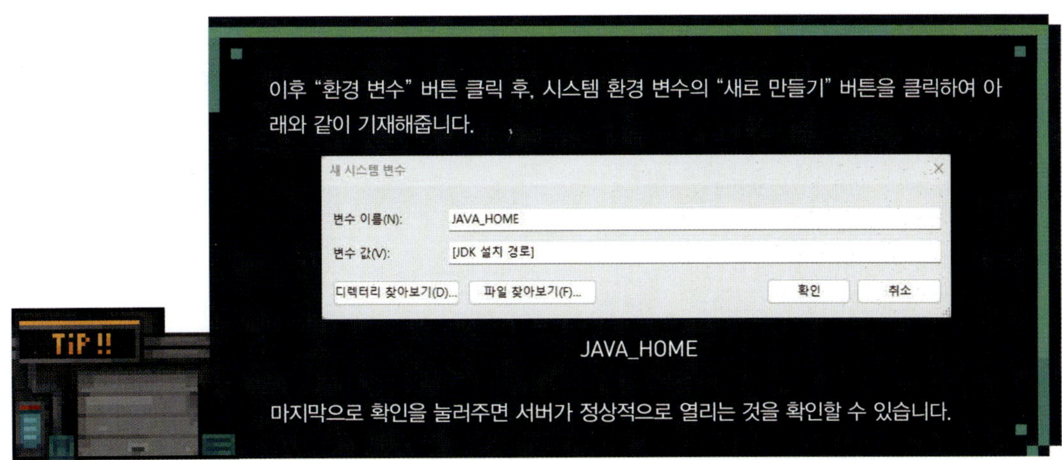

Section 1-3 프로젝트 생성

프로젝트 생성하기

거의 모든 준비가 끝났습니다. 이제 코드를 작성할 공간이 필요하죠? 바로 프로젝트입니다. 프로젝트는 어떤 프로그램을 만들 때 사용하는 모든 파일을 묶어서 부르는 말로, 프로젝트를 생성해야 코드를 적어서 프로그램으로 만들 수 있습니다. 방금 설치했었던 IntelliJ를 실행합니다. 그리고 좌측 Plugins 탭을 누르고 "Minecraft Development"라는 플러그인을 검색해서 다운로드합니다. 이후 옆에 버튼을 눌러 IDE를 재시작해 줍니다.

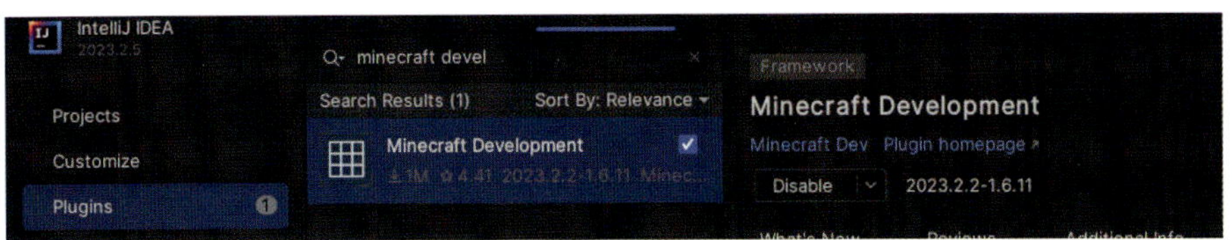

Plugins 탭

재시작되었으면 중앙에 "New Project" 버튼을 눌러 프로젝트 생성 화면으로 이동합니다. 이후 왼쪽 메뉴에서 Minecraft라는 메뉴를 클릭하고 설정을 다음과 같이 해 줍니다.

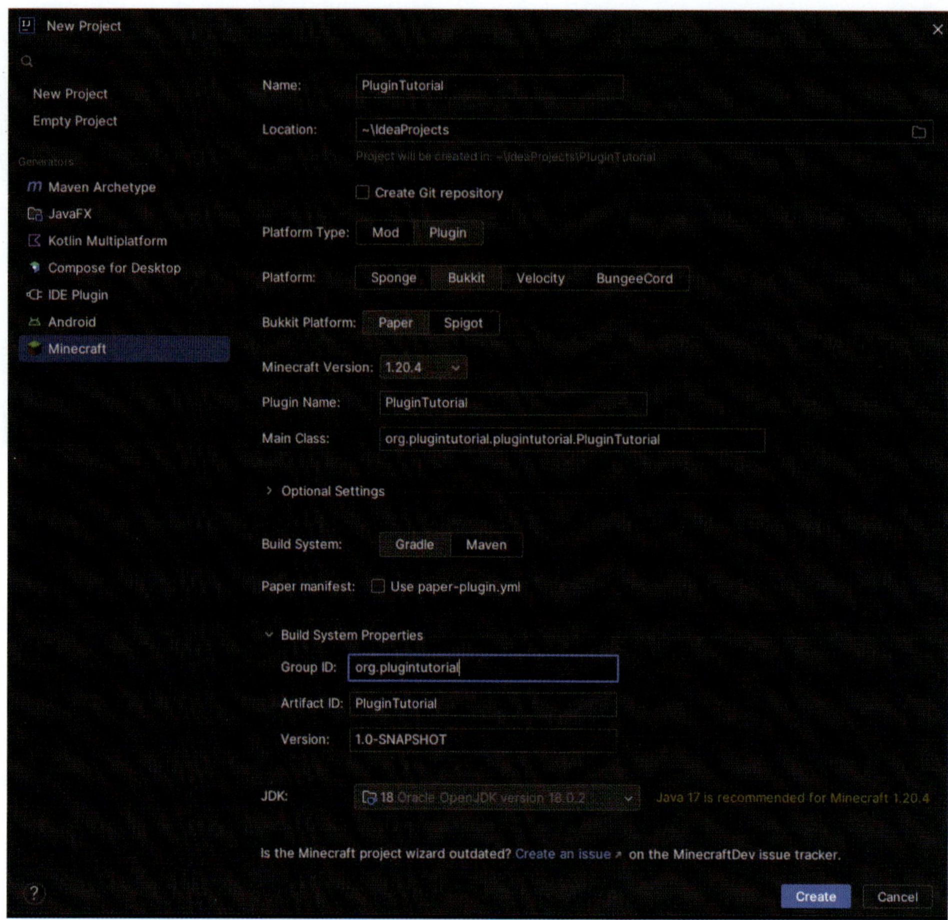

Minecraft Plugin 프로젝트 세팅

설정을 완료했으면 "Create"를 눌러 프로젝트를 생성해 줍니다.

메시지

학습목표

- 플러그인의 구조와 OnEnable, OnDisable의 개념을 익힌다.
- getLogger().info를 통해 콘솔에 메시지를 보낼 수 있다.
- sendMessage를 통해 플레이어에게 메시지를 보낼 수 있다.

이번 챕터에서는 유저에게 메시지를 보내볼 겁니다. 메시지는 플레이어에게 알림의 기능도 하지만 여러분이 개발을 진행하면서 마주할 많은 에러의 디버그에도 유용하게 사용되는 기능입니다. 간단하지만 아주 중요하죠. 이번엔 2가지 방식으로 메시지를 보내고, 각각 어떤 차이점이 있는지도 배울 것입니다. 그러면 시작해 보겠습니다.

메인 클래스

먼저 서버의 콘솔 창에 간단한 알림을 띄우는 메시지를 배워볼 겁니다. 먼저 저희가 생성한 프로젝트를 보겠습니다.

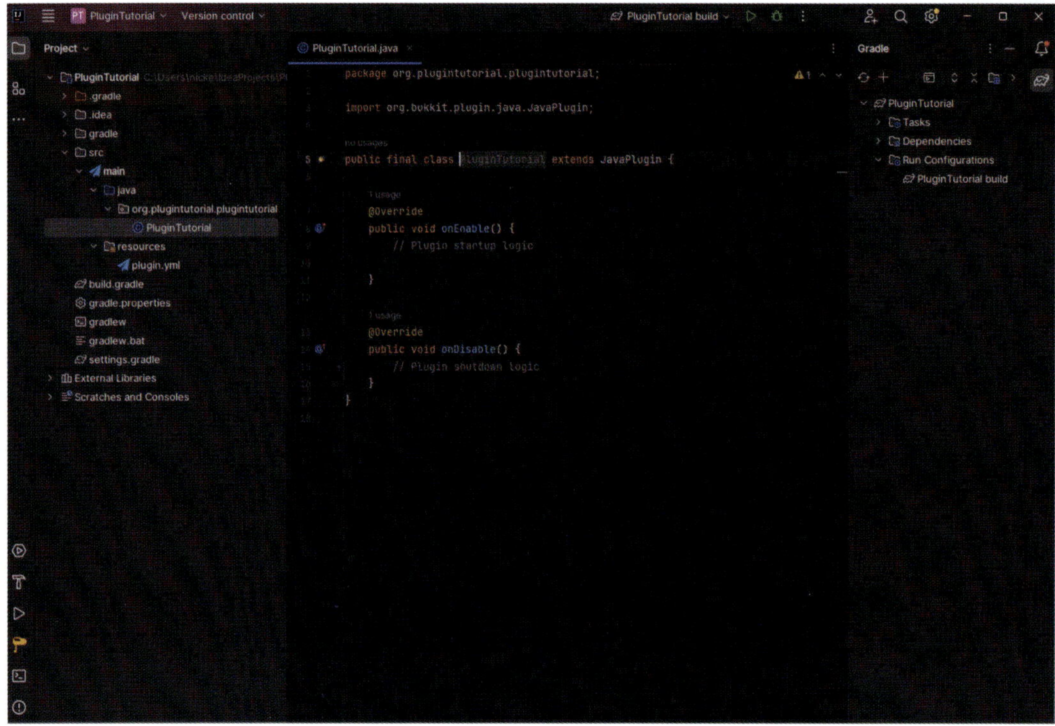

메인 클래스

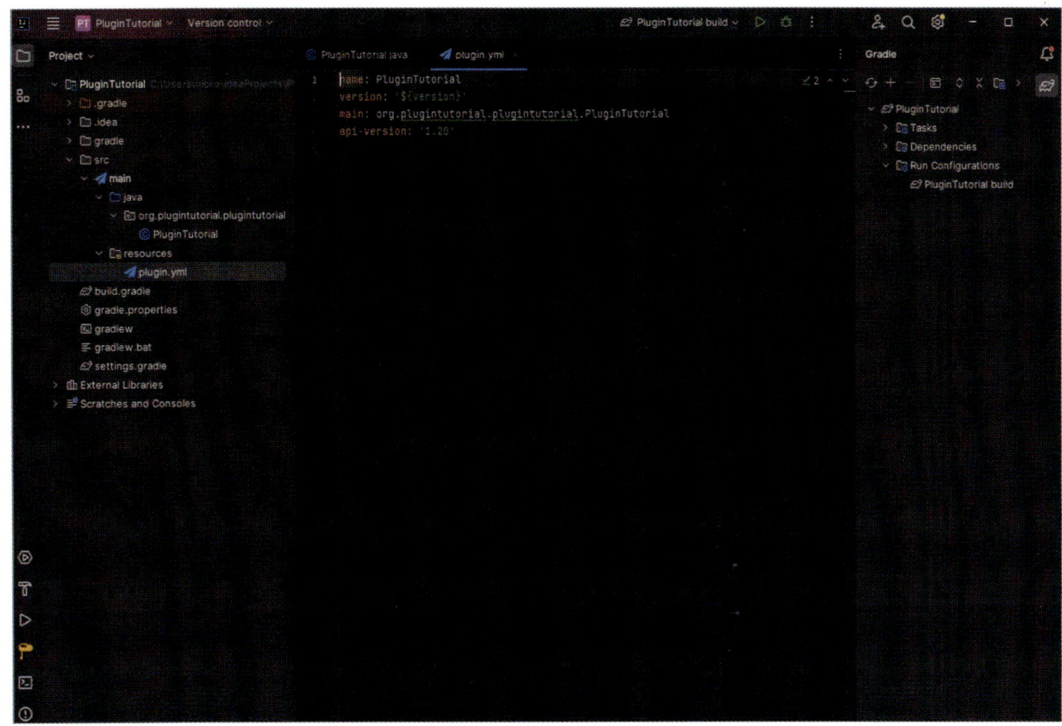

plugin.yml

　먼저, **메인 클래스**는 플러그인을 서버에 넣었을 때 플러그인의 시작점이 됩니다. 일반적으로 메인 클래스에서 초기화 작업을 진행합니다. 플러그인을 만들 때 반드시 있어야 하는 클래스이기도 하죠.

　다음으로 **plugin.yml**은 이 플러그인에 대한 설명을 서버에 전달하는 역할을 합니다. 그림에 나온 것처럼 이름, 버전, 메인 클래스 등이 들어가고 이외에도 커맨드, 권한 등이 들어갈 수 있습니다.

　메인 클래스를 한번 살펴보겠습니다. 메인 클래스에는 기본적으로 두 개의 함수가 있습니다. 그 중 OnEnable은 이 플러그인이 활성화되었을 때 실행되는 블록입니다. 서버가 실행된 뒤 이 플러그인이 켜질 때 실행되는 함수이죠. OnDisable은 반대로, 서버가 끝나기 전에 플러그인이 비활성화될 때 실행되는 함수입니다. 이 OnEnable과 OnDisable의 "{" 안에 원하는 코드를 넣어 각각 플러그인이 활성화/비활성화될 때 실행할 수 있습니다.

이제 플러그인이 활성화되었을 때와 비활성화되었을 때 서버 콘솔 창으로 사용자에게 알려주는 플러그인을 만들어 보겠습니다. 메인 클래스에 다음과 같이 함수를 적어 넣어 줍니다.

```java
package org.plugintutorial.plugintutorial;
import org.bukkit.plugin.java.JavaPlugin;
public final class PluginTutorial extends JavaPlugin {
    @Override
❶   public void onEnable() {
        // Plugin startup logic
        getLogger().info("플러그인이 활성화되었습니다.");
    }
    @Override
❷   public void onDisable() {
        // Plugin shutdown logic
        getLogger().info("플러그인이 비활성화되었습니다.");
    }
}
```

메인 클래스

❶ onEnable은 이 플러그인이 활성화되었을 때 동작하는 블록입니다. 그리고 getLogger().info는 주어진 문자열을 cmd 창에 출력하는 함수입니다. 따라서 해당 블록은 "플러그인이 활성화되었을 때, cmd 창에 "플러그인이 활성화되었습니다." 라고 출력하라"는 의미입니다.

❷ onDisable은 서버가 닫히는 등의 행위로 인해 해당 플러그인이 비활성화될 때 동작하는 블록입니다. 위의 블록과 같이 getLogger().info 함수를 사용하여 "해당 플러그인이 비활성화될 때, cmd 창에 "플러그인이 비활성화되었습니다."라고 출력하라"는 의미입니다.

이제 이 플러그인을 **빌드**하겠습니다. 이 빌드라는 과정을 거쳐서 플러그인을 JAR파일로 만들어야 비로소 버킷이 이 플러그인을 실행할 수 있습니다.

일단 빌드하기 전에 빌드 설정을 만들겠습니다. 우측 상단 드롭다운 메뉴를 클릭한 후 Edit Configurations를 클릭합니다.

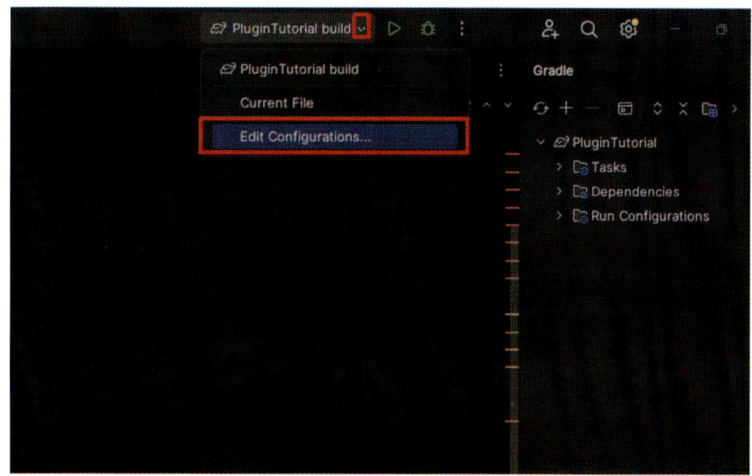

Edit Configuration

이후 "+" 〉 "Gradle"을 클릭하여 생성된 Configuration에 다음과 같이 작성 후 Apply를 눌러
적용해 줍니다.

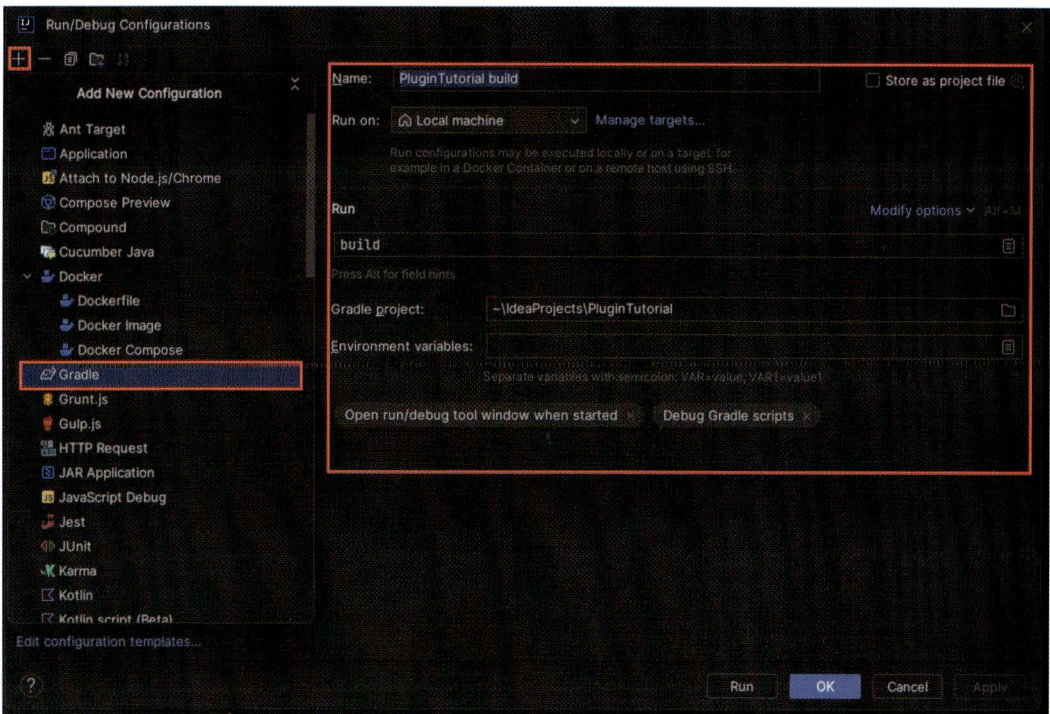

Configuration 설정

그 다음 "프로젝트 폴더 〉 src 〉 main 〉 resources" 경로에 "plugin.yml" 파일이 제대로 생성되어있는지 확인해 줍니다.

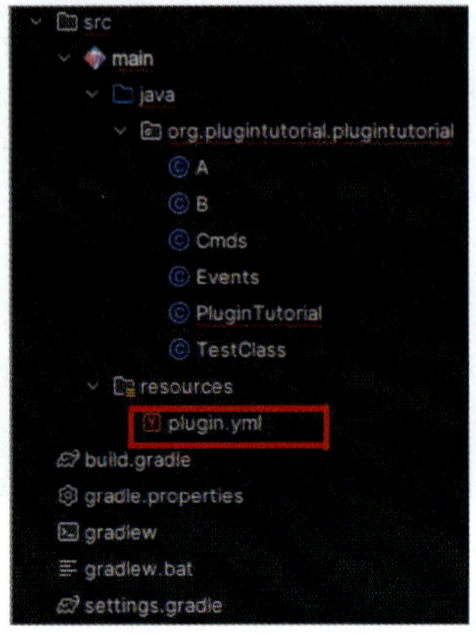

plugin.yml 확인

마지막으로 우측 상단의 빌드 버튼을 클릭하면 빌드가 진행됩니다.

"build" 버튼

build

올바르게 입력하여 성공적으로 빌드되었다면 하단에 앞의 스크린샷과 같은 문구가 뜰 겁니다. 문구가 보였다면 프로젝트를 우클릭하여 Open In 〉 Explorer를 선택하여 파일 탐색기에서 프로젝트를 열어 줍니다.

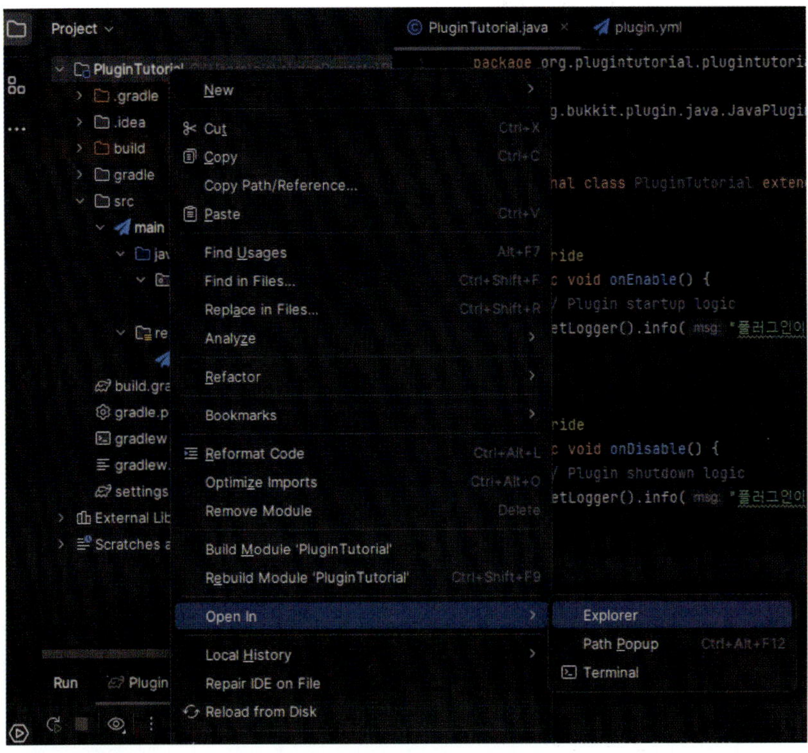

프로젝트 우클릭 – Open In – Explorer

이후 "build/libs" 폴더로 이동해 주면 우리가 빌드한 플러그인 파일을 볼 수 있습니다.

프로젝트 폴더 – target

　해당 파일을 서버 폴더의 "plugins" 폴더에 넣어주면 플러그인 적용이 되었음을 확인할 수 있습니다.

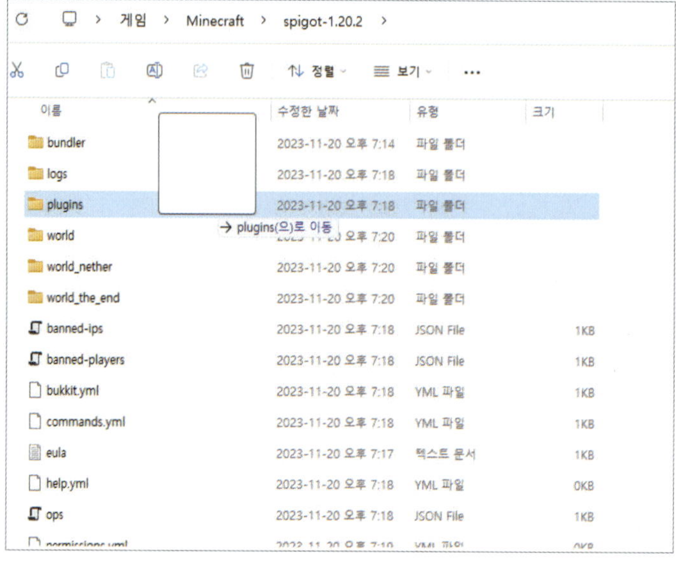

서버 폴더 – plugins

```
[22:03:37] [Worker-Main-6/INFO]: Preparing spawn area: 0%
[22:03:37] [Worker-Main-2/INFO]: Preparing spawn area: 0%
[22:03:37] [Worker-Main-9/INFO]: Preparing spawn area: 6%
[22:03:37] [Server thread/INFO]: Time elapsed: 3280 ms
[22:03:37] [Server thread/INFO]: Preparing start region for dimension minecraft:the_end
[22:03:39] [Worker-Main-6/INFO]: Preparing spawn area: 0%
[22:03:39] [Worker-Main-6/INFO]: Preparing spawn area: 0%
[22:03:39] [Worker-Main-6/INFO]: Preparing spawn area: 0%
[22:03:39] [Worker-Main-6/INFO]: Preparing spawn area: 0%
[22:03:39] [Worker-Main-6/INFO]: Preparing spawn area: 0%
[22:03:40] [Worker-Main-6/INFO]: Preparing spawn area: 0%
[22:03:40] [Server thread/INFO]: Time elapsed: 2848 ms
[22:03:40] [Server thread/INFO]: [LearnPluginCh01_02] Enabling LearnPluginCh01_02 v1.0-SNAPSHOT
[22:03:40] [Server thread/INFO]: [LearnPluginCh01_02] Plugin Enable!
[22:03:40] [Server thread/INFO]: Server permissions file permissions.yml is empty, ignoring it
[22:03:40] [Server thread/INFO]: Done (10.250s)! For help, type "help"
>stop
[22:03:49] [Server thread/INFO]: Stopping the server
[22:03:49] [Server thread/INFO]: Stopping server
[22:03:49] [Server thread/INFO]: [LearnPluginCh01_02] Disabling LearnPluginCh01_02 v1.0-SNAPSHOT
[22:03:49] [Server thread/INFO]: [LearnPluginCh01_02] Plugin Disable!
[22:03:49] [Server thread/INFO]: Saving players
[22:03:49] [Server thread/INFO]: Saving worlds
[22:03:50] [Server thread/INFO]: Saving chunks for level 'ServerLevel[world]'/minecraft:overworld
[22:03:51] [Server thread/INFO]: Saving chunks for level 'ServerLevel[world_nether]'/minecraft:the_nether
[22:03:51] [Server thread/INFO]: Saving chunks for level 'ServerLevel[world_the_end]'/minecraft:the_end
[22:03:51] [Server thread/INFO]: ThreadedAnvilChunkStorage (world): All chunks are saved
[22:03:51] [Server thread/INFO]: ThreadedAnvilChunkStorage (DIM-1): All chunks are saved
[22:03:51] [Server thread/INFO]: ThreadedAnvilChunkStorage (DIM1): All chunks are saved
[22:03:51] [Server thread/INFO]: ThreadedAnvilChunkStorage: All dimensions are saved
```

플러그인 구동 화면

플레이어 메시지

이번에는 플레이어에게 채팅창으로 메시지를 보내 보겠습니다. 이를 위해 이번에는 플레이어 객체에 접근할 겁니다. 객체에 관해서는 다음에 제대로 설명하기로 하고, 지금은 일단 따라해 보며 익숙해집시다. 먼저 프로젝트를 우클릭하고 Events라는 클래스를 만들어 줍니다. 그리고 방금 만든 Events 클래스에 다음과 같이 코드를 작성해 줍니다.

```java
public class Events implements Listener {
    @EventHandler
    public void OnPlayerJoin(PlayerJoinEvent event) {
        Player player = event.getPlayer();
        player.sendMessage("Hello, " + player.getName());
    }
}
```

Events.java

상단에 "implements Listener"라는 문장이 추가된 것이 보일 겁니다. 일단 지금은 이 문장은 플러그인에 이벤트를 등록하기 위해 필요한 문장이라고만 생각하면 됩니다.

❶ "@EventHandler"리는 문장과 그 밑에 함수기 하나 추기되었습니다. 이 "@EventHandler"리는 것은 "어노테이션"이라고 불리는 자바의 문법인데, 해당 블록을 어떻게 처리해야 할 것인지 알려주는 역할을 합니다. 이 "@EventHandler" 라는 어노테이션은 해당 함수를 이벤트 유형에 따른 목록에 등록해 주는 역할을 합니다.

❷ "PlayerJoinEvent"은 플레이어가 서버에 참가했을 때 발생하는 이벤트입니다. 옆에 "e"는 매개변수의 이름입니다. 이해가 잘 가지 않는다면 일단 따라 해 보며 익혀봅시다. 다른 챕터에서 자세히 설명하도록 하겠습니다.

❸ "Player = e.getPlayer();" 구문은 변수 "player"에 참가한 플레이어를 가져오는 데 필요한 구문입니다. 저희가 플레이어에게 메시지를 보내기 위해선 그 플레이어가 누군지 알아야 될 것입니다. 바로 이 구문이 저희가 메시지를 보낼 플레이어를 특정합니다. 이후 밑에 있는 "player.sendMessage"를 통해 해당 플레이어에게 메시지를 보냅니다. "player.sendMessage"는 player라는 플레이어에게 괄호 안의 메시지를 보내는 함수입니다.

마지막으로 만든 이 이벤트 클래스를 메인 클래스에서 플러그인에 등록하여 실제로 동작하게 만들어 주면 완성입니다.

```java
import org.bukkit.plugin.java.JavaPlugin;
public final class LearnPluginCh01_02 extends JavaPlugin {

    static LearnPluginCh01_02 instance;
    @Override
    public void onEnable() {
        // Plugin startup logic
        getLogger().info("Plugin Enable!");
        getServer().getPluginManager().registerEvents(new Events(), this);
        instance = this;
    }


    @Override
    public void onDisable() {
        // Plugin shutdown logic
        getLogger().info("Plugin Disable!");
    }
}
```

메인 클래스

플러그인 작동 화면

Section 2-3　Kyori Adventure API

Section 2-3　Kyori Adventure API

이번에는 텍스트에 색상을 넣거나 클릭 기능 추가 등을 구현할 수 있는 Kyori Adventure API 의 MiniMessage를 알아볼 겁니다. 일단 Kyori Adventure API를 프로젝트에 먼저 적용하겠습니다. 좌측 프로젝트 탭의 "build.gradle" 파일을 열어주세요.

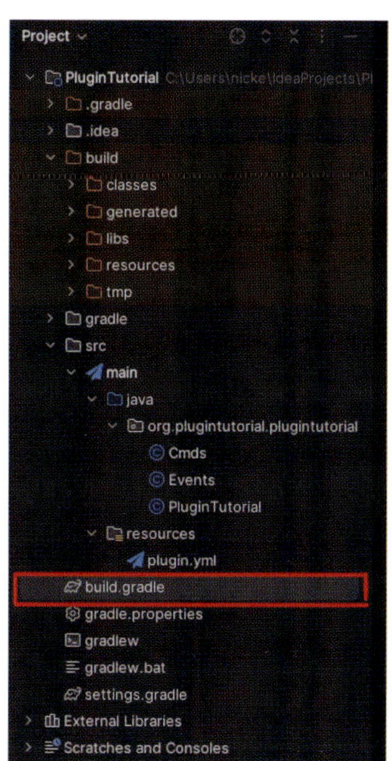

build.gradle

이후 다음과 같이 작성합니다. 해당 텍스트는 Kyori API 공식 사이트(https://docs.advntr. dev/getting-started.html)에서 찾아볼 수 있습니다.

```groovy
plugins {
    id 'java'
}


group = 'org.plugintutorial'
version = '1.0-SNAPSHOT'


repositories {
    mavenCentral()
    maven {
        name = "papermc-repo"
        url = "https://repo.papermc.io/repository/maven-public/"
    }
    maven {
        name = "sonatype"
        url = "https://oss.sonatype.org/content/groups/public/"
    }
    maven {
        name = "sonatype-oss-snapshots1"
        url = "https://s01.oss.sonatype.org/content/repositories/snapshots/"
    }
}


dependencies {
    compileOnly "io.papermc.paper:paper-api:1.20.4-R0.1-SNAPSHOT"
    implementation "net.kyori:adventure-api:4.16.0"
}


def targetJavaVersion = 17
java {
    def javaVersion = JavaVersion.toVersion(targetJavaVersion)
    sourceCompatibility = javaVersion
    targetCompatibility = javaVersion
```

```gradle
    if (JavaVersion.current() < javaVersion) {
        toolchain.languageVersion = JavaLanguageVersion.of(targetJavaVersion)
    }
}

tasks.withType(JavaCompile).configureEach {
    if (targetJavaVersion >= 10 || JavaVersion.current().isJava10Compatible()) {
        options.release = targetJavaVersion
    }
}

processResources {
    def props = [version: version]
    inputs.properties props
    filteringCharset = 'UTF-8'
    filesMatching('plugin.yml') {
        expand props
    }
}
```

build.gradle

그러면 IDE 우측 상단에 다음과 같은 버튼이 나오는 것을 확인할 수 있습니다. gradle 파일의 수정 사항이 프로젝트에 반영되도록 클릭하여 Kyori Adventure API를 적용해 줍니다.

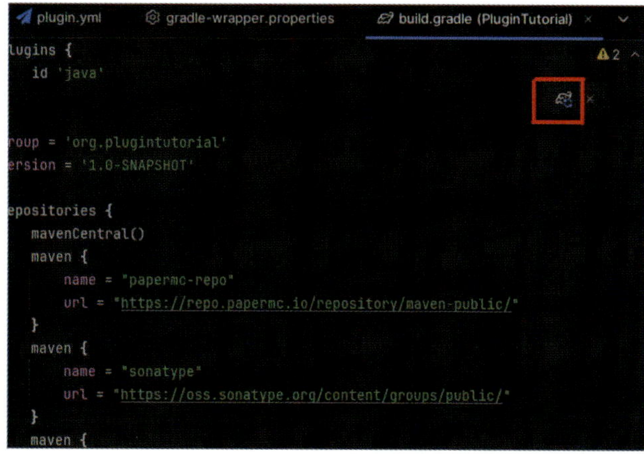

gradle 변경 사항 적용

이후 Events.java 파일 내의 OnPlayerJoin 함수 안에 다음과 같이 덧붙여 주겠습니다.

```java
public class Events implements Listener {

    @EventHandler
    public void OnPlayerJoin(PlayerJoinEvent event) {
        Player player = event.getPlayer();
        player.sendMessage(player.getName() + "님 어서오세요!");

        Audience audience = Audience.audience(player);
        audience.sendMessage(MiniMessage.miniMessage().deserialize(
            "Hello <rainbow>world</rainbow>, isn't <blue><u>click:open_url:'https://docs.advntr.
dev/minimessage'MiniMessage</click></u></blue> fun?"
        ));
    }
}
```

Events.java

" "(큰 따옴표) 안에 들어가 있는 문자열은 Kyori Adventure에서 제공하는 예시 문장으로 다음 사이트(https://docs.advntr.dev/minimessage/index.html)에서 복사할 수 있습니다.

코드를 살펴보니 "Audience"나 "MiniMessage"와 같은 부분이 빨간색으로 표시된 걸 확인할 수 있습니다. 빨간색은 **오류 발생**이라는 의미입니다. 이는 우리가 포함한 Kyori Adventure API를 IDE가 찾지 못하고 있다는 뜻이 됩니다.

이를 해결하는 방법은 아주 간단합니다. 빨간색 부분에 마우스 커서를 올리면 다음과 같은 드롭다운 메뉴가 보일 겁니다.

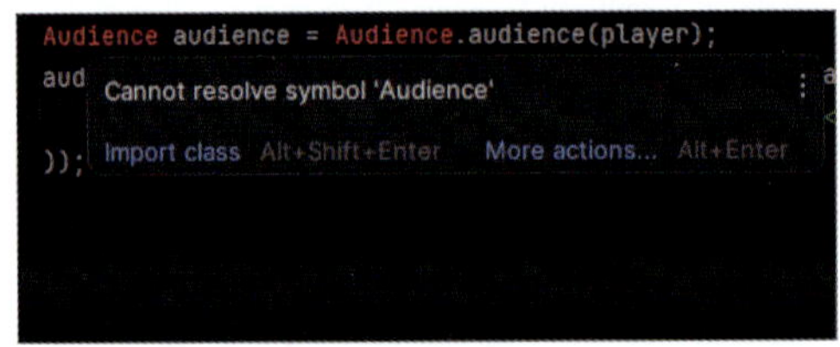

디버깅 드롭다운

여기서 파란색 글씨의 "import class"를 마우스 좌클릭으로 눌러주면 IDE가 누락된 클래스를 코드에 자동으로 import해 줍니다. 같은 방법으로 "MiniMessage" 부분도 자동 import해 주도록 하겠습니다. 해당 작업이 완료되면 위쪽 import 목록에 "Audience"와 "MiniMessage"가 추가되고, 에러 표시도 사라진걸 확인할 수 있습니다.

```java
import net.kyori.adventure.audience.Audience;
import net.kyori.adventure.text.minimessage.MiniMessage;
import org.bukkit.entity.Player;
import org.bukkit.event.EventHandler;
import org.bukkit.event.Listener;
import org.bukkit.event.player.PlayerJoinEvent;

public class Events implements Listener {

    @EventHandler
    public void OnPlayerJoin(PlayerJoinEvent event) {
        Player player = event.getPlayer();
        player.sendMessage(player.getName() + "님 어서오세요!");

        Audience audience = Audience.audience(player);
        audience.sendMessage(MiniMessage.miniMessage().deserialize(
            "Hello <rainbow>world</rainbow>, isn't <blue><u>click:open_url:'https://docs.advntr.dev/minimessage'MiniMessage</click></u></blue> fun?"
        ));
    }
}
```

디버깅 이후 Events.java

" " 안에 MiniMessage를 작성하는 다양한 방법은 Kyori Adeventure 공식 문서(https://docs.advntr.dev/minimessage/format.html)의 Format에서 찾을 수 있습니다.

이후 프로젝트를 빌드하고 플러그인을 구동해 보면, 다음과 같은 작동 화면이 표시됩니다.

nejukmaster님 어서오세요!
Hello world, isn't MiniMessage fun?
nejukmaster joined the game

플러그인 작동 화면

학습목표

- 마인크래프트 이벤트의 개념을 익히고 이벤트를 사용하여 기능을 구현할 수 있다.
- 마인크래프트 명령어의 개념을 익히고 플러그인에 명령어를 등록하고 기능을 구현할 수 있다.

이번 챕터에선 이벤트와 명령어에 대해서 배워 볼 겁니다. **이벤트**는 우리가 마인크래프트에서 어떤 행동을 할 때 발생합니다. 서버에 접속하거나, 블록을 부순다거나, 누구를 때린다거나, 심지어는 그냥 움직이기만 해도 이벤트가 발생하죠. 우리는 이 이벤트에 기능을 덧붙여서 플레이어가 어떤 행동을 하면 발생하는 기능을 구현할 수 있습니다.

명령어는 앞서 말했던 "setblock"이나 "time" 등 채팅창에 "/"로 시작하며 특정한 어떠한 기능을 하는 채팅을 말합니다. 일반적인 채팅과는 다른 점은 채팅창에 나타나지 않는다는 점과 서버 콘솔 창에서도 입력할 수 있다는 점이죠. 영어로 "커맨드"라고 부르기도 합니다.

이 두 개의 기능은 플러그인 기능의 근간이 됩니다. 앞으로 많이 쓰게 될 기능이니 이번에도 집중하여 실습해 주세요. 자, 그러면 가보겠습니다.

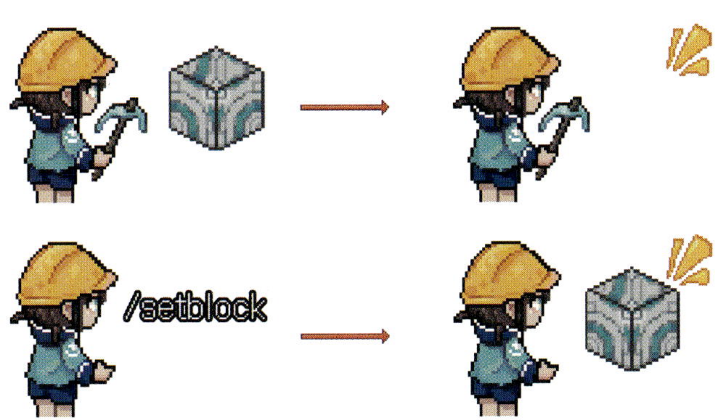

이벤트에 관해 배워 보겠습니다. 이벤트는 그 행동의 가짓수만큼이나 이벤트에도 다양한 종류가 있습니다. 이 이벤트의 종류는 Spigot의 공식 docs 사이트(https://hub.spigotmc.org/javadocs/spigot/org/bukkit/event/player/package−summary.html)에서 전문을 확인해 볼 수 있습니다.

이벤트 생성

다음으로 플레이어가 블록을 부쉈을 때, 어떤 블록을 부쉈는지 채팅창으로 알려주는 플러그인을 만들어 볼 겁니다. 프로젝트를 열고 Events 클래스 파일에 다음 코드를 추가해 줍니다.

```java
import org.bukkit.block.Block;
import org.bukkit.entity.Player;
import org.bukkit.event.EventHandler;
import org.bukkit.event.Listener;
import org.bukkit.event.block.BlockBreakEvent;
import org.bukkit.event.player.PlayerJoinEvent;

public class Events implements Listener {

    @EventHandler
    public void OnPlayerJoin(PlayerJoinEvent e) {
        Player player = e.getPlayer();
        player.sendMessage(player.getName() + "님 어서오세요!");
    }

    @EventHandler
❶  public void OnPlayerDestroyBlock(BlockBreakEvent e) {
        Player player = e.getPlayer();
❷      Block block = e.getBlock();
        player.sendMessage(block.getType().toString() + "을 부쉈습니다!");
    }
}
```

Events.java

❶ "BlockBreakEvent"는 플레이어에 의해 블록이 부서졌을 경우 발생하는 이벤트입니다.

❷ "getPlayer"는 앞서 설명했듯 플레이어를 가져오는 함수입니다.

"BlockBreakEvent"에서는 "블록을 부순 플레이어"를 가져옵니다. "getBlock" 메서드는 부서진 블록을 가져오는 함수입니다. 이렇게 가져와진 블록은 "Block" 형태의 "block"이라는 변수에 저장되는 것을 확인할 수 있습니다. "변수"는 정보를 담는 상자로, 다음 챕터에서 자세히 설명하겠습니다. 이렇게 가져온 블록은 앞서 배웠던 "sendMessage"라는 메서드로 플레이어 채팅에 나타나게 됩니다. 여기서 "getType"메서드는 이 블록의 타입을 나타냅니다.

"setblock"에서 보이는 마인크래프트 블록의 타입

마인크래프트에서는 블록의 종류를 "타입"으로 나타냅니다. "toString"이라는 메서드는 해당 객체를 "문자열"로 바꾸어줍니다. 이 문자열이라는 것은 여러분이 "(큰 따옴표)를 사용하여 적은 문장을 말합니다. 이는 sendMessage가 이 "문자열"의 데이터만 채팅창에 띄울 수 있기 때문입니다. 따라서 해당 코드는 "toString"을 통해 블록의 종류를 문자열로 바꾸어 채팅창에 출력하는 코드라고 할 수 있습니다.

이후 이 코드를 빌드하고 실행해 보면 다음과 같이 성공적으로 작동합니다.

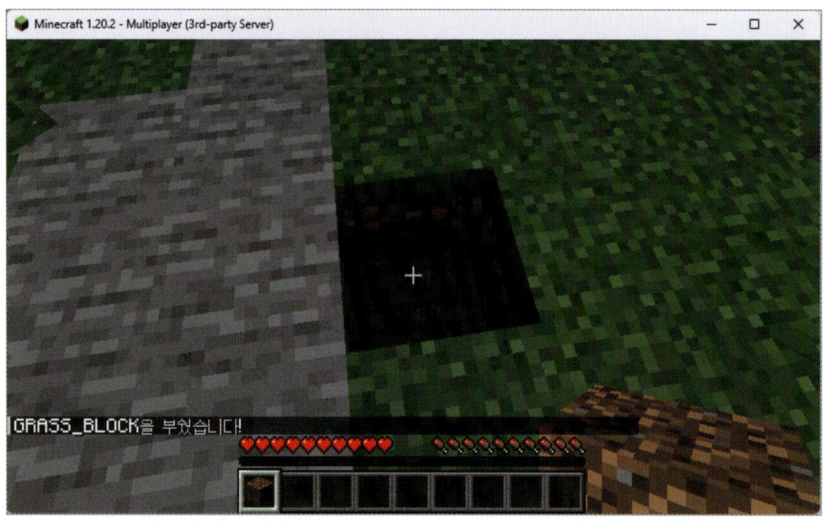

블록을 부쉈을 때 채팅이 정상적으로 나타나는 것을 확인 가능

Section 3-2 명령어

이번엔 **명령어**를 만드는 방법을 배우겠습니다. 명령어를 추가하는 방법은 이벤트보다 복잡합니다.

먼저 앞서 했던 것과 같이 "Cmds"라는 클래스를 추가해주고 다음과 같이 작성해 줍니다.

```java
package org.plugintutorial.plugintutorial;

import org.bukkit.command.Command;
import org.bukkit.command.CommandExecutor;
import org.bukkit.command.CommandSender;
import org.jetbrains.annotations.NotNull;

public class Cmds implements CommandExecutor {
}
```

Cmds.java

그러면 빨간 줄이 생기는 것을 볼 수 있는데, 해결하는 방법이 있습니다. 빨간 줄에 커서를 올리면 "implements method"라는 문구가 뜰 텐데, 이를 눌러주면 다음과 같이 자동으로 코드가 작성됩니다.

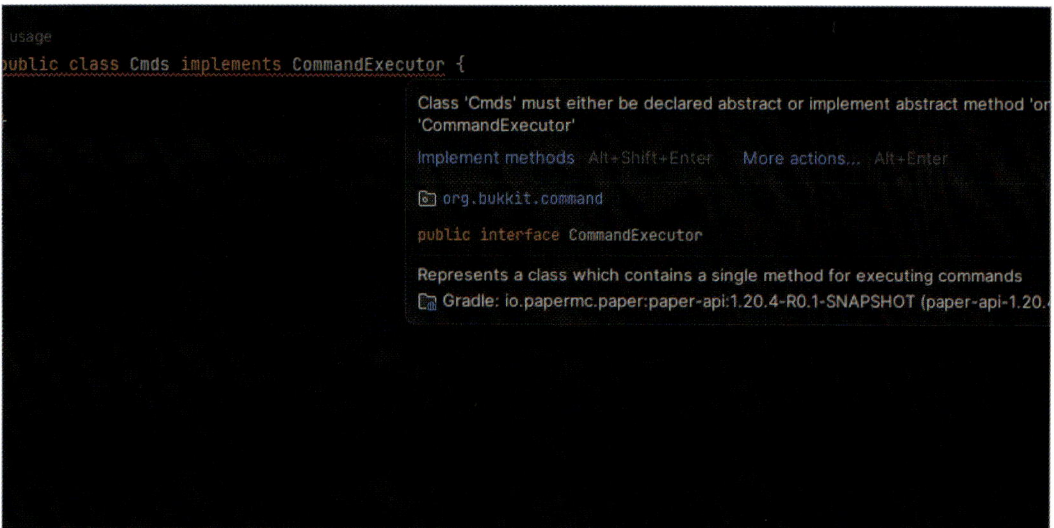

implements methods

```java
package org.plugintutorial.plugintutorial;

import org.bukkit.command.Command;
import org.bukkit.command.CommandExecutor;
import org.bukkit.command.CommandSender;
import org.jetbrains.annotations.NotNull;

public class Cmds implements CommandExecutor {

    @Override
    public boolean onCommand(@NotNull CommandSender sender, @NotNull Command command, @NotNull String label, @NotNull String[] args) {
        return false;
    }
}
```

Cmds.java

이제 커맨드를 만들 준비가 끝났습니다. 커맨드를 만드는 작업은 "OnCommand" 함수 내부에 코드를 작성해 가며 진행할 겁니다. 그전에 "OnCommand"가 제공하는 매개변수에 대해 먼저 짚고 넘어가겠습니다.

sender	커맨드를 입력한 주체입니다. 콘솔일 수도 있고 플레이어일 수도 있습니다.
command	작성한 커맨드를 뜻합니다. 이때 커맨드는 플러그인에 실제로 등록한 커맨드를 의미합니다.
label	"라벨"이라고 하며, 유저가 실제로 작성한 커맨드를 뜻합니다. 예를 들어 "gm"과 "gamemode"라는 커맨드는 라벨은 다르지만, 커맨드는 같습니다.
args	커맨드 뒤쪽에 있는 옵션들입니다.

따라서 커맨드의 구조를 그림으로 나타내 보면 다음과 같습니다.

마인크래프트 커맨드 구조

이제 본격적으로 커맨드에 기능을 넣겠습니다. 간단하게 "/hello"라고 치면 "Hello World!"라는 문구를 출력하는 기능을 만들어 보겠습니다. 먼저 다음과 같이 작성해 줍니다.

```java
package org.plugintutorial.plugintutorial;

import org.bukkit.command.Command;
import org.bukkit.command.CommandExecutor;
import org.bukkit.command.CommandSender;
import org.jetbrains.annotations.NotNull;

public class Cmds implements CommandExecutor {

    @Override
    public boolean onCommand(@NotNull CommandSender sender, @NotNull Command command,
@NotNull String label, @NotNull String[] args) {
        sender.sendMessage("Hello, World!");
        return false;
    }
}
```

Cmds.java

sendMessage는 Player의 sendMessage와 동일하게 해당 CommandSender에게 메시지를 보내는 역할을 합니다. 이러면 플러그인은 우리가 등록한 커맨드를 입력한 플레이어에게 "Hello, World!"라는 메시지를 보내게 됩니다.

다음으로 우리가 만든 커맨드를 플러그인에 등록해 주어야 합니다. 우리의 메인 클래스를 열고 다음과 같이 작성해 줍니다.

```java
package org.plugintutorial.plugintutorial;

import org.bukkit.plugin.java.JavaPlugin;

public final class PluginTutorial extends JavaPlugin {

    @Override
    public void onEnable() {
        // Plugin startup logic
        getLogger().info("플러그인이 활성화되었습니다.");
        getServer().getPluginManager().registerEvents(new Events(), this);
        getServer().getPluginCommand("hello").setExecutor(new Cmds());
    }

    @Override
    public void onDisable() {
        // Plugin shutdown logic
        getLogger().info("플러그인이 비활성화되었습니다.");
    }
}
```

메인 클래스

이벤트를 등록할 때 했던 것과 별로 다르진 않습니다. 다만 주의할 점은 getPluginCommand를 사용할 때 괄호 안에 사용할 커맨드를 문자열로 입력해 주어 어떤 플러그인이 사용할지 명시해 주어야 한다는 점입니다. 그리고 setCommandExecutor를 통해 우리가 만든 클래스를 커맨드와 연결해 줍니다.

거의 다했습니다. plugin.yml파일을 열어서 다음과 같이 덧붙여 줍니다.

```yaml
name: PluginTutorial
version: '${version}'
main: org.plugintutorial.plugintutorial.PluginTutorial
api-version: '1.20'
commands:
    hello:
        description: "Hello World!"
```

plugin.yml

commands는 이 플러그인에서 사용하는 커맨드를 의미합니다. 여러 개의 커맨드를 입력할 수 있습니다. 그 밑에 있는 **hello**는 우리가 사용할 "hello" 커맨드를 의미합니다. 이때 getPlugin-Command에 넘겨주었던 커맨드 이름과 같아야 합니다. 그렇지 않으면 플러그인에서 제대로 된 커맨드를 찾을 수 없기 때문입니다. 마지막으로 **description**은 이 커맨드의 설명을 의미합니다.

모두 제대로 따라 했다면 빌드하고 커맨드를 직접 입력하여 다음과 같은 결과를 얻을 수 있습니다.

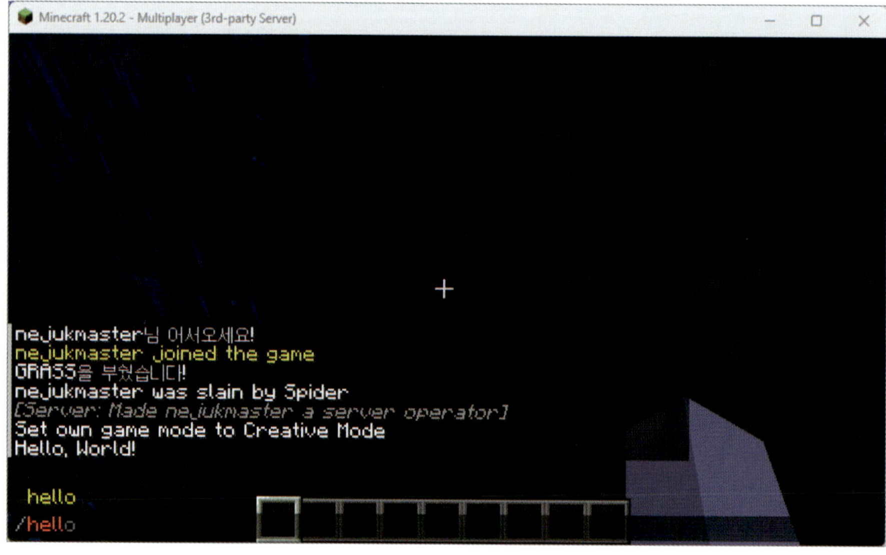

플러그인 실행 화면

- 변수의 개념을 알고 자바에서의 변수 사용법을 익힌다.
- 리스트의 개념을 알고 자바에서의 리스트 사용법을 익힌다.

이번 챕터에서 우리는 변수에 관해 공부하고, 이 변수를 여러 개 이어 붙인 리스트도 공부해 보겠습니다.

변수는 우리가 원하는 값을 저장하거나 원할 때 꺼내 쓸 수 있게 해주는 강력한 개념입니다. 변수는 잘 사용만 한다면 간단한 코드만으로도 멋진 기능을 구현할 수 있으니, 개념을 확실히 잡고 가는 게 중요합니다.

그 다음으로 리스트는 많은 데이터를 다룰 때 유용하게 쓸 수 있는 값의 일종입니다. 프로그래밍하다 보면 굉장히 많은 데이터를 다루거나, 하나의 변수 만으론 표현하기 힘든 데이터를 다룰 때가 많습니다. 리스트는 그럴 경우 여러분의 큰 힘이 되어 줍니다.

또한 지금까지 배운 것을 토대로 간단한 게임도 하나 만들어 볼 예정이므로 누 눈 살 뜨고 학습하시길 바랍니다.

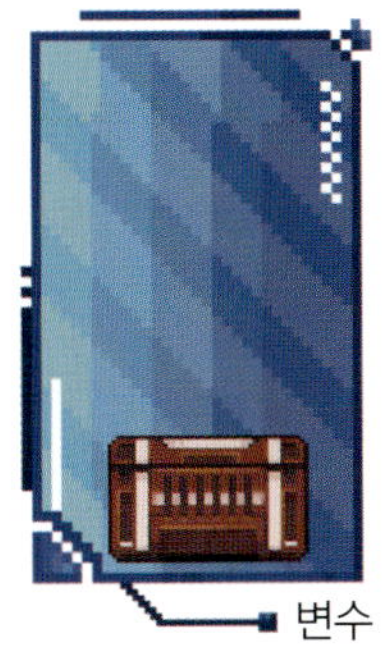

이 단원에선 변수의 개념을 배워볼 겁니다. 앞서 변수는 값을 담는 상자라고 설명했었는데, 실제로 컴퓨터에서는 데이터는 "메모리"라는 창고에 저장이 됩니다. 변수는 이 "메모리"라는 창고에 데이터가 저장된 "위치"라고 할 수 있습니다. 우리는 변수를 통해 "메모리"라는 창고 안에 있는 데이터를 꺼내 올 수 있는 셈입니다.

변수의 선언

자바에서의 변수 선언은 다음의 규칙을 따릅니다.

int variable = 10

자바 변수 선언문

변수의 타입은 **"자료형"**이라고 하는데, 이 데이터가 어떤 데이터인지를 명시합니다. 이 데이터의 형식이 맞지 않으면 오류가 발생하거나, 프로그램이 의도한 대로 작동하지 않을 수도 있기 때문에 반드시 신경을 써 주어야 하는 부분이죠. 자바에서 제공하는 기본 변수 타입은 다음과 같습니다.

종류	이름	설명	크기(byte)
	boolean	false,true 단 두 가지 값만 나타내는 변수	1
	char	한 문자를 나타내는 변수	2
정수형	byte	−128~127까지의 정수 값을 나타내는 변수	1
	short	까지의 정수 값을 나타내는 변수	2
	int	까지의 정수 값을 나타내는 변수	4
	long	까지의 정수 값을 나타내는 변수	8
실수형	float	까지의 실수를 소숫점 7자리까지 저장하는 변수	4
	double	까지의 실수를 소숫점 15자리까지 저장하는 변수	8

Java 자료형

변수의 이름은 이 데이터에 접근할 때 사용할 이름을 정해줍니다. 변수의 이름은 문자나 한글 등의 문자나 숫자로 정할 수 있습니다. 다만 띄어쓰기가 들어가면 안 되고, 첫 글자로 숫자를 쓸 수 없습니다. "= 10"은 변수의 초깃값을 설정하는 구문입니다. 여기서는 숫자 "-10"으로 설정했습니다. 마지막으로 자바에선 구문이 끝날 때 반드시 ";"를 적어주어야 합니다.

변수의 연산

다음으로는 변수의 연산에 대해 알아보겠습니다. 기본적으로 자바에서 제공하는 연산자는 다음과 같습니다.

종류	연산자	우선 순위
증감 연산자	++,--	1순위
산술 연산자	+,-,*,/,%	2순위
시프트 연산자	〉〉,〈〈,〉〉〉	3순위
비교 연산자	〉,〈,〉=,〈=,==,!=	4순위
비트 연산자	&,|,^,~	~만 1순위, 나머지는 5순위
논리 연산자	&&,||,!	!만 1순위, 나머지는 6순위
조건(삼항) 연산자	?,:	7순위
대입 연산자	=,*=,/=,%=,+=,-=	8순위

Java 연산자 정리

여기서 우리는 "+", "-", "/", "*"의 사칙연산자와 "="를 사용한 대입문을 알아볼 겁니다. 사칙 연산자는 말 그대로 사칙연산을 수행하는 연산자입니다. 이는 다음과 같이 쓸 수 있습니다.

```java
void Test() {
    int a = 10;
    int b = 5;

    getLogger().info(String.valueOf(i: a + 1));
    getLogger().info(String.valueOf(i: a − 1));
    getLogger().info(String.valueOf(i: a * 2));
    getLogger().info(String.valueOf(i: a / 2));
    getLogger().info(String.valueOf(i: b / 2));
    getLogger().info(String.valueOf(i: a + b));
}
```

사칙연산

```
[13:47:56 INFO]: [PluginTutorial] 11
[13:47:56 INFO]: [PluginTutorial] 9
[13:47:56 INFO]: [PluginTutorial] 20
[13:47:56 INFO]: [PluginTutorial] 5
[13:47:56 INFO]: [PluginTutorial] 2
[13:47:56 INFO]: [PluginTutorial] 15
```

실행 결과

보이는 바와 같이 정수와 사칙연산이 수행되고, 변수끼리도 사칙연산이 수행됨을 확인할 수 있습니다. 여기서 주의해야 할 점은 "b/2"의 결과입니다. 변수 b의 값은 5이고, 이를 2로 나누면 값은 2.5가 나와야 하는데 현재 플러그인에서는 2라는 값이 출력되고 있습니다. 이는 정수끼리의 연산 결과는 정수가 나오기 때문입니다. 따라서 5/2의 결과는 2.5이지만 소수점 부분 .5가 버려지게 되어 값이 2로 나오게 됩니다.

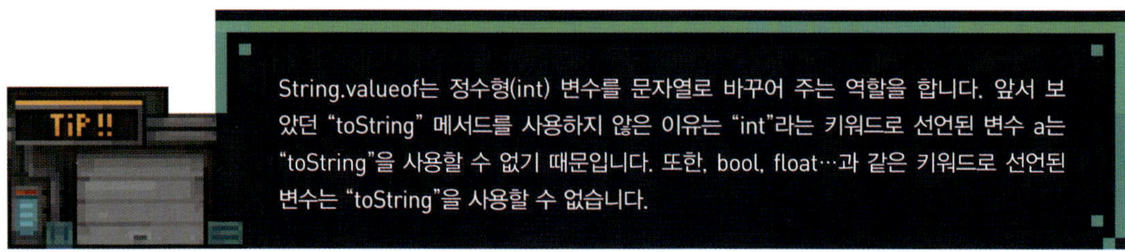

다음으로는 대입문을 알아보겠습니다. 대입문은 말 그대로, 변수에 값을 대입하는 역할을 합니다.

```java
int a = 10;

getLogger().info(String.valueOf(a));
a = 20;
getLogger().info(String.valueOf(a));
```

대입문 예제

```
[23:31:05] [Server thread/INFO]: [LearnPluginCh01_02] 10
[23:31:05] [Server thread/INFO]: [LearnPluginCh01_02] 20
```

실행 결과

대입문을 통해 변수 a의 값에 20을 대입한 것을 볼 수 있습니다.

Section 4-2 리스트

이번엔 리스트에 대해서 알아볼 겁니다. 리스트란 변수를 여러 개 이어놓은 것으로 생각하면 쉽습니다. 하나의 변수에 여러 개의 데이터를 집어넣고, 각 데이터에 0번부터 1번, 2번, 3번, 4번… 등등 번호를 붙여놓은 자료형이죠. 많은 양의 데이터를 다룰 때 유용하게 사용합니다.

리스트 자료형의 구조도

자바에서는 여러 가지 리스트 자료형을 지원합니다. 먼저 배열(Array)을 살펴보겠습니다. 다음은 배열 변수를 선언하는 구문입니다.

```java
int[] a = {1, 2, 3, 4, 5, 6, 7, 8, 9, 10};
int[] b = new int[10];
```

Java에서의 배열 선언

배열의 특징은 저장되는 데이터의 자료형이 모두 같아야 한다는 점과 한번 생성하면 **그 길이를 바꿀 수 없다는 점**입니다. 배열의 선언은 위 코드에서 보이는 바와 같이 "{" 사이에 값을 ","로 구분하여 초기화할 수도 있고, "new" 키워드를 사용하여 빈 배열로 초기화를 해줄 수 있습니다. 그럼, 배열을 조회하는 방법에 관해서도 설명하겠습니다.

```java
int[] a = {1, 2, 3, 4, 5, 6, 7, 8, 9, 10};

getLogger().info(String.valueOf(a[0])); // 배열의 첫 번째 값
getLogger().info(String.valueOf(a[5])); // 배열의 여섯 번째 값
getLogger().info(String.valueOf(a[11])); // ArrayIndexOutOfBoundsException
getLogger().info(String.valueOf(a[-1])); // ArrayIndexOutOfBoundsException
```

배열의 참조

배열은 "변수명[인덱스]"로 그 값을 불러올 수 있습니다. 여기서 인덱스는 몇 번째 데이터를 불러올지를 말합니다.

```
[16:13:14] [Server thread/INFO]: [LearnPluginCh01_02] 1
[16:13:14] [Server thread/INFO]: [LearnPluginCh01_02] 6
```

실행 화면

이번 코드에서 보이는 "//" 뒤의 회색 글자는 "주석"이라고 합니다. 코드를 "//" 뒤에 써 주석 처리해 놓으면 해당 코드는 컴파일러가 컴파일할 때 무시하게 됩니다. 보통 코드의 설명을 달아놓는 등의 용도로 사용됩니다.

ArrayList의 선언과 사용

다음으로는 java.util 내장 패키지에 포함된 "ArrayList" 자료형을 알아볼 겁니다. java.util은 자바에서 기본적으로 제공하는 패키지로 각종 유용한 자료구조나 기능을 미리 구현해 놓은 패키지입니다. 패키지를 사용하기 위해선 다음과 같이 코드 상단에 "import" 과정을 거쳐줘야 합니다.

```java
package org.learnplugin.ch01_02.learnpluginch01_02;

import org.bukkit.plugin.java.JavaPlugin;
import java.util.*;
```

import java.util.*

이런 import 과정은 사실 앞선 챕터에서도 다뤘습니다. 하지만 보통의 경우 IntelliJ가 적절한 패키지를 알아서 import해 주기 때문에 여러분이 느끼지 못한 것일 뿐입니다. 이렇게 java.util 패키지를 import해 주었으면 ArrayList를 선언합니다. 그리고 util 뒤에 있는 "*" 기호는 이 패키지의 모든 항목에 대한 참조를 뜻합니다. 이 패키지의 개념은 이후 챕터에서 더 자세히 설명하도록 하겠습니다.

```java
ArrayList<Integer> a = new ArrayList<>();
```

ArrayList의 선언

ArrayList에는 "<>" 안에 담을 데이터의 자료형을 적어줍니다. 여기서 "Integer"는 "int" 자료형을 뜻합니다. 또한 ArrayList는 배열과는 다르게 "new" 키워드를 통해서만 초기화합니다. 또한 ArrayList는 배열과는 다르게 값을 추가하거나 삭제하는 것이 가능하여, 보통 개수를 특정할 수 없는 데이터들을 담을 때 사용합니다.

그럼, ArrayList에서 값을 추가하고 삭제, 조회하는 방법을 알아보겠습니다.

```java
ArrayList<Integer> a = new ArrayList<>();

a.add(1);
a.add(2);
a.add(3);

getLogger().info(a.toString());
getLogger().info(a.get(1).toString());
a.remove(1);
getLogger().info(a.get(1).toString());
```

ArrayList의 메서드

위 그림과 같이 값의 추가는 "add" 메서드로 합니다. "add" 메서드에 인자로 넘겨주는 값은 반드시 우리가 리스트를 선언할 때 넘겨주었던 자료형과 같은 형태여야 합니다. 그렇지 않으면 프로그램은 값이 맞지 않아 "UnexpectedTypeError"를 띄웁니다.

리스트의 삭제는, 앞에서 보이는 것과 같이 **remove** 메서드로 하며 인자로는 삭제할 요소의 인덱스를 넘겨줍니다.

마지막으로 값을 불러올 때는 **get** 메서드를 사용합니다. 인자로는 똑같이 참조하고 싶은 인덱스를 넘겨주면 됩니다.

```
[16:22:52] [Server thread/INFO]: [LearnPluginCh01_02] [1, 2, 3]
[16:22:52] [Server thread/INFO]: [LearnPluginCh01_02] 2
[16:22:52] [Server thread/INFO]: [LearnPluginCh01_02] 3
```

실행 화면

⚠ 자주하는 실수!

ArrayList의 "remove" 메서드를 사용하면 해당 값이 삭제되면서, 길이가 줄어듭니다. 따라서 줄어든 길이를 생각하지 않고 "get" 메서드를 사용하게 된다면 ArrayList의 길이를 넘어버려 에러가 나는 경우가 생길 수 있습니다. 따라서 "remove" 메서드는 반드시 신중히 써야 합니다.

```java
ArrayList<Integer> array = new ArrayList<>();

array.add(1);
array.add(2);
array.add(3);

System.out.println(array.get(2)); // 3
array.remove(1);
System.out.println(array.get(2)); // Error: ArrayIndexOutOfBoundsException
```

해보기 : 블록 빨리 캐기 미니게임

이번에는 지금까지 우리가 배운 것을 토대로 "/blockcrash" 명령어를 입력하면 캐야 하는 블록 목록이 채팅창에 나오고, 올바른 순서로 블록을 캐면 해당 블록이 제외되고 남은 블록 목록이 채팅창에 출력되며, 모두 캤으면 "Game Clear"라는 문구와 함께, 플레이어가 모든 블록을 캐는 데 걸린 시간을 출력하는 미니게임을 만들어 봅니다. 먼저 새로운 프로젝트를 다음과 같이 만들어 줍니다. 이름은 "BlockCrash"로 하겠습니다. 또한 프로젝트를 생성하면 Artifacts를 추가하는 것, 챕터 1에서 배웠었죠?

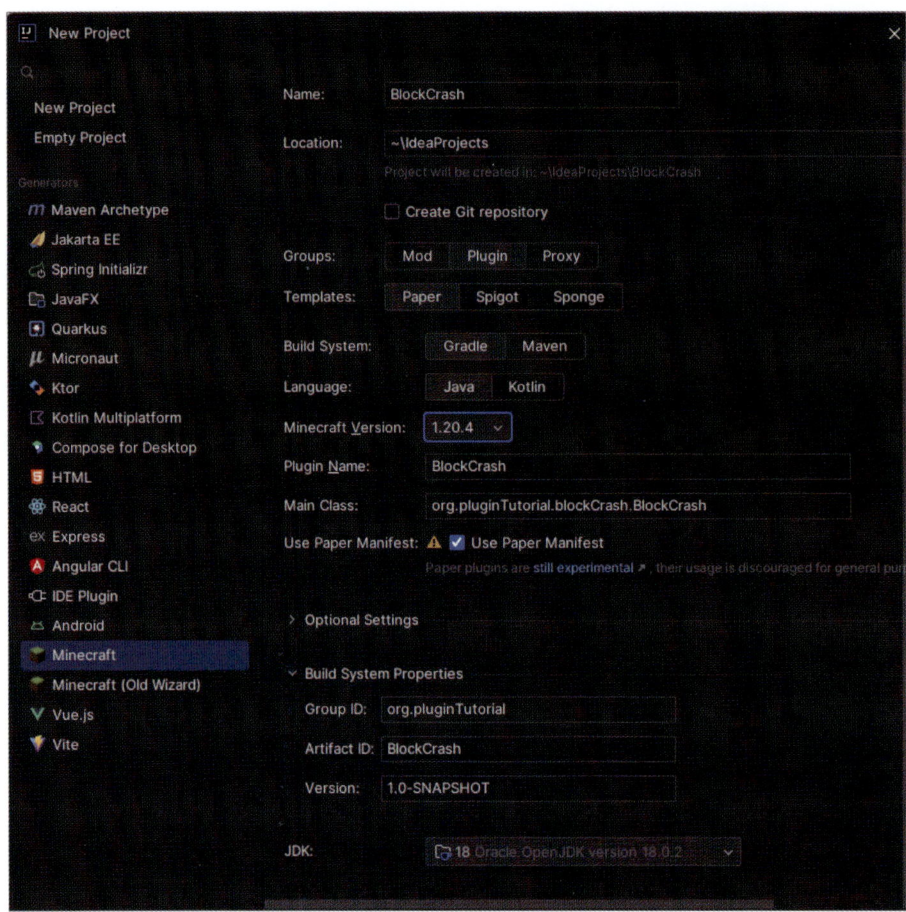

"BlockCrash" 프로젝트 생성

그리고 메인 클래스에 다음과 같이 작성해 줍니다.

```java
public final class BlockCrash extends JavaPlugin {

❶  public long startTime = 0;
   public ArrayList<Material> blockList = new ArrayList<>();

   public static BlockCrash instance;
   public boolean onGame;

   @Override
❷  public void onEnable() {
       // Plugin startup logic
       instance = this;
   }

   @Override
   public void onDisable() {
       // Plugin shutdown logic
   }
}
```

메인 클래스

❶ 변수 선언부입니다. "startTime"는 이는 플레이어가 게임을 시작할 때 시작하는 시간을 기록하는 용도의 변수입니다. "blockList"는 플레이어가 캐야 하는 블록의 타입을 저장하는 리스트입니다. "instance"는 자기 자신으로 초기화하여 이 클래스에 다른 모든 클래스가 섭근할 수 있노록 해 수는 구문입니다. 마지막에는 게임이 진행 중임을 표시할 "onGame" 부울 변수를 추가했습니다. "boolean" 변수는 값을 "true"와 "false" 단 두 가지 값만 가지는 가벼운 변수입니다.

❷ onEnable 블록에선 "instance" 변수를 자기 자신으로 초기화합니다.

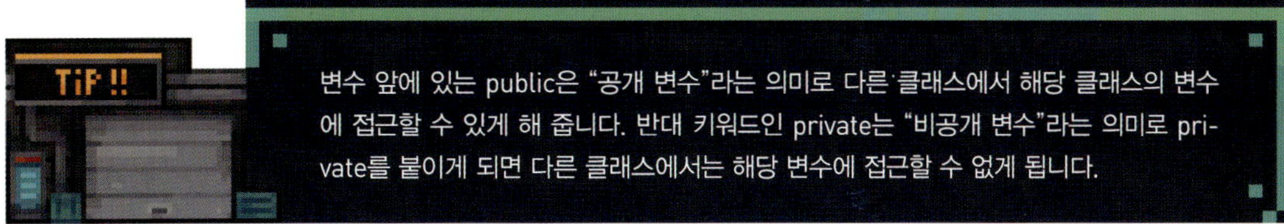

모두 작성하였으면 이후 "Commands" 클래스를 생성하여 다음과 같이 작성해 줍니다.

```java
public class Commands implements CommandExecutor {
    @Override
    public boolean onCommand(@NotNull CommandSender sender, @NotNull Command command,
        @NotNull String label, @NotNull String[] args) {

        if (sender instanceof Player) {
❶          Player player = (Player) sender;
            BlockCrash.instance.startTime = player.getWorld().getTime();

❷          BlockCrash.instance.blockList.add(Material.GRASS_BLOCK);
            BlockCrash.instance.blockList.add(Material.GRAY_WOOL);
            BlockCrash.instance.blockList.add(Material.STONE);
            BlockCrash.instance.blockList.add(Material.OAK_PLANKS);

❸          player.sendMessage("다음 블록을 순서대로 부숴주세요.");
            player.sendMessage(BlockCrash.instance.blockList.toString());

❹          BlockCrash.instance.onGame = true;
        }

        return false;
    }
}
```

Commands.java

❶ "getWorld" 메서드는 플레이어가 현재 속해있는 월드를 가지고 옵니다. "getGameTime" 메서드는 현재 월드의 시간을 가지고 옵니다. 이후 월드의 시간을 들고 와서 메인 클래스의 startTime 변수에 저장해 둡니다.

❷ blockList에 캐야 하는 블록의 타입을 추가해 줄 겁니다. 블록의 타입은 Spigot 버킷의 공식 문서 https://hub.spigotmc.org/javadocs/spigot/org/bukkit/Material.html에서 모든 블록의 타입을 확인할 수 있습니다. 저는 [잔디블록, 회색 양털, 돌, 참나무 목재] 순서로 넣었습니다. 여러분은 문서를 참고하여 본인만의 blockList를 만드는 걸 추천해 드립니다.

❸ 이후 플레이어에게 "다음 블록을 순서대로 부숴주세요."라는 문구와 함께 blockList를 출력해 줍니다.

❹ 이후 플레이어에게 메시지를 보낸 후 onGame 변수를 true로 바꿔주어 게임을 시작해 줍니다.

다음으로는 Events 클래스를 만들겠습니다. 여기서는 앞서 사용했던 "BlockBreakEvent"를 사용할 겁니다. 클래스가 생성되었으면 다음과 같이 작성해 줍니다.

```java
public class Events implements Listener {
    @EventHandler
    public void onBreakBlock(BlockBreakEvent e) {
❶      if (BlockCrash.instance.onGame) {
            Player player = e.getPlayer();
            Block block = e.getBlock();


❷          if (block.getType() == BlockCrash.instance.blockList.get(0)) {
                BlockCrash.instance.blockList.remove(0);
                player.sendMessage(BlockCrash.instance.blockList.toString());
❸              if (BlockCrash.instance.blockList.size() == 0) {
                    player.sendMessage("Game Clear!");
                    player.sendMessage("걸린 시간 : " + (player.getWorld().getTime() - Block-
Crash.instance.startTime));
                    BlockCrash.instance.onGame = false;
                }
❹          } else {
                player.sendMessage("이 블록이 아닙니다.");
            }
        }
    }
}
```

Events.java

❶ onGame 변수가 "true"인지 검사하는 조건문입니다. 이후 BlockBreakEvent 객체의 "getPlayer" 메서드와 "getBlock" 메서드를 통해 블록을 부순 플레이어와 부순 블록을 가져옵니다.

❷ 플레이어가 부순 블록이 blockList에 제일 처음 블록이 맞는지 검사하는 조건문입니다. 만약 플레이어가 블록을 맞게 부쉈다면, blockList에서 제일 처음 블록을 "remove" 메서드로 삭제한 후 플레이어에게 다시 한번 블록 목록을 띄워 줍니다.

❸ ArrayList에서 "size" 메서드는 리스트의 길이를 반환합니다. 따라서 해당 조건문은 blockList가 전부 지워져서 비어있는지 검사합니다. 조건이 만족되면, 플러그인은 미니게임을 클리어한 것으로 판정하고, "Game Clear!"라는 메시지와 함께 현재시간에서 startTime을 뺀 "걸린 시간"을 출력해주고 onGame을 "false"로 바꿔 게임을 종료합니다.

❹ else 구문은 바로 if 블록이 조건이 만족되지 않았다면 실행되는 블록으로, 따라서 해당 구문은 플레이어가

blockList에 없는 엉뚱한 블록을 부쉈을 때, "이 블록이 아닙니다." 라는 메시지를 출력하는 역할을 합니다.

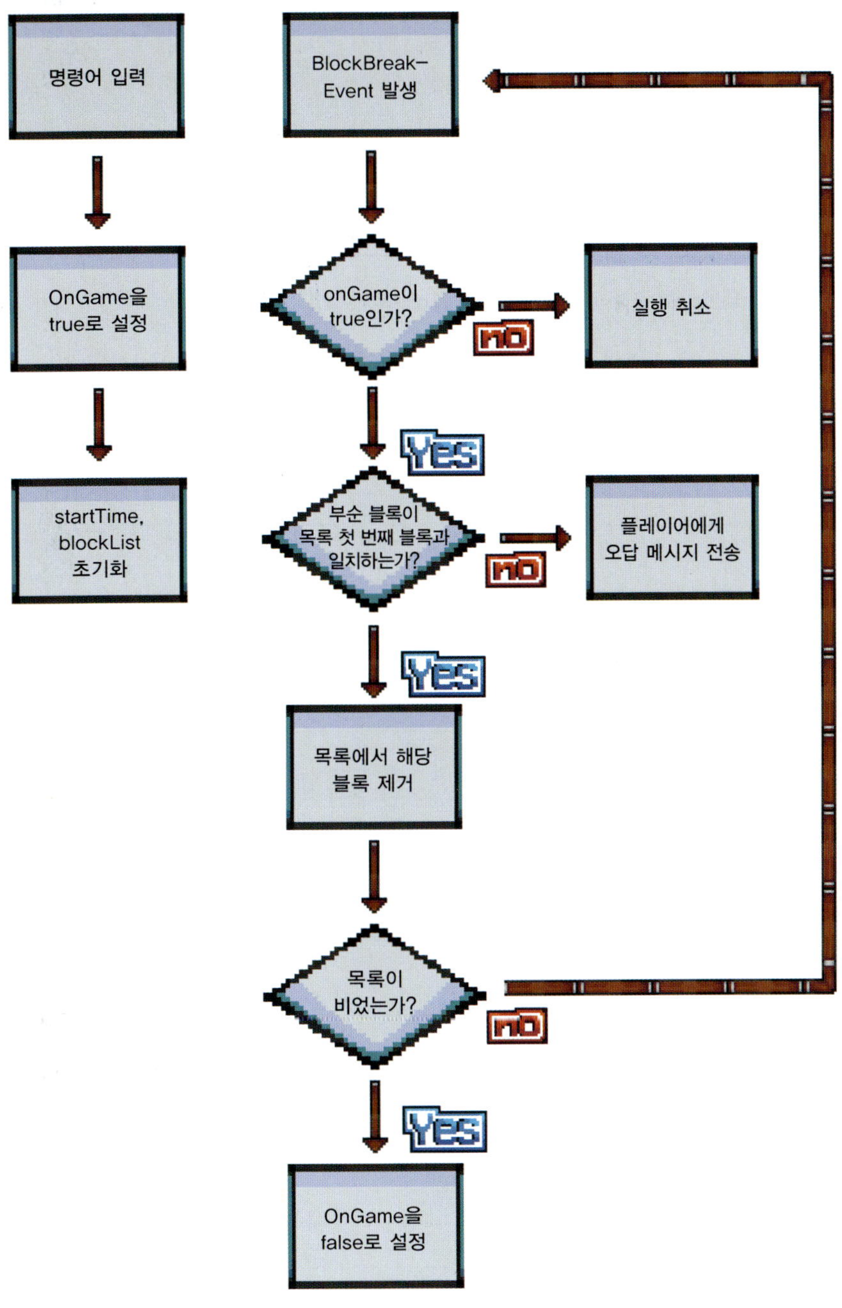

알고리즘 순서도

어떤 문제를 해결하기 위한 순서나 방법을 "알고리즘"이라고 하고, 이 알고리즘을 나타낸 그림을 "알고리즘 순서도" 또는 "플로우 차트"라고 합니다. 어떤 기능을 구현하기에 앞서 먼저, 어떻게 구현할지를 한번 그림으로 그려보는 겁니다. 이런 식으로 어떻게 구현할지 미리 그림으로 나타내면, 실제로 코딩할 때 막히거나, 꼬이는 일을 줄일 수 있습니다.

```java
public final class BlockCrash extends JavaPlugin {

    public long startTime = 0;
    public ArrayList<Material> blockList = new ArrayList<>();


    public static BlockCrash instance;
    public boolean onGame;


    @Override
    public void onEnable() {
        // Plugin startup logic
        instance = this;

        getServer().getPluginManager().registerEvents(new Events(), this);
        getServer().getPluginCommand("blockcrash").setExecutor(new Commands());
    }


    @Override
    public void onDisable() {
        // Plugin shutdown logic
    }
}
```

메인 클래스

```yaml
name: BlockCrash
version: '1.0-SNAPSHOT'
main: org.pluginTutorial.blockCrash.BlockCrash
api-version: '1.20'
commands:
  blockcrash:
    description: "Block Crash Minigame."
```

plugin.yml

이제 모두 완료했으면 앞선 챕터에서 했던 것과 같이 이벤트와 커맨드를 등록해 주고 빌드하여 테스트해 봅시다.

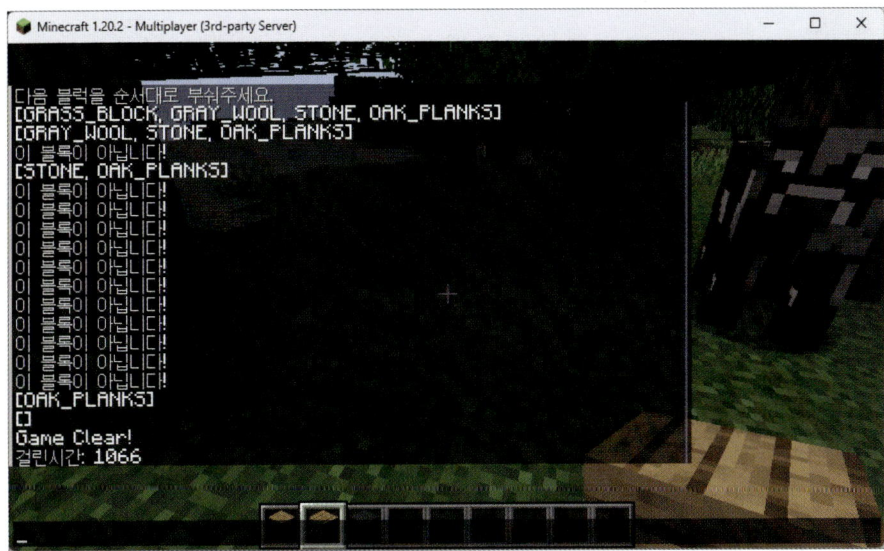

작동 화면

PART 2

플러그그인 응용

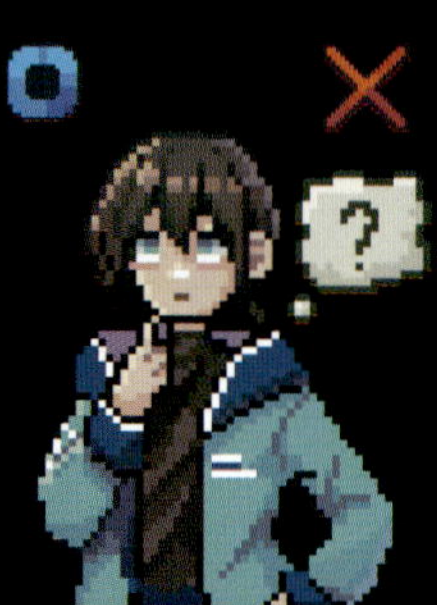

이번 파트에선 본격적인 코딩을 배워 봅니다. 플러그인 기초에서 배운 내용을 토대로, 조건과 반복을 통한 조금 더 복잡한 알고리즘이나, 클래스나 Hash-Map 등의 자료구조와 같은 이론적인 부분과 함께, Bukkit에서 제공하는 마인크래프트 플러그인에서 사용할 수 있는 다양한 기능들을 이용해서 여러분이 만드는 플러그인에 더 다양하고 멋진 기능들을 추가해 볼 겁니다. 또한 클래스의 상속과 인터페이스 구현 등을 통해 여러분의 프로젝트를 보다 깔끔하고, 관리하기 쉽게 유지하는 방법에 대해서도 조금이나마 배웁니다.

이번 파트의 주제는 응용입니다. 앞선 파트에선 플러그인을 제작하는 데 필요한 환경과 프로그래밍 언어의 기초적인 문법을 다뤘다면 이번 파트에선 심화 문법과 조금 더 복잡한 플러그인의 기능들을 중심으로 책을 풀어나갑니다. 따라서 이해하는 데에 앞에보다는 조금 어렵고, 지루한 부분이 있을 수 있죠.

따라서 이번 파트부터는 한 챕터 한 챕터마다 여러분이 학습한 내용을 통해 실제로 플레이할 수 있는 간단한 콘텐츠들을 만들 겁니다. 이 콘텐츠를 만들면서 여러분은 이 책의 마지막에서 수행하게 될 프로젝트가 만들어지는 과정을 조금이나마 체험하고, 각 챕터에서 내용뿐만 아니라 이전 챕터에서 여태까지 배운 내용을 직접 사용하여 콘텐츠를 만들어 배운 내용의 이해도를 높여줄 겁니다. 또한 이 책에서 가장 긴 파트인 Part 2를 여러분이 지치지 않고, 즐겁게 학습해 나갈 수 있도록 도와주는 역할도 수행하죠.

또한 이번 챕터의 주제가 응용이니만큼 각 챕터에서 만드는 콘텐츠에 여러분이 배운 것을 토대로 직접 살을 붙여서 여러분만의 콘텐츠를 만들면, 더욱 큰 성취감과 함께 학습 효과도 두 배, 세 배가 되는 걸 느낄 겁니다. 그러니 이 책을 가이드 삼아 여러분의 친구들과 플레이할 콘텐츠를 이 파트를 진행하면서 직접 만들어, 직접 플레이해 보는 경험을 하면 매우 유익하고, 재밌을 것이라 보장합니다.

조건문과 반복문, 그리고 좌표

학습목표

- 조건문의 의미를 이해하고 사용할 수 있다.
- 반복문의 의미를 이해하고 사용할 수 있다.
- 마인크래프트 좌표의 구조를 이해하고, 이를 이용해 특정 영역에 대한 조건을 만들 수 있다.

우리는 Chapter 4에서 변수와, 변수 여러 개를 묶어놓은 변수, 리스트를 공부했습니다. 이번 시간에는 이 변수를 이용해서 조건을 세워 구문의 실행 여부를 결정하는 **조건문**과 특정 구문을 반복하는 **반복문**에 대해서 배워볼 겁니다. 이 두 구문은 대부분의 프로그래밍 언어에 구현이 돼 있는 기본적인 문법이고, 알고리즘을 설계할 때 필수적으로 이용되는 문법입니다. 또한 이번 챕터에서는 마인크래프트에서 위치를 나타내는 방법인 좌표를 알아보고, 이를 토대로 OX 퀴즈 미니게임을 만들어 이해를 돕겠습니다.

조건문은 "어떠한 조건을 만족할 때~아래의 구문을 실행한다."라고 해석되는 문법입니다. 여기서 자바에서 조건문 문법은 두 개로 나뉩니다. 하나는 if이고, 하나는 switch입니다. 먼저 if 문부터 보기로 하죠.

if문

if문의 문법은 다음과 같습니다.

> if(조건) {…구문…}

해당 "조건"을 만족하면 "구문"이 실행되는 식입니다. 그럼 "조건"엔 무엇이 들어가야 할까요? 여기엔 기본적으로 "Boolean"이라는 값이 들어갑니다.

Boolean은 우리가 앞서 다뤘던 정수, 실수의 값과는 다르게 "true" 혹은 "false" 두 가지의 값만 가지는 자료형입니다. if문은 조건에 들어있는 Boolean값이 "true"이면 구문을 실행하게 되고, 그렇지 않으면 구문을 실행하지 않고 건너뛰게 됩니다. 조건에는 직접 Boolean 자료형의 변수를 넣어도 되지만, "true" 또는 "false"의 값을 가지는 조건식을 만들어 넣어도 된답니다. 이 조건식이라는 것은 무엇일까요?

조건식

조건식이란 "반환값이 Boolean 형태인 식"입니다. 이 조건식에는 "비교 연산자"가 쓰이는데, 우리가 앞서 배운 사칙연산을 하는 "산술 연산자"와 "대입 연산자"와는 다르게 "비교 연산자"는 말 그대로 두 값을 비교하는 데에 쓰입니다. 각 "비교 연산자"의 형태와 용법을 정리하면 다음과 같습니다.

형태	설명	예시
==	두 값이 같을 경우 true를 반환	1==1(true), 1==2(false)
!=	두 값이 같지 않을 경우 true를 반환	1!=2(true), 1!=1(false)
〉	오른쪽 값이 왼쪽 값보다 클 경우 true를 반환	1〉0(true), 1〉2(false), 1〉1(false)
〈	오른쪽 값이 왼쪽 값보다 작을 경우 true를 반환	1〈2(true), 1〈0(false), 1〈1(false)
〉=	오른쪽 값이 왼쪽 값보다 크거나 같을 경우 true를 반환	1〉=0(true),1〉=2(false),1〉=1(true)
〈=	오른쪽 값이 왼쪽 값보다 작거나 같을 경우 true를 반환	1〈=2(true), 1〈=0(false), 1〈=1(true)

이를 이용해 실제로 구문을 작성해 보면 다음과 같습니다.

```java
int a = 0;
if(a 〉 1){
    System.out.println("조건문 1 실행");
}
if(a 〈 1){
    System.out.println("조건문 2 실행");
}
```

이를 실행해 보면 결과는 "조건문 2 실행"만 출력되는 것을 알 수 있습니다.

논리 연산자

조건문을 다루다 보면 여러 조건을 같이 써야 하는 경우가 생깁니다. 이 경우, 우리는 논리 연산자를 사용할 수 있습니다. 논리 연산자의 종류는 다음과 같습니다.

이름	기호	설명	예제
AND	&&	두 논리식이 모두 "true"면 "true", 그렇지 않을 경우 "false"	true&&true→true true&&false→false
OR	||	두 논리식중 하나라도 "true"면 "true", 둘 다 "false"이면 "false"	true||false→true false||false→false
NOT	!	주어진 논리식이 "true"이면 "false", "false"이면 "true"	!true→false !false→true

이를 실제 조건문에 적용한 자바 예문은 다음과 같습니다.

```java
void Test(){
    int a = 2;
    System.out.println((a > 1) && (a > 3));
    System.out.println((a > 1) && (a < 3));
    System.out.println((a < 1) || (a > 3));
    System.out.println((a < 1) || (a < 3));
    System.out.println(!(a < 1));
}
```

논리 연산자 예문

```
[13:52:48 INFO]: false
[13:52:48 INFO]: true
[13:52:48 INFO]: true
[13:52:48 INFO]: false
[13:52:48 INFO]: true
```

switch문

　switch문은 여러 개의 조건을 한 구문으로 처리할 수 있는 조건문 문법입니다. switch문의 문법을 살펴보면 다음과 같습니다.

```
switch(변수){
  case 값1:
    …
    구문1
    …
    break;
  case 값2:
    …
    구문2
    …
    break;
  …
  default:
    …
    구문N
    …
}
```

차근차근 설명해 보겠습니다. 먼저 switch문은 "(" 안에 변수를 받습니다. 이 변수는 조건의 기준이 될 변수입니다. 그리고 그 안쪽의 case문은 "기준 변수의 값이 ~일 때"를 의미합니다. 즉 "변수"가 "값 1" 일 때는 "구문 1", "변수"가 "값 2" 일 때는 "구문 2"… 이런 식이죠. 마지막 default는 "위에 조건들이 모두 맞지 않을 때"를 의미하고, 그럴 경우 "구문 N"을 실행합니다. 중간마다 들어있는 "break"는 이 case 구문들을 구분해 준다고 생각하시면 된답니다. 이는 바로 다음에 나올 반복문에서 설명하겠습니다.

실제로 switch문을 작성해 보면 이런 식으로 되어 있습니다.

```java
int a = 0;
switch (a){
    case 0:
        System.out.println("0입니다.");
        break;
    case 1:
        System.out.println("1입니다.");
        break;
    case 2:
        System.out.println("2입니다.");
        break;
    default:
        System.out.println("0,1,2 모두 아닙니다.");
}
```

switch문 예제

출력해 보면, "0입니다."라는 문구만 출력되는 것을 볼 수 있습니다.

Section 5-2 반복문

반복문은 특정한 구문을 지정한 조건대로 반복해 주는 구문입니다. 반복문을 잘 사용하면 같은 구문을 여러 번 적는 수고를 줄이거나, 복잡한 코드를 아주 간단하게 처리할 수 있습니다. 자바의 반복문인 **for문**과 **while문**에 대해 알아보겠습니다.

for문

for문은 "특정 구문을 특정 횟수만큼" 반복해 주는 구문입니다. for문은 다음과 같이 작성됩니다.

```
for(int i = 0; i < (횟수); i++){
    …
    구문
    …
}
```

먼저 for문의 "(" 안을 살펴봅시다. 이 안은 (초기화;조건;증감치)의 구조로 되어 있습니다. 먼저 초기화는 말 그대로 변수를 초기화해 주는 겁니다. 이 변수는 반복에 쓰이는 조건을 형성하는 기준이 됩니다. 다음으로 조건은 이 반복문이 실행될 조건입니다. "조건"이 참일 동안에 이 반복문은 계속 반복됩니다. 마지막 증감치는 "1회 반복이 끝난 후" 실행되어 변수의 수치를 변경해 줍니다. 이렇게 변수의 수치를 증가/감소시키다가 어느 순간 조건이 "거짓"이 되면 반복문이 멈추게 됩니다. 아래 예문을 함께 보면 이해하는 데 도움이 될 겁니다.

```
for(int i = 0; i < 10; i++){
    System.out.println("Hello World!");
}
```

for문 예제

이 구문을 실행하면 "Hello World!"라는 구문이 10회 반복되어 출력되는 것을 확인할 수 있습니다. 여기서 보통 for문 안에 들어가는 매개변수는 i나 j처럼 간단한 숫자로 나타내는 게 보통입니다. 여기서 다음과 같이 매개변수를 참조하면 이 반복문의 반복 횟수를 가져올 수 있답니다.

```
for(int i = 0; i < 10; i++){
    System.out.println(i + "번째 반복");
}
```

```
[00:50:20] [Server thread/INFO]: Cycle: 0
[00:50:20] [Server thread/INFO]: Cycle: 1
[00:50:20] [Server thread/INFO]: Cycle: 2
[00:50:20] [Server thread/INFO]: Cycle: 3
[00:50:20] [Server thread/INFO]: Cycle: 4
[00:50:20] [Server thread/INFO]: Cycle: 5
[00:50:20] [Server thread/INFO]: Cycle: 6
[00:50:20] [Server thread/INFO]: Cycle: 7
[00:50:20] [Server thread/INFO]: Cycle: 8
[00:50:20] [Server thread/INFO]: Cycle: 9
```

실행 결과

while문은 "특정 조건을 만족하면" 반복해 주는 구문입니다. while문은 주어진 조건식이 "true"라면 주어진 구문을 계속 반복한다는 게 특징입니다. while문의 작성 방법은 다음과 같습니다.

```
while(조건식){
    …
    구문
    …
}
```

조건식은 if문과 마찬가지로 조건 연산자를 사용한 조건식, 혹은 Boolean 형식의 값이 들어갑니다. while은 따로 반복 횟수를 얻어오는 매개변수가 없기 때문에, 보통 조건을 통해 제어되는 반복문에 사용됩니다. 실제로 사용한 예를 보겠습니다.

```java
boolean flag = true;
int n = 0;

while(flag){
    n++;
    System.out.println(n);

    if(n > 10){
        flag = false;
    }
}
```

while문 예제

복잡해 보이지만 실제로 반복하는 부분은 for 문보다 간단합니다. 차근차근 보도록 하죠. 먼저 while문의 조건이 될 Boolean 변수 "flag"를 선언해 주었습니다. 그리고 반복 횟수를 셀 int형 변수 "n"도 선언해 줬습니다. 그리고 while 문의 조건식으로 "flag"를 넘겨주었죠. 이러면 while 문은 "flag"가 "true"인 한 "{" 안에 구문을 반복합니다.

다음으로 안쪽 구문을 살펴보면 먼저, 반복할 때마다 "n"의 값을 1씩 증가시킵니다. 그리고 "n"이 10이 넘는지 검사합니다. 만약 넘는다면 "flag"를 "false" 값으로 바꾸어 줍니다. 그럼, 다음 반복 때, while문이 "flag"를 검사하게 되는데, 이 값이 "false"면 더 이상 반복하지 않고 종료합니다.

앞의 코드를 실행한 결과는 다음과 같습니다.

```
[01:09:09] [Server thread/INFO]: 1
[01:09:09] [Server thread/INFO]: 2
[01:09:09] [Server thread/INFO]: 3
[01:09:09] [Server thread/INFO]: 4
[01:09:09] [Server thread/INFO]: 5
[01:09:09] [Server thread/INFO]: 6
[01:09:09] [Server thread/INFO]: 7
[01:09:09] [Server thread/INFO]: 8
[01:09:09] [Server thread/INFO]: 9
[01:09:09] [Server thread/INFO]: 10
[01:09:09] [Server thread/INFO]: 11
```

while문 예제 실행 결과

break와 continue

이번에는 break와 continue 키워드에 대해 알아보겠습니다. 이 두 키워드는 반복문에서 쓰이는 키워드로, 좀 더 복잡한 반복문의 로직을 설계할 때 사용됩니다. 그럼 어떤 기능을 하는지 알아볼까요?

먼저, break는 "이 반복문을 탈출합니다."라는 의미입니다. break 키워드를 사용하면 반복문의 조건을 무시하고 반복을 종료시켜 줍니다. 보통 무한 반복문을 처리하거나, 반복문에서의 예외 처리에 사용됩니다. for문에 실제로 사용된 예시를 볼까요?

```java
for(int i = 0; i < 10; i++){
    System.out.println(i);

    if(i == 7){
        break;
    }
}
```

for문에 사용된 break키워드

일반적인 for문에 조건문이 추가된 것을 볼 수 있습니다. 조건식으로는 "i == 7"을 받고 있고, 구문은 "break" 키워드 하나만 사용되었습니다. 따라서 이 반복문은 "반복 횟수를 출력하고 반복 횟수가 7일 때 break 키워드 실행"하는 반복문이고, break는 반복을 종료시키니, 이 반복문은 반복 횟수가 7일 때 반복 횟수를 출력하고 반복을 종료하여 그 뒤의 숫자인 "8","9"는 출력되지 않습니다. 아래는 실제 작동 화면입니다.

```
[10:56:06] [Server thread/INFO]: 0
[10:56:06] [Server thread/INFO]: 1
[10:56:06] [Server thread/INFO]: 2
[10:56:06] [Server thread/INFO]: 3
[10:56:06] [Server thread/INFO]: 4
[10:56:06] [Server thread/INFO]: 5
[10:56:06] [Server thread/INFO]: 6
[10:56:06] [Server thread/INFO]: 7
```

break 키워드를 포함한 for문 작동 화면

다음으로 **continue** 키워드에 대해서 알아볼 겁니다. continue 키워드는 "이하의 코드를 무시하고 다음 반복으로 넘어간다."라는 의미가 있습니다. 말로 들어선 사실 감이 잘 안 올 텐데 일단 예제 코드를 보며 설명해 드리겠습니다.

```java
for(int i = 0; i < 10; i++){
   System.out.println(i);

   if(i % 2 == 0){
      continue;
   }

   System.out.println("Odd Number");  // Odd Number: 홀수
}
```

for문에 사용된 continue 키워드

먼저 일반적인 10회 반복 for문을 사용합니다. 그 안에는 앞에서와 마찬가지로 "System.out.println" 메서드를 사용하여 반복 횟수를 출력해 주고 있습니다. 하지만 그 밑에 조건문이 추가됐죠? 조건식은 "반복 횟수 i를 2로 나누었을 때 나머지가 0일 경우"를 의미하고 있습니다. 만약 나누어떨어진다면, 반복 횟수 i는 짝수입니다. 따라서 다음의 "Odd Number라는 문구를 출력하

지 않고 다음 반복으로 넘어가게 됩니다. 하지만 만약 나누어떨어지지 않는다면, i는 홀수이기에 continue 키워드는 실행되지 않습니다. 따라서 정상적으로 "Odd Number"라는 문구가 뒤따라 출력될 겁니다. 이 구문을 실제로 실행시켜 보면 다음과 같이 나타납니다.

```
[21:23:25] [Server thread/INFO]: 0
[21:23:25] [Server thread/INFO]: 1
[21:23:25] [Server thread/INFO]: Odd Number
[21:23:25] [Server thread/INFO]: 2
[21:23:25] [Server thread/INFO]: 3
[21:23:25] [Server thread/INFO]: Odd Number
[21:23:25] [Server thread/INFO]: 4
[21:23:25] [Server thread/INFO]: 5
[21:23:25] [Server thread/INFO]: Odd Number
[21:23:25] [Server thread/INFO]: 6
[21:23:25] [Server thread/INFO]: 7
[21:23:25] [Server thread/INFO]: Odd Number
[21:23:25] [Server thread/INFO]: 8
[21:23:25] [Server thread/INFO]: 9
[21:23:25] [Server thread/INFO]: Odd Number
```

continue 키워드를 포함한 for문 작동 화면

반복문을 통한 배열, 리스트 순회

이번에 배운 반복문을 통해서 배열이나 리스트 각 요소에 순차적으로 접근하는 방법을 배워 보겠습니다. 먼저 배열을 선언하고 다음과 같이 작성해 주겠습니다.

```java
void Test(){
    int[] array = {1, 2, 3, 4, 5};

    for(int i = 0; i < array.length; i++){
        System.out.println(array[i]);
    }
}
```

반복문을 통한 배열 순회 예제

배열의 **length** 속성은 해당 배열의 길이를 뜻합니다. 즉, 이 반복문은 해당 배열의 길이만큼 반복하는 반복문이고 반복할 때마다 각 회차에 맞는 배열의 요소를 출력합니다. 첫 번째 반복일 때는 배열의 첫 번째 요소를, 두 번째 반복일 때는 배열의 두 번째 요소를 출력, 이를 반복하여 배열의 마지막 요소를 출력하면 반복을 종료하는 코드입니다. 이런 반복문의 용법은 리스트에도 똑같이 적용할 수 있습니다.

```java
void Test(){
    ArrayList<Integer> array = new ArrayList<>(Arrays.asList(1, 2, 3, 4, 5));

    for(int i = 0; i < array.size(); i++){
        System.out.println(array.get(i));
    }
}
```

반복문을 통한 리스트 순회 예제

여기서 주의해야 할 점은 ArrayList는 length 속성이 아닌 **size()**라는 메서드로 크기를 얻어온다는 점입니다.

위 코드를 실행할 경우 결과는 둘 다 동일하게 다음과 같이 나옵니다.

```
[12:56:28 INFO]: 1
[12:56:28 INFO]: 2
[12:56:28 INFO]: 3
[12:56:28 INFO]: 4
[12:56:28 INFO]: 5
```

리스트/배열 순회 출력 결과

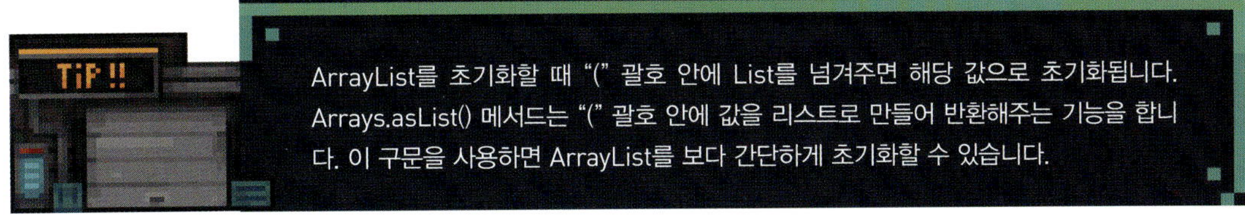

이어서 조금 다른 방법으로 배열, 리스트를 순회하는 방법을 알아보겠습니다. 먼저 예제를 보고 설명을 이어 가겠습니다.

```java
void Test(){
    int[] array = {1, 2, 3, 4, 5};
    for(int i : array){
        System.out.println(i);
    }
}
```

확장 for문을 통한 배열, 리스트 순회

이 형태의 for문을 **확장 for문**이라고 합니다. 확장 for문을 사용하면 배열이나 리스트의 요소만 순회하는 것이 가능합니다. 확장 for문의 사용법은 다음과 같습니다.

```java
for( type var : Array ){
  …
   내용
  …
}
```

여기서 Array는 순회할 배열, 리스트를 뜻하고, type은 해당 배열, 리스트가 담고 있는 자료형을, var은 순회하며 배열, 리스트의 요소를 담을 변수입니다. 따라서 해당 예제를 실행한 결과는 다음과 같이 나옴을 알 수 있습니다.

```
[23:52:07 INFO]: 1
[23:52:07 INFO]: 2
[23:52:07 INFO]: 3
[23:52:07 INFO]: 4
[23:52:07 INFO]: 5
```

확장 for문 예제 실행 결과

마지막으로 좌표에 대해 알아보겠습니다. 마인크래프트에 익숙한 유저는 자주, 그리고 유용하게 활용하고 있을 거고, 그렇지 못한 분들도 한 번쯤은 들어봤을 겁니다.

이번 장에선 우리는 플러그인에서 마인크래프트의 좌표를 어떻게 전달하고, 이를 어떻게 사용하는지 알아볼 겁니다.

3차원 좌표

마인크래프트는 3D게임입니다. 즉, "앞과 뒤", "오른쪽과 왼쪽", "위와 아래"가 다 있는 게임이라는 뜻이죠. 따라서 마인크래프트는 3개의 축(x축, y축, z축)을 사용하는 3차원 직교 좌표계를 사용합니다. 그림을 보면서 이해를 돕겠습니다.

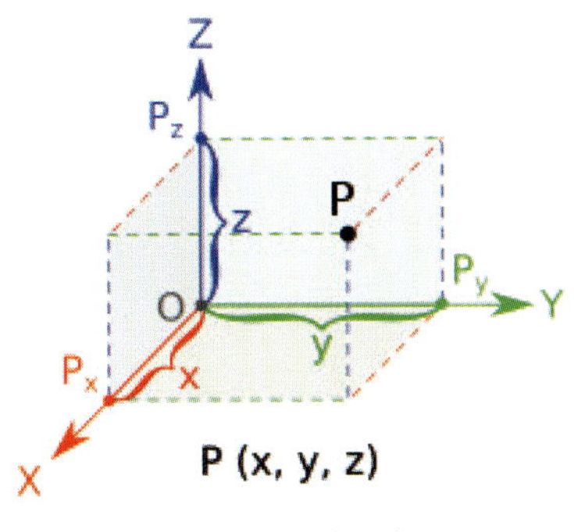

3차원 직교 좌표계

직교 좌표계는 좌표계를 이루는 각 축이 서로 직각을 이룬다는 의미이고, 3차원은 좌표계를 이루는 축이 총 3개라는 의미입니다. 그림에서 보이는 것과 같이 3차원 직교 좌표계에서 점은 (x 좌표값, y 좌표값, z 좌표값)으로 나타내어지고, 따라서 우리는 이런 형태의 좌표를 플러그인에서 다루게 될 겁니다.

버킷에선 이 좌표를 다루기 편리하게, Location이라는 클래스를 제공합니다. 이 Location 클래스는 좌표의 x, y, z 좌표뿐만 아니라, 이 좌표가 속한 월드, 회전각 등의 정보도 함께 제공합니다. 또한 좌표 계산을 돕는 여러 유용한 메서드들도 함께 제공한답니다. 플레이어의 위치를 확인하는 명령어 예제를 보면서 살펴보도록 합시다. 먼저 앞서 작성한 Cmds 클래스를 다음과 같이 수정해 줍니다.

```java
public boolean onCommand(CommandSender commandSender, Command command, String s, String[] strings) {
❶   if(commandSender instanceof Player){
        Player player = (Player) commandSender;

❷       if(strings[0].equalsIgnoreCase("confirm")){
            player.sendMessage(player.getLocation().toString());
        }
        else {
            player.sendMessage("Hello, World!");
        }
    }

    return false;
}
```

Cmds.java

❶ 해당 커맨드를 보낸 주체가 게임 내의 플레이어인지 판별하는 조건문입니다. 플레이어가 직접 인게임 내에서 커맨드를 입력할 수도 있지만, 버킷으로 커맨드를 입력하는 것도 가능하며, 후자의 경우, 인게임 플레이어가 아니기에 Location값을 가지지 않음에 유의합니다.

❷ 첫 번째 args가 "confirm"일 때, 플레이어의 위치 정보를 플레이어에게 채팅으로 보여주는 구문입니다. equalsIgnoreCase는 두 문자열이 같은지 아닌지를 "true" 혹은 "false"로 나타내는 구문이고, getLocation은 해당 플레이어의 위치값을 Location으로 가지고 오는 구문입니다. 각 구문의 사용 방법은 다음과 같습니다.

---
string1.equalsIgnoreCase(string2)

이 예제는 string1과 string2가 같은지 판단하는 구문입니다.

---
player1.getLocation()

이 예제는 player1의 위치값을 Location으로 가져오는 구문입니다.

다음으로 메인 클래스와 plugin.yml도 약간 수정해 주겠습니다. 아래와 같이 바꾸어 줍니다.

```java
public final class PluginTutorial extends JavaPlugin {

    public void onEnable() {
        // Plugin startup logic
        getLogger().info("플러그인이 활성화되었습니다.");
        getServer().getPluginManager().registerEvents(new Events(), this);
        getServer().getPluginCommand("test").setExecutor(new Cmds());
    }
    public void onDisable() {
        // Plugin shutdown logic
        getLogger().info("플러그인이 비활성화되었습니다.");
    }
}
```

메인 클래스

```yaml
name: PluginTutorial
version: '${version}'
main: org.plugintutorial.plugintutorial.PluginTutorial
api-version: '1.20'
commands:
  test:
    description: "Hello World!"
```

plugin.yml

간단하게 커맨드의 이름을 바꾸었습니다. 앞으로는 커맨드의 이름은 그대로 유지한 채 새로운 옵션을 만들어 거기에 기능을 추가하는 식으로 작업할 예정이니 미리 작업해 둡시다.

이후 플러그인을 실행시켜 보면 정상적으로 작동하는 것을 확인할 수 있습니다.

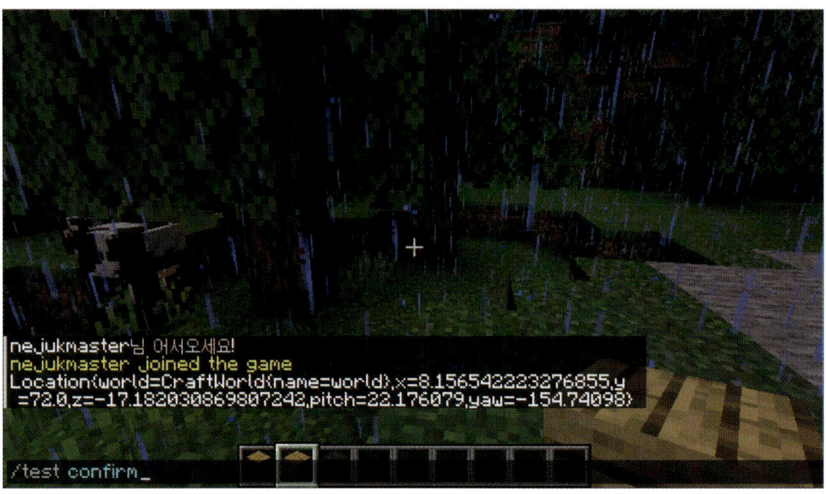

작동 화면

해보기 : OX게임 만들기

지금까지 배운 것을 바탕으로 간단한 상식 OX 퀴즈 미니게임을 제작할 겁니다. O와 X에 해당하는 영역을 지정하고 "/oxgame start"라고 명령어를 입력하면 문제가 나오며, O, X영역을 골라 선택한 후, "/oxgame check"라고 명령어를 입력하면 정답을 확인할 수 있는 게임입니다. 그럼 차근차근 실습을 진행하겠습니다.

먼저 새 프로젝트를 만들고, 이름은 "OXGame"으로 지어주겠습니다.

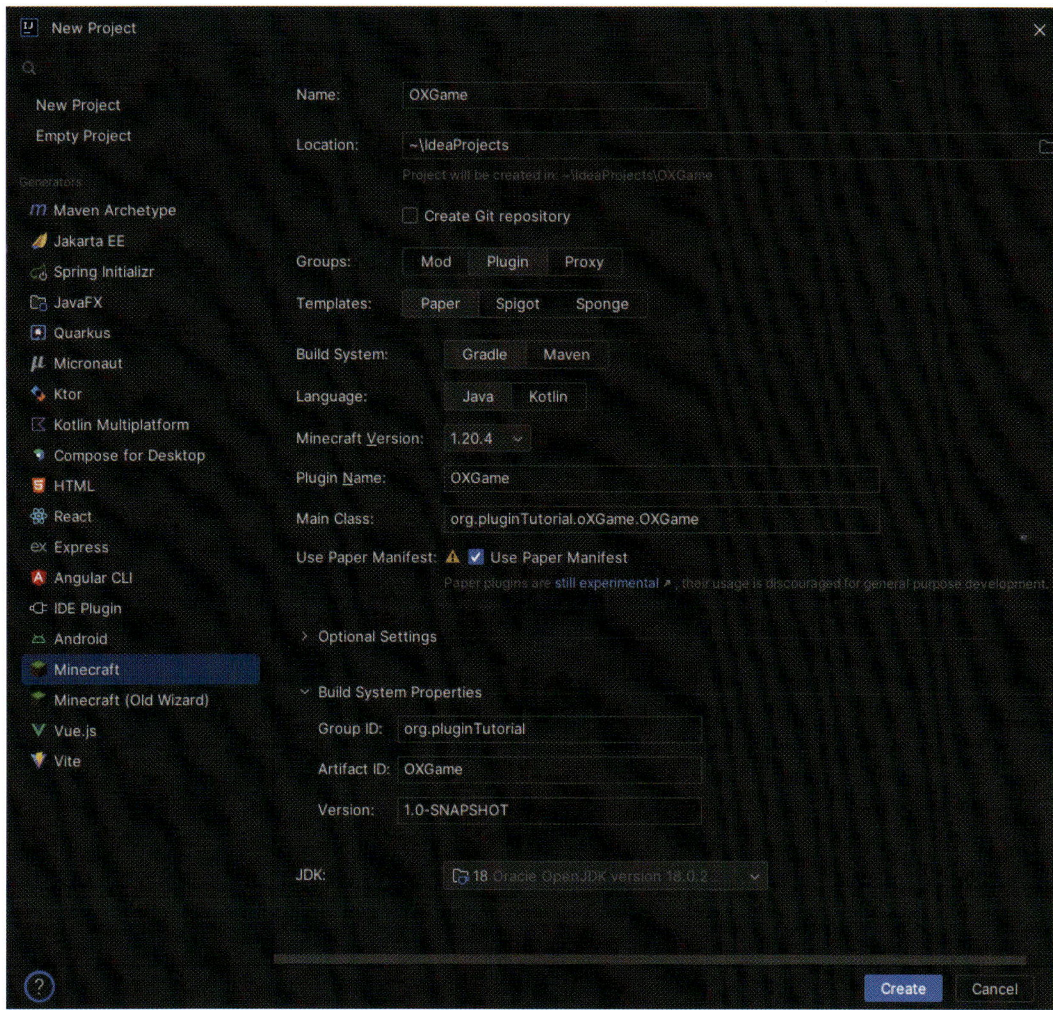

프로젝트 생성

이후 이전 챕터에서 했던 것처럼 "Events" 클래스와 "Commands" 클래스를 각각 생성해 주겠습니다. 이후 메인 클래스에서 각각 이벤트와 커맨드를 등록해 줍니다.

```java
public class Events implements Listener {};
```

Events.java

```java
public class Commands implements CommandExecutor {

@Override
    public boolean onCommand(@NotNull CommandSender sender, @NotNull Command command, @NotNull String label, @NotNull String[] args) {
        return false;
    }
}
```

Commands.java

```java
public final class OXGame extends JavaPlugin {

@Override
    public void onEnable() {
        // Plugin startup logic
        getServer().getPluginManager().registerEvents(new Events(), this);
        getServer().getPluginCommand("oxgame").setExecutor(new Commands());
    }

@Override
    public void onDisable() {
        // Plugin shutdown logic
    }
}
```

메인 클래스

모두 끝마쳤다면, 커맨드를 작성할 겁니다. 구현할 기능은 총 두 가지로, 게임을 시작하는 기능인 "start"와 정답을 확인하는 기능인 "check"입니다. 먼저 "start"부터 만들도록 하겠습니다. 시작하려면 문제가 있어야겠죠? 메인 클래스에 다음과 같이 작성해 줍시다.

```java
public final class OXGame extends JavaPlugin {

    public static OXGame instance;

❶  public String[] questions = {

        "우리나라의 국보 1호는 숭례문이다.",

        "6.25전쟁은 북한이 남한으로 쳐들어오며 발발되었다.",

        "기업 애플은 미국 소재의 기업이다.",

        "미국의 수도는 뉴욕이다.",

        "쿼트릿은 3개의 독주곡을 연주하는 3중주를 의미하는 말이다."

    };

❷  public boolean[] answer = {true, true, true, false, false};
❸  public String[] descriptions = {

        "우리나라의 국보 1호는 숭례문이다.",

        "6.25전쟁은 북한이 남한으로 쳐들어오며 발발되었다.",

        "기업 애플은 미국 소재의 기업이다.",

        "미국의 수도는 뉴욕이 아닌 워싱턴 D.C이다",

        "쿼트릿은 4중주를 의미하는 말이며, 3중주는 트리오라고 한다."

    };

❹  public Location[] oArea = new Location[2];

    public Location[] xArea = new Location[2];


    @Override
    public void onEnable() {

        // Plugin startup logic
        getServer().getPluginManager().registerEvents(new Events(), this);

        getServer().getPluginCommand("oxgame").setExecutor(new Commands());
❺      instance = this;

    }


    @Override
    public void onDisable() {

        // Plugin shutdown logic

    }

}
```

메인 클래스

❶ questions는 문자열 배열로 사용자가 게임을 시작했을 때 순차적으로 나올 "문제"들의 목록입니다. 문제 목록은 여러분 재량껏 설정하셔도 문제 없습니다.

❷ answer는 Boolean 형태의 배열로 해당 순서의 문제의 정답을 저장합니다. 즉, "o"이면 true, "x"이면 false로 저장해 줍니다. 또한, 문제와 정답의 순서를 맞추어야 정답이 제대로 인식됩니다.

❸ descriptions는 문제의 정답을 확인하고 나올 해설을 저장합니다. 이 역시 questions의 문제와 순서를 맞춰줘야 합니다.

❹ 각 "o"에 해당하는 영역을 저장할 oArea 배열과, "x"에 해당하는 영역을 저장할 xArea 배열입니다. 시작점과 끝점이 있어야 하므로 크기 2의 Location 배열로 선언합니다.

❺ 외부에서 메인 클래스에 접근할 수 있게 instance를 초기화해 줍니다.

다음으로 Cmd.java 파일로 가서 다음과 같이 작성해 줍니다.

```java
public class Commands implements CommandExecutor {
❶    int question_num = 0;

    @Override
    public boolean onCommand(@NotNull CommandSender sender, @NotNull Command command, @NotNull String label, @NotNull String[] args) {
❷        if (sender instanceof Player) {
            Player player = (Player) sender;
            if (args[0].equalsIgnoreCase("start")) {
             player.sendMessage(OXGame.instance.questions[question_num]);
            }
❸            if (args[0].equalsIgnoreCase("check")) {
                Location playerLocation = player.getLocation();
                // 0 영역 안에 있을 때
❹                if (playerLocation.getX() > Math.min(OXGame.instance.oArea[0].getX(), OXGame.instance.oArea[1].getX())
                        && playerLocation.getX() < Math.max(OXGame.instance.oArea[0].getX(), OXGame.instance.oArea[1].getX())
                        && playerLocation.getZ() > Math.min(OXGame.instance.oArea[0].getZ(), OXGame.instance.oArea[1].getZ())
                        && playerLocation.getZ() < Math.max(OXGame.instance.oArea[0].getZ(), OXGame.instance.oArea[1].getZ())) {
```

```java
            if (OXGame.instance.answer[question_num]) {
                player.sendMessage("정답!");
            } else {
                player.sendMessage("오답...");
            }
            player.sendMessage(OXGame.instance.descriptions[question_num]);
            question_num++;
            question_num = question_num % OXGame.instance.questions.length;
        }
```
❻
```java
        // X 영역 안에 있을 때
        } else if (playerLocation.getX() > Math.min(OXGame.instance.xArea[0].getX(), OX-
Game.instance.xArea[1].getX())
                && playerLocation.getX() < Math.max(OXGame.instance.xArea[0].getX(), OX-
Game.instance.xArea[1].getX())
                && playerLocation.getZ() > Math.min(OXGame.instance.xArea[0].getZ(), OX-
Game.instance.xArea[1].getZ())
                && playerLocation.getZ() < Math.max(OXGame.instance.xArea[0].getZ(), OX-
Game.instance.xArea[1].getZ())) {
            if (!OXGame.instance.answer[question_num]) {
                player.sendMessage("정답!");
            } else {
                player.sendMessage("오답...");
            }
```
❼
```java
            player.sendMessage(OXGame.instance.descriptions[question_num]);
            question_num++,
            question_num = question_num % OXGame.instance.questions.length;
        }
    }
    return false;
    }
}
```

Commands.java

❶ question_num이라는 변수를 선언해 줍니다. 이 변수는 현재 몇 번 문제로 출력해야 되고, 또 풀고 있는지를 기록하는 변수입니다.

❷ "/oxgame start"라는 명령어를 입력하면 문제를 출력하기로 했었으므로, "start"라는 옵션을 추가하고 "question_num" 번째의 문제를 얻어와서 플레이어에게 전송해 주는 코드를 작성해 줍니다.

❸ 커맨드 옵션 "check"를 추가합니다. 이후 개발 편의를 위해 플레이어의 위치를 받아와 "playerLocation"에 저장해 놓겠습니다.

❹ 이제 우리는 현재 플레이어가 어느 영역에 서 있는지 판단해야 합니다.

"평면 영역 내부에 있는지 판단하는 로직은 판단하고자 하는 대상의 좌표(여기선 x,z좌표만을 이용합니다.)를 각 영역의 시작점, 끝점과 각각 비교하여 각 좌표값이 해당 시점~끝점 사이의 값을 가지는가로 판단합니다. 이를 그림으로 나타내면 다음과 같습니다.

영역 시스템

해당 로직에 따라 먼저, 플레이어가 "oArea"에 있는지 판단합니다. true일 경우, 정답을 확인하고, 계속해서 정답이 "true"일 경우 "정답!"이라는 메시지를, 그렇지 않을 경우 "오답…"이라는 메시지를 출력합니다.

❺ 현재 문제의 설명을 출력하고 "question_num"을 1 증가시켜, 다음번에 "/oxgame start" 커맨드를 통해 문제를 출력하면 다음 문제가 나오도록 합니다. 이때 "question_num"을 증가시킨 후, 문제의 개수와 나머지 연산을 하여 마지막 문제 출력 후엔 첫 번째 문제로 되돌아가게 만듭니다.

❻ "oArea" 밖이라면, "xArea" 내부에 있는지 검사해 줍니다. 그럴 경우, 문제의 정답이 "false"라면 정답, 그렇지 않다면 오답 처리해 줍니다.

❼ ❺와 같이 다음 문제로 넘어가게 설정합니다.

이번엔 Event를 작성해 줄 겁니다. Event 클래스에선 플레이어가 블록을 우클릭했을 때, 그 블록의 위치로 oArea와 xArea를 각각 설정하는 기능을 구현할 겁니다. 나무 도끼를 들고 우클릭을 하면 oArea를, 돌도끼를 들고 우클릭하면 xArea를 설정하도록 만들겠습니다. 일단 Events. java에 다음과 같이 작성해 줍니다.

```java
public class Events implements Listener {

@EventHandler
❶ void onPlayerInteract(PlayerInteractEvent e){
    Player player = e.getPlayer();
    Block block = e.getClickedBlock();

❷  if(block != null && block.getType() != Material.AIR){
❸    if(e.getItem() != null && e.getItem().getType().equals(Material.WOODEN_AXE)){
❹      if(OXGame.instance.oArea[0] == null){
          OXGame.instance.oArea[0] = block.getLocation();
          player.sendMessage("O 영역의 시작점이 " + block.getLocation().toString() + "으로 설정되었습니다.");
        } else {
          OXGame.instance.oArea[1] = block.getLocation();
          player.sendMessage("O 영역의 끝점이 " + block.getLocation().toString() + "으로 설정되었습니다.");
        }
      }
❺    if(e.getItem() != null &&  e.getItem().getType().equals(Material.STONE_AXE)){
❻      if(OXGame.instance.xArea[0] == null){
          OXGame.instance.xArea[0] = block.getLocation();
```

```java
                player.sendMessage("X 영역의 시작점이 " + block.getLocation().toString() + "으
로 설정되었습니다.");
            } else {
                OXGame.instance.xArea[1] = block.getLocation();
                player.sendMessage("X 영역의 끝점이 " + block.getLocation().toString() + "으로
설정되었습니다.");
            }
        }
    }
}
```

Events.java

❶ PlayerInteractEvent는 플레이어의 우클릭을 통한 상호작용 시 발생합니다. e.getPlayer와 e.get-ClickedBlock을 통해 상호작용을 한 플레이어의 데이터와 상호작용을 한 블록의 데이터를 먼저 가져옵니다.

❷ "block != null"과 "block.getType() != Material.AIR"라는 조건식을 통해 예외처리를 합니다. 여기서 "null"이라는 것은 "아무것도 할당된 게 없는 상태"를 의미합니다. 플레이어가 블록과 상호작용하지 않은 경우, "getClickedBlock" 메서드의 값은 null이 됩니다. 또한 AND 연산자로 "!block.getType().equals(Material.AIR)"라는 조건도 묶어줘, "플레이어가 허공을 클릭한 경우"도 예외 처리해 줍니다.

❸ "빈 손으로 상호작용하지 않고, 들고 있는 아이템의 타입이 "WOODEN_AXE(나무 도끼)"일 경우"에 해당하는 조건문입니다.

❹ 나무도끼를 통해 "oArea"를 설정하는 기능 구현입니다. 만약 "oArea"의 0번 인덱스가 비어있다면, 상호작용한 블록의 좌표를 0번 인덱스에 넣고 플레이어에게 메시지를 띄웁니다. 그렇지 않다면, 상호작용한 블록의 좌표를 1번 인덱스에 넣고 플레이어에게 메시지를 띄웁니다.

❺ 이번엔 ❸과 마찬가지로 "STONE_AXE(돌 도끼)"일 경우에 대한 조건입니다.

❻ ❹와 마찬가지로 "xArea"를 설정하는 기능입니다.

　여기까지 따라왔다면 이제 모두 완성한 겁니다. 이전에 했던 대로 plugin.yml 파일을 수정하여 커맨드를 추가해 주겠습니다.

```yaml
name: OXGame
version: '1.0-SNAPSHOT'
main: org.pluginTutorial.oXGame.OXGame
api-version: '1.20'
commands:
  oxgame:
    description: "OX Game!"
```

plugin.yml

빌드하고 실행하면 다음과 같이 잘 작동하는 것을 확인할 수 있습니다.

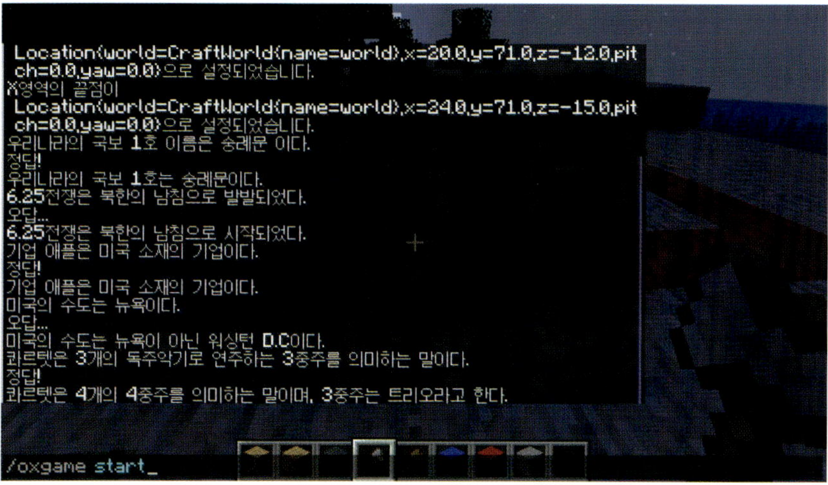

실행 화면

클래스와 엔티티

- 객체지향 프로그래밍과 클래스의 개념을 이해한다.
- 마인크래프트 엔티티 클래스의 구조를 이해하고, 엔티티를 커스터마이징할 수 있다.

이번 챕터에선 **객체지향 프로그래밍**이라는 것은 무엇인지, 이 객체지향 프로그래밍에 등장하는 개념인 **클래스**란 또 어떤 것인지 배웁니다. 사실 이전 챕터에서도 여러분은 클래스를 자연스럽게 사용했지만, 제가 따로 설명은 드리진 않았을 겁니다. 이번 챕터에선 본격적으로 자바를 이용한 "프로그래밍"이 무엇인지 배웁니다. 이 개념들은 굉장히 중요한 부분이므로 정확히 이해하고, 이를 응용하며 체계화시킬 예정입니다. 또한 마인크래프트 플러그인에서 사용되는 **엔티티**의 개념을 앞선 객체지향에 대한 이해를 바탕으로 학습할 겁니다. 또한 이 엔티티를 여러분이 원하는 대로 커스터마이징하는 방법도 여기서 설명할 겁니다.

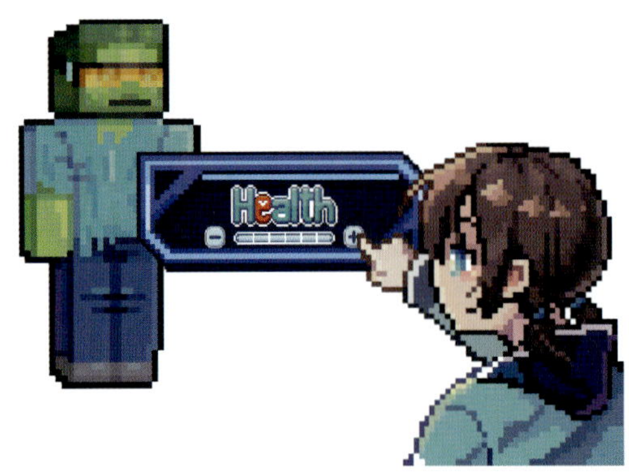

　　객체지향 프로그래밍은 소프트웨어를 만드는 방법중 하나로, **객체**와 그 객체들의 상호작용을 중심으로 프로그램을 설계하는 방법입니다. 여기서 **객체**란 **데이터**와 데이터를 처리하는 **메서드**의 집합입니다. 객체는 **클래스**를 통해 생성되어, 메모리에 실질적인 공간을 차지하게 되죠. 객체지향을 사용하게 되어 보다 협업이 쉽고, 유연한 소프트웨어를 개발할 수 있게 되었으며, 이로 인한 프로그래머의 생산성을 높일 수 있습니다.

여러가지 객체지향 언어들

클래스

　　우리가 객체를 생성하기 위해선 먼저, 그 객체에 대한 정보를 정의해야 합니다. 객체지향 프로그래밍에서 이를 **클래스**라고 합니다. 프로그램은 이 클래스를 참조하여 컴퓨터 메모리를 차지하는 **객체**를 생성합니다. 저희가 앞서 만들었던 메인 클래스나 Cmd.java, Event.java 모두 클래스에 속하죠. 그리고 이 클래스들을 메인 클래스에서 new 키워드를 통해 각각 생성해 줬던 게 바로 객체입니다.

```java
@Override
public void onEnable() {
    // Plugin startup logic
    getLogger().info("Plugin Enable!");
    getServer().getPluginManager().registerEvents(new Events(), this);
    getServer().getPluginCommand("test").setExecutor(new Cmds());
    test.func1();
}
```

클래스 new 키워드를 사용해 객체로 인스턴싱

클래스를 생성하는 방법은 간단합니다. 클래스를 생성하고 싶은 패키지에 우클릭한 후 New 〉 JavaClass를 선택해서 이름을 지어주면 생성된답니다.

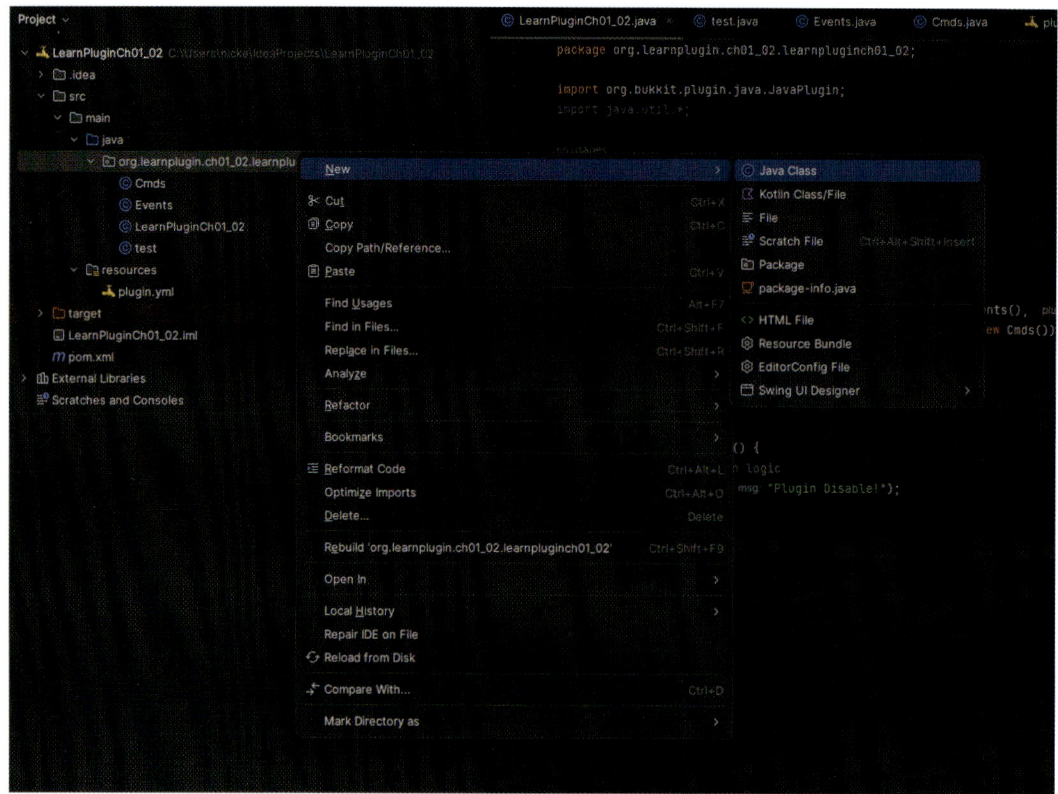

클래스 생성

클래스를 생성하면 처음에는 다음과 같습니다.

```java
package org.learnplugin.ch01_02.learnpluginch01_02;
public class TestClass {

}
```

TestClass.java

제일 위에 package 키워드로 표기된 부분은 이 클래스를 담고 있는 패키지를 의미합니다. 그 밑에 public은 외부에서도 접근할 수 있는 공용이라는 의미이고, class 키워드는 그 뒤의 TestClass 라는 것이 클래스라는 것을 명시해 주는 키워드입니다. 그럼 클래스의 내용을 채워 보겠습니다.

클래스의 선언

TestClass.java 클래스를 아래와 같이 채워줍니다.

```java
public class TestClass {
    // 클래스 변수
    public static int STATIC_NUM = 0;

    // 인스턴스 변수
    public int public_int;
    private int private_int;

    // 생성자
    public TestClass(int public_int, int private_int){
        this.public_int = public_int;
        this.private_int = private_int;
    }

    // 메서드
    public void func1(){
        System.out.println(public_int + "," + private_int);
    }
}
```

TestClass.java

먼저 변수부터 배워보겠습니다. **클래스 변수**는 클래스가 로딩될 때 할당되어서 클래스 영역에 따로 적재됩니다. 따라서 이 클래스를 통해 생성된 모든 객체가 같은 값을 갖는 변수입니다. **인스턴스 변수**는 이 클래스를 통해 객체가 생성될 때, 같이 생성되어, 객체마다 다른 값을 가질 수 있는 변수입니다.

변수의 선언은 다음 규칙을 따릅니다.

접근 제한자 자료형 변수 이름;

접근 제한자는 이 변수에 접근할 수 있는 범위를 뜻합니다. **public**일 경우 외부에서도 접근할 수 있으며, **private**일 경우 이 클래스 내부에서만 접근할 수 있습니다.

자료형과 **변수의 이름**은 앞서 배웠던 내용과 동일합니다.

생성자

생성자는 이 클래스를 통해 객체를 생성할 때 사용하는 일종의 함수로, 객체를 초기화하는 역할을 합니다. 생성자의 선언은 다음과 같습니다.

```
public class 클래스명{
        public 클래스명(매개 변수...){
                변수 초기화
        }
}
```

또한 생성자를 통해 객체를 생성하는 문법은 다음과 같이 "new"키워드와 조합하여 사용합니다.

```
클래스명 testClass = new 클래스명(매개변수...);
```

생성자를 통해 클래스를 생성하게 되면, 이를 통해 생성된 객체를 반환값으로 가집니다. 따라서 이를 해당 클래스 형태의 변수에 저장하면 해당 객체에 접근할 수 있습니다.

메서드는 해당 클래스가 가지고 있는 함수입니다. 함수란 목표 기능을 구현하는 코드의 집합입니다. 메서드의 선언은 다음 규칙을 따릅니다.

```
접근 제한자 반환형 함수 이름(매개변수){
        내용...
}
```

여기서 접근 제한자는 변수의 경우와 동일합니다. **반환형**은 이 함수가 반환하는 값의 형태를 말합니다. 해당 함수가 실행된 결과로써 값을 반환한다면, 그에 맞게 자료형을 기입하면 됩니다. 예제에서 사용된 "void" 반환형은 이 반환값을 가지지 않는다는 의미가 됩니다. 매개변수는 함수가 실행될 때 외부로부터 값을 받아올 수 있게 하는 기능입니다.

위의 TestClass를 생성하고 func1 메서드를 실행하는 예제 코드를 실제로 작성하면 이렇게 됩니다.

```
void Test() {
    TestClass testClass = new TestClass(5, 6);
    testClass.func1();
}
```

이후 이 Test 함수를 실행한 결과는 다음과 같습니다.

```
[00:24:23 INFO]: [PluginTutorial] [STDOUT] 5,6
```

실행 결과

상속

클래스의 상속이란, 이미 있는 클래스를 기반으로 새로운 클래스를 제작하는 방법입니다. 상속은 "extends"라는 키워드를 통해 이루어지며, 상속한 클래스를 "**부모 클래스**", 상속받은 클래스를 "**자식 클래스**"라고 합니다. 이를 그림으로 나타내면 다음과 같습니다.

코드로 나타내면 다음과 같습니다.

```java
public class A {

    public int a;
    public A(){
        this.a = 10;
    }
    public void testA(){
        System.out.println(a);
    }
}
```

A.java

```java
public class B extends A {
    public void testB(){
        System.out.println(2 * a);
    }
}
```

B.java

클래스 "B"에서 "extends" 키워드를 통해 클래스 "A"를 상속받았고, 이로 인해 "A"의 "a"라는 멤버 변수를 활용한 것을 볼 수 있습니다. 이처럼 클래스를 상속받으면 부모 클래스의 멤버 변수 및 메서드를 활용할 수 있으며, 이는 객체로 생성했을 때도 마찬가지입니다.

```java
void Test() {
    A Aobj = new A();
    B Bobj = new B();
    Aobj.testA();
    Bobj.testA();
    Bobj.testB();
    Aobj.testB(); // 컴파일 에러: A 타입으로는 testB 호출 불가
}
```

메인 클래스

"Aobj"와 "Bobj" 두 객체 모두 "testA"라는 메서드를 가지고 있는 모습을 확인할 수 있습니다. 다만, "Bobj"는 "testB" 메서드를 가지고 있지만, "Aobj"는 가지고 있지 않은 모습도 확인할 수 있습니다. 이는 "testB"라는 메서드는 클래스 "A"를 상속받은 클래스 "B"에서 구현한 메서드이기 때문입니다.

```java
void Test() {
    A Aobj = new B();
    Aobj.testB(); // 오류: A 타입 참조 변수로 B의 메서드 호출 불가

    B Bobj = new B();
    System.out.println(Bobj instanceof A); // 출력: true
}
```

메인 클래스

또한 클래스 "A" 타입으로 선언된 변수에 클래스 "B"의 객체를 담을 수도 있습니다. 다만 이렇게 하면 클래스 "B"에서만 구현된 "testB" 메서드는 사용할 수 없게 됩니다.

그리고, 부모 클래스와 자식 클래스의 객체 간의 "instanceof" 연산은 "true" 값을 반환합니다.

```
[14:08:31 INFO]: true
```

"test" 메서드 실행 결과

마인크래프트는 블록으로 이루어져 있는 게임이라고들 하지만, 블록만 있는 건 아닙니다. 여러분이 게임에서 움직이는 플레이어도 있고, 여러분을 위협하는 다양한 몬스터들도 있을 것이고, 귀중한 단백질원인 동물들, 여러분이 쏜 화살이나 폭죽, 눈덩이 등등도 있을 것입니다. 이런 마인크래프트의 구성요소를 **엔티티(Entity)**라고 합니다. 또한 엔티티는 게임을 진행하면서 생성되거나 사라지거나 하는데, 이를 **스폰**과 **디스폰**이라고 합니다. 이번 장에서는 이 **엔티티**를 스폰시켜보고, 개체의 속성을 수정하여 원하는 대로 커스터마이징하는 방법을 익혀봅니다.

엔티티 스폰

먼저, 기본적인 엔티티를 스폰해 볼 겁니다. 엔티티의 스폰은 World 클래스의 spawnEntity 메서드를 통해 수행합니다. 따라서 Player 클래스의 getWorld 메서드를 통해 플레이어가 속한 월드를 가져와서 spawnEntity 메서드를 사용해 주어야 합니다. 아래 예문은 플레이어 위치에 좀비를 하나 스폰하는 예문입니다.

```java
player.getWorld().spawnEntity(player.getLocation(), EntityType.ZOMBIE);
```

spawnEntity의 사용 예시

spawnEntity의 매개변수를 살펴보겠습니다. 첫 번째 매개변수로는 앞서 배웠던 Location을 받는데 개체가 스폰될 위치를 뜻합니다. 그리고 두 번째로는 EntityType을 받는데, 이는 스폰될 개체의 종류를 뜻한답니다. 엔티티의 타입은 Spigot에서 제공하는 Spigot Javadocs의 EntityType 문서(https://hub.spigotmc.org/javadocs/spigot/org/bukkit/entity/EntityType.html)에서 확인해 볼 수 있습니다.

위의 코드를 새로운 커맨드 옵션 "entityspawn"을 만들어 적용한 결과 다음과 같이 플레이어 위치에 좀비가 스폰되는 모습을 볼 수 있습니다.

```java
public class Cmds implements CommandExecutor {

    @Override
    public boolean onCommand(@NotNull CommandSender sender, @NotNull Command command,
@NotNull String label, @NotNull String[] args) {
    sender.sendMessage("Hello World!");
    if(sender instanceof Player) {
        Player player = (Player) sender;
        if(args[0].equalsIgnoreCase("confirm")) {
            player.sendMessage(player.getLocation().toString());
        }
        if(args[0].equalsIgnoreCase("entityspawn")) {
            player.getWorld().spawnEntity(player.getLocation(),
EntityType.ZOMBIE);
        }
    }
        return false;
    }
}
```

Cmds.java

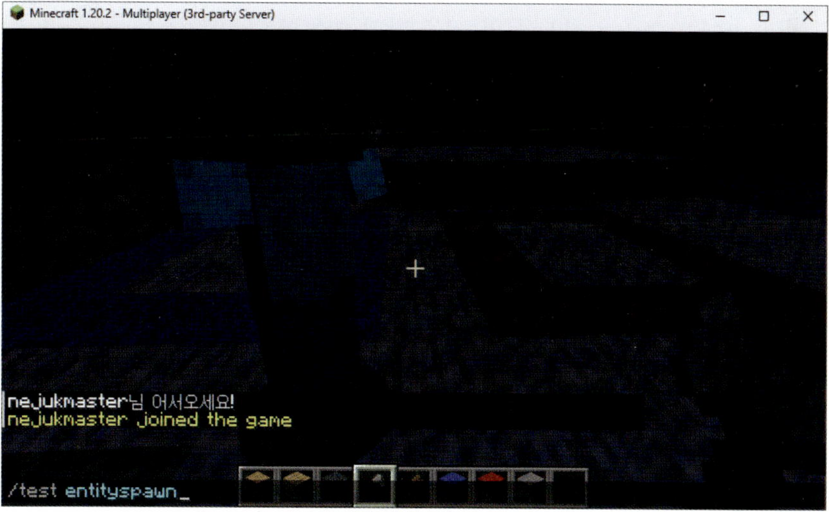

작동 화면

이번에는 Entity 타입을 살펴보겠습니다. 먼저 Entity 클래스의 전문이 있는 Spigot Javadocs의 Entity 문서(https://hub.spigotmc.org/javadocs/spigot/org/bukkit/entity/Entity.html)에서 접속합니다. 문서를 보면 여러 가지 다양한 메서드들을 제공하는 걸 확인할 수 있는데, 우리는 몹을 다룰 것이기 때문에 살아있는 엔티티에 적용할 수 있는 Entity 하위 클래스인 LivingEntity를 살펴보고 개체의 체력을 조정하는 걸 목표로 하겠습니다. 아래와 같이 코드를 작성해 줍니다.

```java
else if(strings[0].equalsIgnoreCase("entityspawn")) {
    LivingEntity entity = (LivingEntity) player.getWorld().spawnEntity(player.getLocation(),
EntityType.ZOMBIE);
    entity.setHealth(50.0);
}
```

Cmds.java

LivingEntity 형태의 변수에 우리가 스폰한 개체를 저장하고 있는 것을 볼 수 있습니다. 이때 spawnEntity 메서드는 Entity 형태로 값을 반환하기 때문에 "(LivingEntity)"를 앞에 붙여줘서 LivingEntity 형태로 변환해 주었습니다. 이렇게 변환한 LivingEntity의 메서드 setHealth를 통해 체력을 50으로 설정해 주었습니다. 여기서 setHealth는 주어진 LivingEntity의 체력을 설정해 주는 메서드이고, 매개변수로 double 형의 값을 받기 때문에 "50.0"의 실수형 값을 전달해 주었습니다.

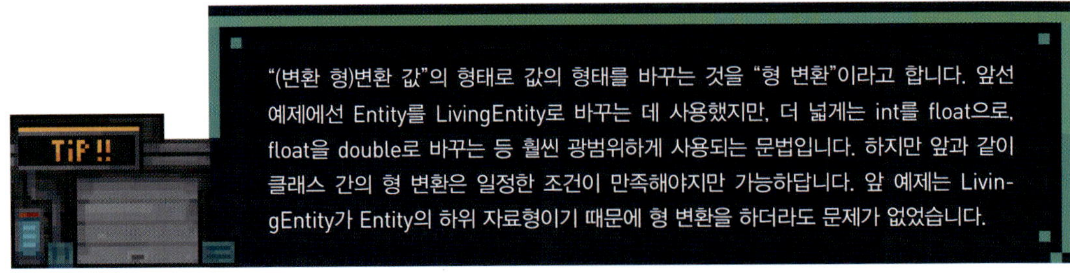

"(변환 형)변환 값"의 형태로 값의 형태를 바꾸는 것을 "형 변환"이라고 합니다. 앞선 예제에선 Entity를 LivingEntity로 바꾸는 데 사용했지만, 더 넓게는 int를 float으로, float을 double로 바꾸는 등 훨씬 광범위하게 사용되는 문법입니다. 하지만 앞과 같이 클래스 간의 형 변환은 일정한 조건이 만족해야지만 가능하답니다. 앞 예제는 LivingEntity가 Entity의 하위 자료형이기 때문에 형 변환을 하더라도 문제가 없었습니다.

이번엔 엔티티를 다룰 때 사용할 수 있는 유용한 이벤트 두 개를 알아보겠습니다. 먼저 "EntitySpawnEvent"는 말 그대로, 엔티티가 스폰되었을 때 호출되는 이벤트입니다. 스폰된 개체, 스폰된 위치 등을 가져올 수 있답니다. Events.java 파일로 가서 다음과 같이 작성해 줍니다.

```java
public class Events implements Listener {

@EventHandler
    public void OnPlayerJoin(PlayerJoinEvent e) {
        Player player = e.getPlayer();
        player.sendMessage(player.getName() + "님 어서오세요!");
    }


@EventHandler
    public void OnPlayerDestroyBlock(BlockBreakEvent e) {
        Player player = e.getPlayer();
        Block block = e.getBlock();
        player.sendMessage(block.getType() + "를 부쉈습니다!");
    }


@EventHandler
    public void OnEntitySpawn(EntitySpawnEvent e) {
        Entity entity = e.getEntity();
        Location location = e.getLocation();
        System.out.println(entity.toString());
        System.out.println(location.toString());
    }
}
```

Events.java

작성된 예제 코드는 EntitySpawnEvent로부터 엔티티와 엔티티가 스폰된 위치를 받아와 콘솔창에 로그를 남기는 코드입니다. 각각 getEntity 메서드와 getLocation 메서드를 사용한 걸 볼 수 있죠. 여기서 주의해야 하는 점은 getEntity의 반환형이 Entity 형이라는 것입니다. 따라서 getEntity 함수를 받을 때도 Entity 형태의 변수로 받아야 합니다. 위의 코드를 실행하고 아무 스폰 알이나 사용하여 테스트하면 다음과 같습니다.

```
[19:42:55] [Server thread/INFO]: CraftPiglin
[19:42:55] [Server thread/INFO]: Location{world=CraftWorld{name=world},x=16.5,y=72.0,z=-20.5,pitch=0.0,yaw=94.610
[19:42:56] [Server thread/INFO]: CraftPiglin
[19:42:56] [Server thread/INFO]: Location{world=CraftWorld{name=world},x=17.5,y=72.0,z=-19.5,pitch=0.0,yaw=152.48
[19:42:56] [Server thread/INFO]: CraftPiglin
[19:42:56] [Server thread/INFO]: Location{world=CraftWorld{name=world},x=16.5,y=72.0,z=-19.5,pitch=0.0,yaw=90.365
[19:42:57] [Server thread/INFO]: CraftPiglin
[19:42:57] [Server thread/INFO]: Location{world=CraftWorld{name=world},x=16.174493835541266,y=72.0,z=-19.58476760
pitch=0.0,yaw=3.2280517}
[19:42:57] [Server thread/INFO]: CraftPiglin
[19:42:57] [Server thread/INFO]: Location{world=CraftWorld{name=world},x=17.5,y=72.0,z=-19.5,pitch=0.0,yaw=-27.43
[19:42:58] [Server thread/INFO]: CraftPiglin
[19:42:58] [Server thread/INFO]: Location{world=CraftWorld{name=world},x=15.5,y=72.0,z=-19.5,pitch=0.0,yaw=126.56
```

플러그인 적용 후 콘솔 화면

다음으로 "EntityDeathEvent"에 대해 알아보겠습니다. "EntityDeathEvent"는 LivingEntity가 죽었을 경우 호출되는 이벤트입니다. Events.java 클래스에 아래와 같이 추가로 작성해 주겠습니다.

```java
@EventHandler
public void OnEntityDeath(EntityDeathEvent e) {
    LivingEntity entity = e.getEntity();
    Location location = e.getEntity().getLocation();
    System.out.println(entity.getType().toString() + " Death in " + location.toString());
}
```

Events.java

위 코드와 같이 이벤트로부터 개체를 얻어와서 죽은 개체의 종류와 죽은 장소를 출력해 주는 코드입니다. 여기서 주의해야 할 점은 EntitySpawnEvent와는 달리 EntityDeathEvent는 getEntity 메서드로 LivingEntity를 반환한다는 점입니다. 빌드하고 실행하면 다음과 같은 결과를 얻을 수 있습니다.

```
[18:00:09] [Server thread/INFO]: CraftBat
[18:00:09] [Server thread/INFO]: Location{world=CraftWorld{name=world},x=-9.5,y=-1.0,z=-60.5,pitch=0.0,yaw=0.2735814}
[18:00:09] [Server thread/INFO]: CraftBat
[18:00:09] [Server thread/INFO]: Location{world=CraftWorld{name=world},x=-11.5,y=-1.0,z=-60.5,pitch=0.0,yaw=3.010686}
[18:00:09] [Server thread/INFO]: CraftBat
[18:00:09] [Server thread/INFO]: Location{world=CraftWorld{name=world},x=-12.5,y=-1.0,z=-61.5,pitch=0.0,yaw=5.63223}
[18:00:10] [Server thread/INFO]: PIG Death in Location{world=CraftWorld{name=world},x=11.595312232815068,y=71.0,z=-23.44
999998807907,pitch=0.0,yaw=4.5834885}
[18:00:10] [Server thread/INFO]: CraftItem
[18:00:10] [Server thread/INFO]: Location{world=CraftWorld{name=world},x=11.595312232815068,y=71.0,z=-23.44999998807907,
pitch=0.0,yaw=296.67133}
[18:00:14] [Server thread/INFO]: POLAR_BEAR Death in Location{world=CraftWorld{name=world},x=20.629540410684335,y=72.0,z
=-19.46566599011538,pitch=-9.389652,yaw=72.537506}
[18:00:14] [Server thread/INFO]: CraftItem
[18:00:14] [Server thread/INFO]: Location{world=CraftWorld{name=world},x=20.629540410684335,y=72.0,z=-19.46566599011538,
pitch=0.0,yaw=344.59796}
[18:00:15] [Server thread/INFO]: CraftCreeper
[18:00:15] [Server thread/INFO]: Location{world=CraftWorld{name=world},x=88.5,y=-1.0,z=33.5,pitch=0.0,yaw=1.7263973}
[18:00:16] [Server thread/INFO]: CraftSkeleton
[18:00:16] [Server thread/INFO]: Location{world=CraftWorld{name=world},x=37.5,y=101.0,z=-107.5,pitch=0.0,yaw=4.286586}
[18:00:16] [Server thread/INFO]: CraftSkeleton
[18:00:16] [Server thread/INFO]: Location{world=CraftWorld{name=world},x=37.5,y=101.0,z=-109.5,pitch=0.0,yaw=3.3540468}
[18:00:16] [Server thread/INFO]: PIG Death in Location{world=CraftWorld{name=world},x=14.59690409275925,y=72.0,z=-26.520
750139319404,pitch=0.0,yaw=251.14093}
[18:00:16] [Server thread/INFO]: CraftItem
[18:00:16] [Server thread/INFO]: Location{world=CraftWorld{name=world},x=14.59690409275925,y=72.0,z=-26.520750139319404,
pitch=0.0,yaw=97.234886}
```

플러그인 적용 후 콘솔 화면

쿨타임과 보스 바

- 스케줄러의 사용법을 익히고, 이를 통해 쿨타임을 구현할 수 있다.
- 보스 바를 생성하고 코딩으로 보스 바를 컨트롤할 수 있다

콘텐츠를 만들다 보면 아이템의 쿨타임 시스템은 반드시 있어야 합니다. 플러그인에서 이는 스케줄러를 통해 구현합니다. 스케줄러는 일꾼 같은 개념입니다. 우리가 반복적인 일을 시키면 이를 정해진 간격에 맞게 수행하고, 취소 명령이 내려올 경우 일을 그만두죠. 이전에 출간된 **마인크래프트 미니게임 만들기**에서 보았던 반복형 명령 블록과 비슷한 개념이라 생각하면 됩니다.

우리는 스케줄러의 사용법을 익히고, 직접 쿨타임을 구현해 보겠습니다. 또한 이를 가시화할 보스 바의 사용법을 익히고 콘텐츠에 직접 적용해 볼 겁니다.

콘텐츠를 기획하여 프로젝트를 설계하고, 콘텐츠를 실제로 구현하는 계획을 잡게 되면, 필연적으로 주어진 구문을 반복적으로 처리하는 구문이 필요해집니다. 버킷에선 이를 스케줄러로 지원을 해줍니다. 버킷 스케줄러는 특정한 작업을 반복, 예약, 취소 등의 기능을 지원하는 패키지로, 이번 강의에선 버킷 스케줄러 안에 있는 BukkitRunnable이라는 클래스를 상속받아 구현할 겁니다. 아직 상속의 개념은 배우지 않았으니, 그냥 따라 한다는 느낌으로 작업해 주세요.

BukkitRunnable 클래스

그럼, 먼저 "RepeatingTask"라는 클래스를 만들고 다음과 같이 작성해 주겠습니다.

```java
public class RepeatingTask extends BukkitRunnable {

@Override
  public void run() {
  }
}
```

RepeatingTask.java

extends 키워드는 뒤의 클래스를 상속받는다는 뜻입니다. 이는 해당 클래스가 특정 클래스의 하위 클래스임을 명시해 줍니다. 이후 "Override"라는 어노테이션을 사용했습니다. 이는 상속받은 클래스가 가진 메서드를 재정의함을 뜻하는 어노테이션입니다. 이렇게 작성해 주었다면, 사실 스케줄러를 사용할 기본적인 준비가 끝났습니다. 다시 메인 클래스로 가서 다음과 같이 작성해 줍니다.

```java
@Override
public void onEnable() {
    // Plugin startup logic
    getLogger().info("Plugin Enable!");
    getServer().getPluginManager().registerEvents(new Events(), this);
    getServer().getPluginCommand("test").setExecutor(new Cmds());
    RepeatingTask repeatingTask = new RepeatingTask() {

    @Override
        public void run() {
            System.out.println("Plugin Running...");
        }
    };
    repeatingTask.runTaskTimer(this, 0, 20);
}
```

메인 클래스

먼저 RepeatingTask 객체를 하나 생성하여 "repeatingTask"라는 변수에 담습니다. 이때, 생성자 뒤에 "{" 블록을 사용하여 클래스의 메서드를 재정의하여 인스턴싱할 수 있습니다. 이 역시 뒤에서 상속 및 오버라이드를 다루며 이해하는 시간을 갖겠습니다. 여기서 우리는 Repeating-Task의 "run" 메서드를 재정의했습니다. 그 다음으로 repeatingTask의 "runTaskTimer" 메서드를 사용하여 이 repeatingTask를 플러그인 스케줄러에 등록해 주겠습니다. runTaskTimer 메서드는 첫 번째로 "JavaPlugin"을 매개변수로 받습니다. 복잡히 생각할 필요 없이 메인 클래스의 인스턴스를 객체로 넣어주면 됩니다. 두 번째 인자로는 딜레이, 세 번째 인자로는 작업 간의 간극을 인자로 받습니다. 여기서 주의해야 할 점은 모두 "틱"이라는 단위로 계산이 되는데, 이 "틱"은 마인크래프트의 시간 단위로, 1초에 20Tick입니다. 따라서 앞의 코드는 repeatingTask의 "run" 메서드를 1초에 한 번씩 딜레이 없이 실행하겠다는 의미입니다. 빌드하고 플러그인을 적용해 보면 다음과 같은 결과 화면을 얻을 수 있습니다.

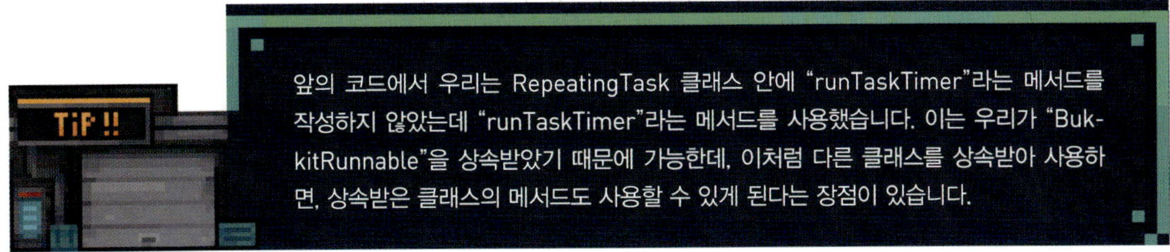

결과 화면

> **TiP !!**
>
> 앞의 코드에서 우리는 RepeatingTask 클래스 안에 "runTaskTimer"라는 메서드를 작성하지 않았는데 "runTaskTimer"라는 메서드를 사용했습니다. 이는 우리가 "Buk-kitRunnable"을 상속받았기 때문에 가능한데, 이처럼 다른 클래스를 상속받아 사용하면, 상속받은 클래스의 메서드도 사용할 수 있게 된다는 장점이 있습니다.

Section 7-2 보스 바

보스 바는 위더나 엔더 드래곤을 잡을 때 게임 상단에 표기되는 UI를 의미합니다. 마인크래프트에서 기본적으로 제공되는 커맨드 "/bossbar"로도 제어할 수 있지만 이번 장에선 플러그인에서 보스 바를 생성하고 제어하는 방법을 배워 봅니다.

보스 바 예시

먼저 보스 바 객체를 생성합니다. 보스 바는 정적 메서드 "Bukkit.createBossBar" 메서드로 생성할 수 있습니다. 여기서 정적 메서드란, 정적 변수와 마찬가지로 별도의 객체 생성 없이 사용할 수 있는 메서드를 말합니다. 이 메서드의 사용 방법은 아래와 같습니다.

Bukkit.createBossBar(key, title, color, style, flags…)

먼저, key는 이 보스 바에 접근할 때 사용할 Key값입니다. 이 보스 바의 ID라고 이해하면 됩니다. title은 이 보스 바가 표시될 때 함께 나타날 위쪽 글자를 의미합니다. color는 색상이고, style은 이 보스 바의 스타일입니다. 이건 바로 따라해 보며 설명하겠습니다. 마지막으로 flags는 이 보스 바가 나타날 때 효과를 뜻합니다. flags는 여러 개의 인자를 넘겨서 설정할 수 있습니다. 그럼, 실제로 사용한 예를 보겠습니다.

```java
@Override
public void onEnable() {
    // Plugin startup logic
    getServer().getPluginManager().registerEvents(new Events(), this);
    getServer().getPluginCommand("test").setExecutor(new Cmds());
❶  KeyedBossBar bossBar = Bukkit.createBossBar(
        NamespacedKey.minecraft("test"),
        "Test",
        BarColor.RED,
        BarStyle.SEGMENTED_6,
        BarFlag.DARKEN_SKY
    );
❷  bossBar.setProgress(1.0);
❸  bossBar.setVisible(true);
}
```

메인 클래스

❶ 보스 바 객체를 생성하는 구문입니다. "NamespaceKey.minecraft" 메서드는 주어진 문자열의 마인크래프트 네임스페이스 키 값을 받아오는 메서드입니다. 일단은 그냥 주어진 문자열을 키 값으로 변환한다고만 생각하셔도 괜찮습니다. 다음은 이 보스 바의 타이틀입니다. 심플하게 "Test"라는 이름으로 지었습니다. 다음으로는 색상 값인데, 저는 붉은 색상으로 선택했습니다. BarColor는 이 보스 바 색상 값을 모아놓은 Enum 클래스 입니다. 다음으로는 BarStyle입니다. 여기서는 SEGMENTED_6이라는 스타일로 설정해 봤습니다. 마지막으로 BarFlag는 "DARKEN_SKY", 즉 하늘이 어두워지는 효과를 추가해 봤습니다. 각각의 설정 값의 전문은 spigot javadocs의 각 클래스 페이지에서 확인할 수 있습니다.

BarColor https://hub.spigotmc.org/javadocs/spigot/org/bukkit/boss/BarColor.html

BarStyle https://hub.spigotmc.org/javadocs/spigot/org/bukkit/boss/BarStyle.html

BarFlag https://hub.spigotmc.org/javadocs/spigot/org/bukkit/boss/BarFlag.html

❷ "setProgress" 메서드는 보스 바의 게이지 값을 설정하는 메서드입니다. 0.0~1.0의 실수값을 설정할 수 있으며, 1.0이 가득 찬 상태, 0.0이 게이지가 바닥난 상태입니다. 여기서는 가득 차게 보이려고 1.0으로 설정했습니다.

❸ "setVisible" 메서드는 보스 바가 보일지 안 보일지를 설정하는 메서드입니다.

설정을 끝낸 후, 플러그인을 빌드하고 서버에 들어가 봐도 보스 바가 보이질 않습니다. 이는 저희가 보스 바에 플레이어를 추가해 주지 않았기 때문입니다. 따라서 커맨드에 새로운 옵션을 추가해서 보스 바에 커맨드를 입력한 플레이어를 추가해 보겠습니다.

Cmds.java로 이동하여 다음과 같이 입력해 줍시다.

```java
@Override
public boolean onCommand(CommandSender commandSender, Command command, String s, String[] strings) {
    if(commandSender instanceof Player){
        Player player = (Player) commandSender;
        if(strings[0].equalsIgnoreCase("confirm")){
            player.sendMessage(player.getLocation().toString());
        }
        else if(strings[0].equalsIgnoreCase("entityspawn")){
            LivingEntity entity = (LivingEntity) player.getWorld().spawnEntity(player.getLocation(), EntityType.ZOMBIE);
            entity.setHealth(50.0);
        }
        else if(strings[0].equalsIgnoreCase("showbossbar")){
            Bukkit.getBossBar(NamespacedKey.minecraft("test")).addPlayer(player);
        }
        else {
            player.sendMessage("Hello, World!");
        }
    }
    return false;
}
```

Cmds.java

❶ "showbossbar"라는 새로운 커맨드 옵션을 추가하여, 보스 바를 표시하는 명령어를 추가합니다.

❷ "Bukkit.getBossBar"메서드로 보스 바를 얻어왔습니다. 여기서도 "NamespacedKey.minecraft" 메서드로 키값을 사용합니다. 이렇게 얻어온 보스 바의 "addPlayer"메서드를 통해 커맨드를 입력한 플레이어를 보스 바에 추가해 줍니다.

이후 플러그인을 빌드하고 실행하면 다음과 같은 화면을 얻을 수 있습니다.

실행 화면

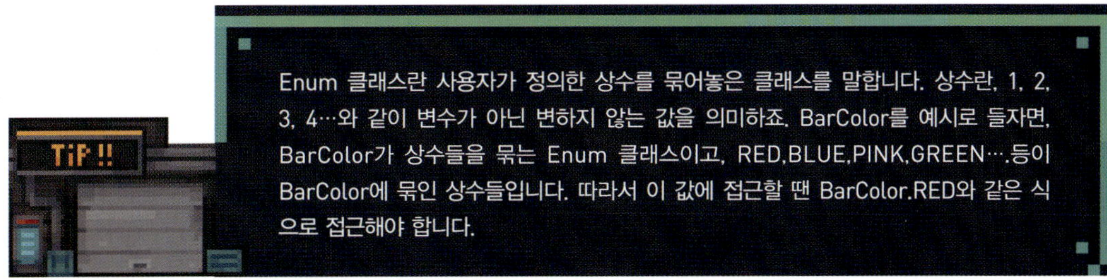

Enum 클래스란 사용자가 정의한 상수를 묶어놓은 클래스를 말합니다. 상수란, 1, 2, 3, 4…와 같이 변수가 아닌 변하지 않는 값을 의미하죠. BarColor를 예시로 들자면, BarColor가 상수들을 묶는 Enum 클래스이고, RED,BLUE,PINK,GREEN….등이 BarColor에 묶인 상수들입니다. 따라서 이 값에 접근할 땐 BarColor.RED와 같은 식으로 접근해야 합니다.

이제 우리가 이를 이용해서 타이머를 만들어 보겠습니다. 다음과 같이 작성해 줍니다.

```java
public int MAX_TIMER = 30;
public int timer = 0;


@Override
public void onEnable() {
    // Plugin startup logic
    getLogger().info("Plugin Enable!");
    getServer().getPluginManager().registerEvents(new Events(), this);
    getServer().getPluginCommand("test").setExecutor(new Cmds());

    BukkitRunnable bukkitRunnable = new BukkitRunnable() {
    @Override
        public void run() {
        if(timer > 0){
        timer--;
        KeyedBossBar bossBar = Bukkit.getBossBar(NamespacedKey.minecraft("test"));
        bossBar.setProgress(timer / (float)MAX_TIMER);
            }
        }
    };
    bukkitRunnable.runTaskTimer(this, 0, 20);
    KeyedBossBar bossBar = Bukkit.createBossBar(
        NamespacedKey.minecraft("test"),
        "Test",
        BarColor.RED,
        BarStyle.SEGMENTED_6,
        BarFlag.DARKEN_SKY
    );
    bossBar.setProgress(1.0);
    bossBar.setVisible(true);
}
```

메인 클래스

❶ "timer" 변수는 현재 타이머의 값을 저장하고, "MAX_TIMER"는 타이머의 최대치 값(초)를 설정합니다.

❷ 실제 타이머 기능을 할 BukkitRunnable을 선언합니다. "timer" 변수가 0보다 큰지 체크하고 0보다 크다면 보스 바를 얻어와 값을 설정해 줍니다. 여기서 값이 "timer/(float)MAX_TIMER"로 설정되어 있는데, 이는 타이머의 최댓값인 "MAX_TIMER" 값에 대한 timer의 값을 상대적으로 나타내겠다는 뜻입니다. 또한 int끼리 연산은 연산은 값도 int로 나오므로 한쪽을 실수형으로 형 변환하여 넘겨줍니다.

이번엔 Cmds.java로 넘어가 "showbossbar" 옵션을 수정해 주겠습니다.

```java
else if(strings[0].equalsIgnoreCase("showbossbar")) {
    Bukkit.getBossBar(NamespacedKey.minecraft("test")).addPlayer(player);
    LearnPluginCh01_02.instance.timer = LearnPluginCh01_02.instance.MAX_TIMER;
}
```

Cmds.java

"timer" 변수에 "MAX_TIMER" 값을 넣어 타이머를 초기화해 주는 코드입니다. 이러면 "timer"가 0보다 커지게 되니 우리가 설정한 스케줄러가 작동할 것이고, 따라서 "timer"가 줄어듦에 따라 그 수치가 보스 바에 반영됩니다. 빌드하고 테스트해 보면 다음과 같은 결과를 얻을 수 있습니다.

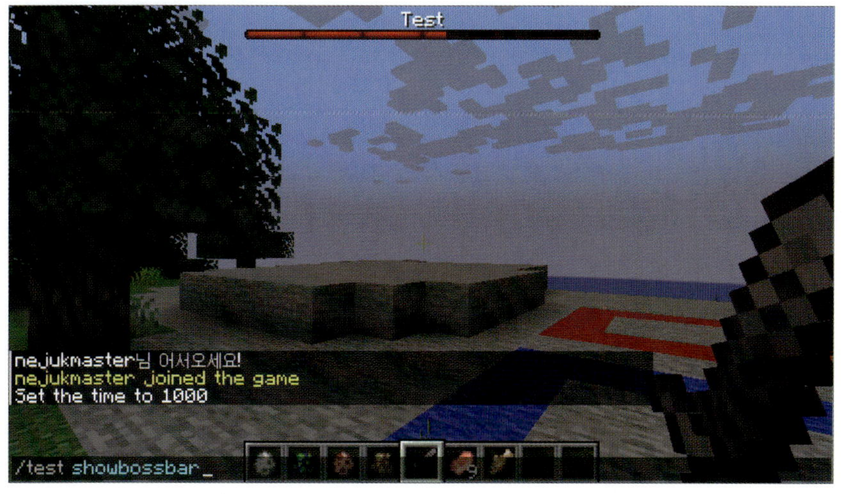

실행 화면

이렇게 보스 바가 시간이 가면서 줄어드는 걸 확인할 수 있습니다.

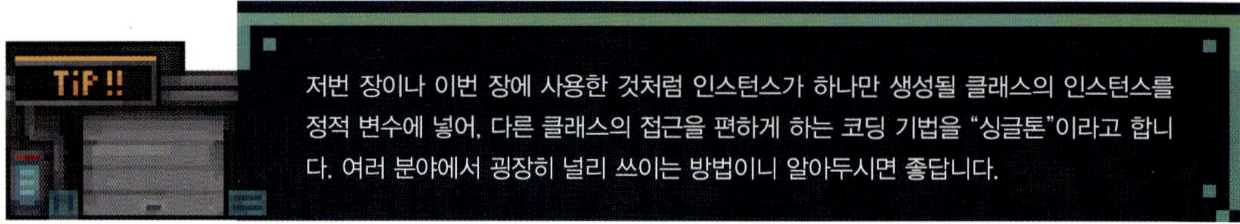

저번 장이나 이번 장에 사용한 것처럼 인스턴스가 하나만 생성될 클래스의 인스턴스를 정적 변수에 넣어, 다른 클래스의 접근을 편하게 하는 코딩 기법을 "싱글톤"이라고 합니다. 여러 분야에서 굉장히 널리 쓰이는 방법이니 알아두시면 좋답니다.

해보기 : 랜덤 몹 디펜스

이번에는 랜덤한 몬스터가 주기적으로 플레이어 주변에 원형으로 소환되고, 이를 피해 일정 시간 동안 살아남는 랜덤 몹 디펜스 미니게임을 만들어 보겠습니다. 먼저 새로운 프로젝트를 만들어 줍니다. 이름은 "RandomMobDefence"로 짓겠습니다.

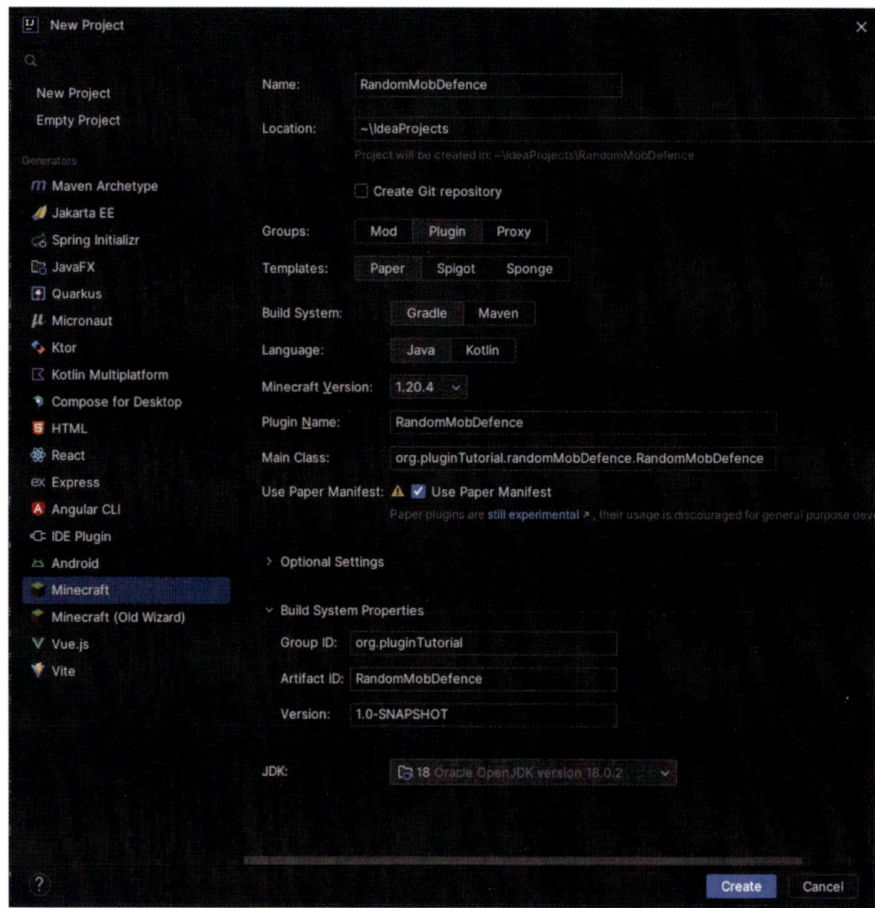

프로젝트 생성

```java
public final class RandomMobDefence extends JavaPlugin {

    public static RandomMobDefence instance;
    public int MAX_TIMER = 120;                 // ①
    public float ROUND = 7.0f;
    public int timer = 0;                        // ②
    public Player gamePlayer;                     // ③
    public boolean onGame = false;                // ④
    private int spawn_interval = 5;               // ⑤

    private EntityType[] mob_list = {             // ⑥
        EntityType.ZOMBIE,
        EntityType.SKELETON,
        EntityType.CREEPER,
        EntityType.WITHER_SKELETON,
        EntityType.ENDERMAN
    };
}
```

메인 클래스

❶ "MAX_TIMER"는 몹을 피해다녀야 할 총 시간입니다. 해당 값으로 보스 바 타이머의 MAX 값을 초기화할 것입니다. "ROUND"는 플레이어 주위 몹이 스폰될 반경(블록)입니다.

❷ 게임 시작 후 진행된 시간을 저장하는 변수입니다.

❸ 현재 미니게임을 플레이 중인 플레이어를 저장하는 변수입니다.

❹ 게임이 진행 중인지 나타낼 boolean 변수입니다.

❺ 몹 스폰 간격(초)입니다. 해당 변수는 외부에서 접근할 필요가 없으므로 "private"로 선언한 것을 확인할 수 있습니다.

❻ 스폰될 몹의 리스트입니다. 원하는 몹을 더 추가하거나 줄여도 무방합니다.

이후 onEnable 블록에서 변수를 초기화하고 스케줄러를 등록해 주겠습니다.

```java
@Override
public void onEnable() {
    instance = this;

    getLogger().info("Random Mob Defence!");
    Bukkit.getPluginCommand("rmd").setExecutor(new Commands());
    Bukkit.getPluginManager().registerEvents(new Events(), this);

    BukkitRunnable repeatingTask = new BukkitRunnable() {
        @Override
        public void run() {

            if(onGame){

                if(timer > 0){

                    if(timer % spawn_interval == 0){
                        Location p_loc = gamePlayer.getLocation();
                        gamePlayer.getWorld().spawnEntity(
                            new Location(
                                gamePlayer.getWorld(),
                                p_loc.getX() + ROUND * Math.cos(Math.random() * Math.PI),
                                p_loc.getY(),
                                p_loc.getZ() + ROUND * Math.cos(Math.random() * Math.PI)
                            ),
                            mob_list[(int)(Math.random() * mob_list.length)]
                        );
                    }

                    timer--;
                    Bukkit.getBossBar(NamespacedKey.minecraft("random_mob_defence"))
                        .setProgress(timer / (float)MAX_TIMER);
                }

                else if(timer == 0){
                    gamePlayer.sendTitle("Game Clear!", "당신이 이겼습니다.", 10, 70, 10);
```

```java
                Bukkit.getBossBar(NamespacedKey.minecraft("random_mob_defence"))
                    .setVisible(false);
                onGame = false;
            }
        }
    }
};


❽  repeatingTask.runTaskTimer(this, 0, 20);
    Bukkit.createBossBar(NamespacedKey.minecraft("random_mob_defence"),
        "남은시간",
        BarColor.RED,
        BarStyle.SEGMENTED_20);
    }
```

메인 클래스

❶ 플러그인 활성화 시 "Random Mob Defence!"라는 메시지를 콘솔에 출력하고, 이벤트와 커맨드를 각각 등록해 줍니다.

❷ 스케줄러에 BukkitRunnable 객체를 만들어 추가해 주는 구문입니다. 미니게임 제작에서는 "Re-peatingTask" 클래스를 제작하지 않고 바로 BukkitRunnable 객체를 생성하여 구현하겠습니다.

❸ 앞서 설명과 마찬가지로 BukkitRunnable의 "run" 메서드를 구현합니다. 해당 코드의 내부에는 미니게임이 시작했을 때, 게임이 진행되는 기능을 구현할 것입니다. "onGame"을 검사하여 게임이 시작되었을 경우에만 "run" 메서느가 실행되도록 합니다.

❹ "timer"를 검사하여 게임이 진행 중인 경우의 조건문 블록을 작성합니다.

❺ "timer"와 "spawn_interval"을 나머지 연산하여, 몬스터 스폰 기능이 매 "spawn_interval" 초 마다 이루어지도록 하겠습니다. 블록 내부의 코드는 삼각함수와 "Math.random()"을 통한 난수값을 사용하여 플레이어 주변 반경 "ROUND" 블록 거리에 랜덤한 "mob_list"의 몬스터를 스폰하는 코드입니다.

❻ "run" 메서드가 실행될 때마다 "timer" 값을 하나씩 깎고, 보스 바를 업데이트하는 코드입니다. 여기서 주의할 점은 "MAX_TIMER"와 "timer" 변수 모드는 int형이고, "setProgress"는 비율 값을 실수형으로 전달해야 하므로, 둘 중 한 변수의 자료형을 실수형으로 바꾸어주어야 한다는 점입니다.

❼ "timer" 값이 0일 경우 게임을 끝내는 기능입니다. "sendTitle" 메서드를 통해 "Game Clear!"라는 타이틀을 플레이어에게 띄웁니다. "sendTitle" 메서드의 사용은 다음과 같이 합니다.

sendTitle(title, subtitle, fadeIn(틱), stayIn(틱), fadeOut(틱))

이후 "setVisible" 메서드를 통해 보스 바를 숨긴 후, "onGame"을 "false"로 설정해 게임을 끝냅니다.

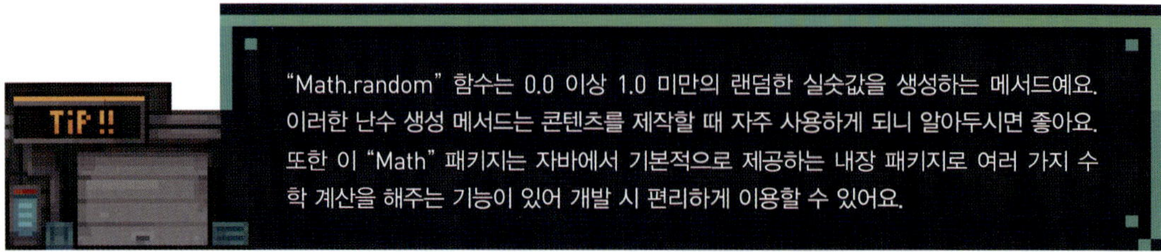

이번에는 Cmds.java 클래스를 만들어 게임을 시작하는 커맨드를 만들 겁니다. 클래스 생성 후 다음과 같이 적어줍니다.

```java
public class Commands implements CommandExecutor {
    @Override
    public boolean onCommand(@NotNull CommandSender sender, @NotNull Command command,
                @NotNull String label, @NotNull String[] args) {
        if (sender instanceof Player) {
            Player player = (Player) sender;

❶          if (args.length > 0) {

❷              if (args[0].equalsIgnoreCase("start")) {

❸                  player.sendTitle(
                        "Game Start",
                        "제한시간동안 몹을 피해 살아남으세요!",
                        10, 70, 10
                    );
                    Bukkit.getBossBar(NamespacedKey.minecraft("random_mob_defence"))
                        .addPlayer(player);
                    Bukkit.getBossBar(NamespacedKey.minecraft("random_mob_defence"))
                        .setVisible(true);

❹                  RandomMobDefence.instance.gamePlayer = player;
```

```java
                RandomMobDefence.instance.onGame = true;

                RandomMobDefence.instance.timer = RandomMobDefence.instance.MAX_TIMER;

                player.getWorld().setTime(13000); // 밤으로 설정
            }
        }
    }
    return false;
}
```

Commands.java

❶ "args"의 길이를 검사하여, 플레이어가 옵션을 덜 입력했을 때 발생하는 오류를 미연에 방지합니다.

❷ "start"라는 옵션을 추가합니다. 이 커맨드 옵션을 통해 게임을 시작하게 되며, 입력할 경우 "sendTitle"을 통해 "Game Start"라는 타이틀을 플레이어에게 띄웁니다.

❸ 보스 바에 플레이어를 등록하고, "setVisible"을 "true"로 설정하여 보스 바가 보이게 합니다.

❹ "setTime" 메서드를 통해 밤으로 설정해 줍니다. 13000은 인게임 명령어 "/time set night"를 입력했을 때 설정되는 시간 값입니다.

Commands.java를 다 작성하셨으면 이번엔 Events.java를 작성해 줄 겁니다. 플레이어가 제한 시간 도중에 몬스터에게 죽어버리면 게임이 끝나야겠죠? 따라서 플레이어가 죽었을 때 발생하는 이벤트를 통해 이 기능을 처리해 주겠습니다. Events 클래스를 생성해 주고, 다음과 같이 작성해 줍니다.

```java
public class Events implements Listener {
    @EventHandler
    void onPlayerDeath(PlayerDeathEvent e) {
        Player player = e.getEntity();
        if (RandomMobDefence.instance.onGame) {
            player.sendTitle(
                "Game Over",
                "몬스터에게 죽었습니다.",
                10, 70, 10
            );
            RandomMobDefence.instance.onGame = false;
            Bukkit.getBossBar(NamespacedKey.minecraft("random_mob_defence")).setVisible(false
);
        }
    }
}
```

Events.java

❶ onPlayerDeath는 플레이어가 죽었을 때 발생하는 이벤트입니다. "getEntity" 메서드를 통해 죽은 플레이어를 얻어올 수 있지만, 앞서 배운 이벤트들과는 다르게 이번에는 반환 값이 Player 형태라는 점에 주의합니다.

❷ onGame을 검사하여 기능이 게임 진행중에만 작동하도록 합니다. 만약 게임 진행 중에 죽었다면, 플레이어에게 "Game Over"이라는 타이틀과 함께 게임을 종료하고, 보스 바를 숨겨줌으로써 게임을 끝냅니다.

앞서 소개한 로직을 정리해 보면 다음과 같습니다.

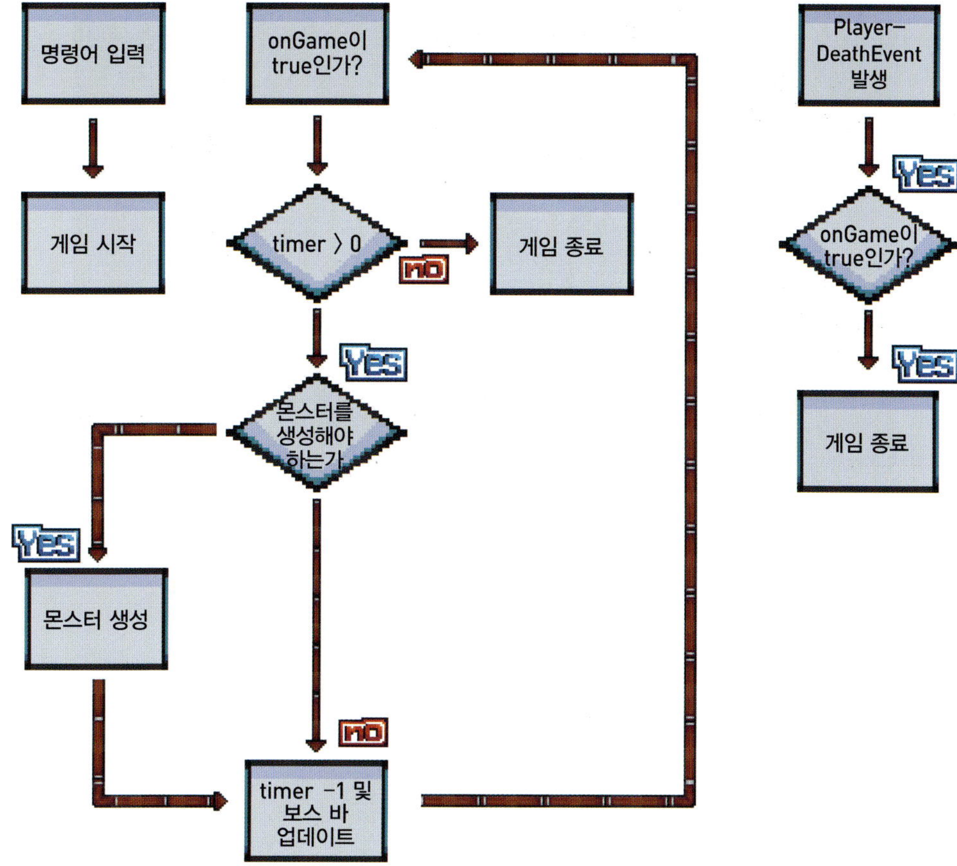

알고리즘 순서도

이후 plugin.yml을 다음과 같이 작성해 주고, 컴파일하고 실행해서 "/rmd start"라는 커맨드를 입력해 보면 우리가 만든 랜덤 몹 디펜스를 즐길 수 있습니다.

```yaml
name: RandomMobDefence
version: '1.0-SNAPSHOT'
main: org.pluginTutorial.randomMobDefence.RandomMobDefence
api-version: '1.20'
commands:
  rmd:
    description: "Random Mob Defence"
```

plugin.yml

실행 화면

- ItemStack 클래스를 통해 아이템을 생성할 수 있다.
- Inventory 클래스를 통해 플레이어의 인벤토리에 접근할 수 있다.
- PlayerInteractEvent를 통해 아이템의 상호작용 기능을 추가할 수 있다.

마인크래프트에는 수많은 아이템이 있습니다. 무기, 블록, 음식, 재료 등등 게임 플레이에 필수적인 기능을 갖추고 있는 아이템부터, 스폰알, 포션, 레드스톤같은 맵 제작이나 게임플레이에 도움을 주는 아이템 등 그 기능도 굉장히 다양합니다. 우리는 이번 장에서 아이템을 생성하여 플레이어에게 지급하고, 아이템의 속성을 바꾸어 나만의 아이템을 만들어 볼 겁니다. 또한 이벤트를 통한 상호작용을 추가하여 아이템에 간단한 기능도 직접 부여해 볼 겁니다.

게임 내에서 블록을 부수거나, 몹을 죽이면 아이템이 떨어집니다. 이는 "떨어진 아이템"이라는 엔티티로 구현이 됩니다. 이 "떨어진 아이템"을 줍게 되면 비로소 아이템이 **ItemStack**의 형태로 인벤토리에 들어오게 됩니다. ItemStack은 아이템의 타입(Material), 아이템 개수(int)의 두 개의 인자를 통해 생성할 수 있고, **ItemMeta**라는 클래스를 사용하여 이 정보를 저장하게 됩니다. 이 ItemMeta에 접근하면 이 아이템의 여러 가지 정보를 조회하고 수정할 수 있습니다. 그럼 시작해 보겠습니다.

ItemStack 생성

먼저, ItemStack을 생성하고 이를 플레이어에게 지급하는 코드를 작성해 볼 겁니다. 커맨드에 옵션을 추가하여, 마인크래프트에 기본적으로 있는 "/give" 명령어처럼 "/giveitem" 이라고 명령어를 입력하면 코드에서 미리 정해놓은 아이템을 입력한 플레이어에게 지급하는 형식으로 만들어볼 겁니다. 그럼 Cmds.java에 다음과 같이 입력해 줍니다.

```java
public class Cmds implements CommandExecutor {

    @Override
    public boolean onCommand(@NotNull CommandSender commandSender, @NotNull Command command, String s, String[] strings) {
        if(commandSender instanceof Player){
            Player player = (Player) commandSender;
            if(strings[0].equalsIgnoreCase("confirm")){
                player.sendMessage(player.getLocation().toString());
            }
            else if(strings[0].equalsIgnoreCase("entityspawn")){
                LivingEntity entity = (LivingEntity) player.getWorld().spawnEntity(
                    player.getLocation(), EntityType.ZOMBIE);
                entity.setHealth(50.0);
            }
            else if(strings[0].equalsIgnoreCase("showbossbar")){
                Bukkit.getBossBar(NamespacedKey.minecraft("test")).addPlayer(player);
```

```java
            LearnPluginCh01_02.instance.timer = LearnPluginCh01_02.instance.MAX_TIMER;
        }
❶      else if(strings[0].equalsIgnoreCase("giveitem")){
❷          ItemStack item = new ItemStack(Material.APPLE, 5);
            player.getInventory().addItem(item);
        }
        else {
            player.sendMessage("Hello, World!");
        }
    }
    return false;
    }
}
```

Cmds.java

❶ 새로운 커맨드 옵션 "giveitem"을 생성하여 아이템을 받는 기능을 구현합니다.

❷ ItemStack형 변수 item을 선언합니다. 여기에 ItemStack 객체를 생성하여 저장할 겁니다. 이 예제에선 "사과" 타입에 개수는 5개인 ItemStack을 선언했습니다. 다음으로 이 ItemStack을 "player"의 인벤토리에 추가해 줄 겁니다. Player 클래스에 "getInventory" 메서드는 플레이어의 인벤토리에 접근할 수 있게 해 줍니다. 이건 조금 뒤에 다시 설명하겠습니다. 이 다음, 이렇게 얻어온 "player"의 인벤토리에 "addItem" 메서드를 사용해서 앞서 만들었던 "item"을 추가해 줍니다.

모두 작성했으면 빌드하고 실행합니다.

실행 화면

우리가 게임을 플레이하면서 습득하게 되는 아이템들은 모두 ItemStack의 형태로 인벤토리에 저장이 됩니다. 이 인벤토리는 버킷에서 제공하는 "Inventory" 클래스를 통해 접근할 수 있답니다. 앞에서 플레이어의 인벤토리에 접근한 것처럼요. 또한 인벤토리를 생성하여 여러분만의 GUI를 만드는 것도 가능합니다.

Inventory 클래스는 내부적으로 ItemStack 클래스를 원소로 하는 Iterable 인터페이스를 구현되므로, 인벤토리의 각 슬롯은 인덱스(번호)로 구분됩니다. 따라서 Inventory 클래스를 사용하여 플레이어가 가지고 있는 아이템을 얻기 위해선, 인덱스를 통해 해당 칸의 아이템을 얻거나 바꾸거나 할 수 있습니다. 아래는 여러분이 자주 쓰게 될 플레이어의 인벤토리의 인덱스를 나타낸 그림입니다.

플레이어 인벤토리 인덱스 구조

인벤토리의 인덱스는 0번부터 시작해서 40번, 왼쪽 손 슬롯까지 총 41의 크기를 갖는 배열과 비슷함을 알 수 있습니다. 각 슬롯의 아이템은 아무 아이템도 없으면 "null" 값을 가지고, 그렇지 않으면 해당 아이템의 ItemStack 객체를 가집니다.

이번에는 반복문을 통해 플레이어의 인벤토리를 검사하는 예제를 만들어 보겠습니다. Cmds.java로 이동하여 다음과 같이 작성해 줍니다.

```java
public class Cmds implements CommandExecutor {
    @Override
    public boolean onCommand(CommandSender commandSender, Command command, String s,
String[] strings) {
```

```java
        if(commandSender instanceof Player){
            Player player = (Player) commandSender;
            if(strings[0].equalsIgnoreCase("confirm")){
                player.sendMessage(player.getLocation().toString());
            }
            else if(strings[0].equalsIgnoreCase("entityspawn")){
                LivingEntity entity = (LivingEntity) player.getWorld().spawnEntity(
                    player.getLocation(), EntityType.ZOMBIE);
                entity.setHealth(50.0);
            }
            else if(strings[0].equalsIgnoreCase("showbossbar")){
                Bukkit.getBossBar(NamespacedKey.minecraft("test")).addPlayer(player);
                LearnPluginCh01_02.instance.timer = LearnPluginCh01_02.instance.MAX_TIMER;
            }
            else if(strings[0].equalsIgnoreCase("giveitem")){
                ItemStack item = new ItemStack(Material.APPLE, 5);
                player.getInventory().addItem(item);
            }
❶          else if(strings[0].equalsIgnoreCase("invcheck")){
❷              Inventory inv = player.getInventory();
❸              for(int i = 0; i < inv.getSize(); i++){
                    if(inv.getItem(i) != null){
                        player.sendMessage(inv.getItem(i).toString());
                    }
                }
            }
            else {
                player.sendMessage("Hello, World!");
            }
        }
        return false;
    }
}
```

Cmds.java

❶ 먼저 새로운 커맨드 옵션 "invcheck"를 추가하여 인벤토리를 체크하는 기능을 구현합니다. 또한 "getin-ventory" 메서드를 사용하여 커맨드를 입력한 플레이어의 인벤토리를 얻어오겠습니다.

❷ 인벤토리를 순회하는 for문입니다. 인벤토리도 인덱스를 가진 Iterable한 객체이기 때문에, ArrayList를 순회하듯 순회할 수 있습니다. for문의 조건 부분에 "getSize"라는 메서드가 사용되었습니다. 이 메서드는 해당 인벤토리의 크기를 가지고 오는 역할을 합니다. 따라서 이 for문의 "i"는 0부터 "(인벤토리 크기)−1"까지 증가하며 인벤토리의 모든 인덱스를 반영합니다.

❸ 조건문으로 "if(inv.getItem(i) != null)"이 사용되었는데, "getItem" 메서드는 해당 인벤토리에 주어진 인덱스의 슬롯에 있는 아이템을 가져오는 메서드입니다. 만약 빈 슬롯일 경우 "null" 값을 반환하죠. 따라서 이 문장은 모든 인벤토리 슬롯의 인덱스(i)에 대해서 빈 슬롯이 아니면 슬롯에 담겨있는 아이템을 플레이어에게 메시지로 출력하는 구문이 됩니다.

이를 빌드하고 실행해 보면, 다음과 같이 우리가 조금 전에 추가한 "사과" 아이템만 출력되는 걸 볼 수 있습니다.

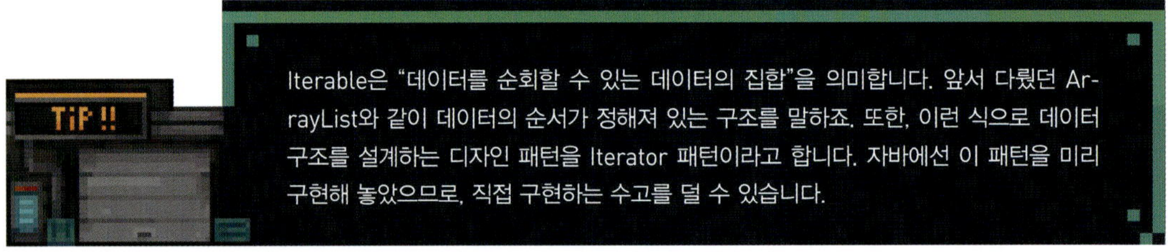

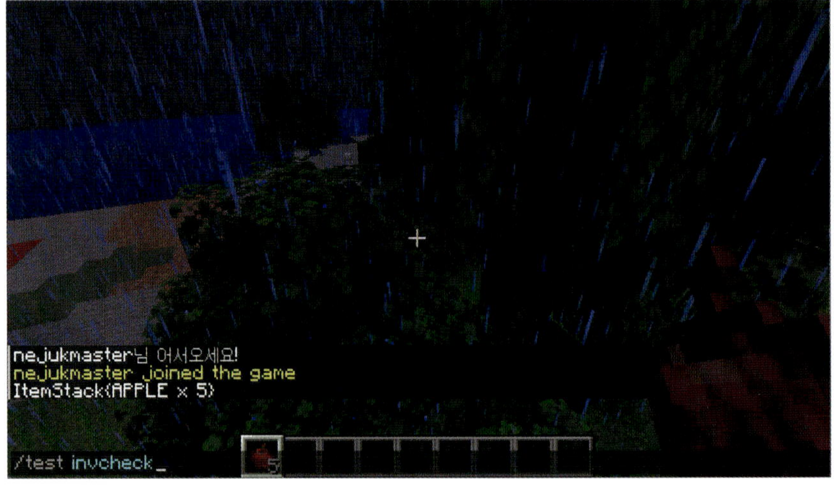

실행 화면

이번엔 아예 새로운 인벤토리를 생성해 볼 겁니다. 또한 이 인벤토리에 아이템을 배치하여 간단한 GUI를 만들어 볼 겁니다. 먼저 메인 클래스의 OnEnable 함수에 다음과 같이 작성해 줍니다.

```java
Inventory mainGUI;

@Override
public void onEnable() {
    // Plugin startup logic
    getLogger().info("Plugin Enable!");
    getServer().getPluginManager().registerEvents(new Events(), this);
    getServer().getPluginCommand("test").setExecutor(new Cmds());
    instance = this;

    RepeatingTask repeatingTask = run() -> {
        if(timer > 0){
            timer--;
            Bukkit.getBossBar(NamespacedKey.minecraft("test"))
                .setProgress(timer / (float)MAX_TIMER);
        }
    };

    repeatingTask.runTaskTimer(this, 0, 20);

    KeyedBossBar bossBar = Bukkit.createBossBar(
        NamespacedKey.minecraft("test"),
        "Test",
        BarColor.RED,
        BarStyle.SEGMENTED_6,
        BarFlag.DARKEN_SKY
    );
    bossBar.setProgress(1.0);
    bossBar.setVisible(true);
    mainGUI = Bukkit.createInventory(null, 9);
}
```

메인 클래스

"Bukkit.createInventory"는 새로운 인벤토리를 만들어주는 메서드입니다. 기본적인 메서드의 사용 방법은 다음과 같습니다.

Bukkit.createInventory(inventory holder, size)

여기서 "inventory holder"는 이 인벤토리의 주인을 뜻합니다. 여기엔 "InventoryHolder" 인터페이스를 구현하는 모든 클래스의 객체가 들어갈 수 있습니다. 여기서는 "null" 값을 넘겨 이 주인 없는 인벤토리를 만들었습니다. 또한 "size"는 말 그대로 이 인벤토리의 크기를 뜻하는 정숫값입니다. 9로 설정하면 0~8번까지의 인덱스를 가진 한 줄짜리 인벤토리가 생성됩니다.

그럼, 이제 Cmds.java로 가서 명령어에 "showgui"라는 옵션을 추가하여 우리가 생성한 인벤토리를 확인해 보도록 하겠습니다. Cmds.java에 아래처럼 덧붙여 주세요.

```java
if(strings[0].equalsIgnoreCase("invcheck")) {
    Inventory inv = player.getInventory();
    for(int i = 0; i < inv.getSize(); i++) {
        if(inv.getItem(i) != null) {
            player.sendMessage(inv.getItem(i).toString());
        }
    }
}
else if(strings[0].equalsIgnoreCase("showgui")) {
    player.openInventory(LearnPluginCh01_02.instance.mainGUI);
}
```

Cmds.java

"openInventory" 메서드는 해당 플레이어에게 주어진 Inventory를 열도록 지시하는 명령어입니다. 우리는 방금 만든 "mainGUI"를 넘겨줄 겁니다. 코드를 작성하고 빌드해서, 인게임에서 "/test showgui"를 입력하면 다음과 같은 결과 화면을 얻을 수 있습니다.

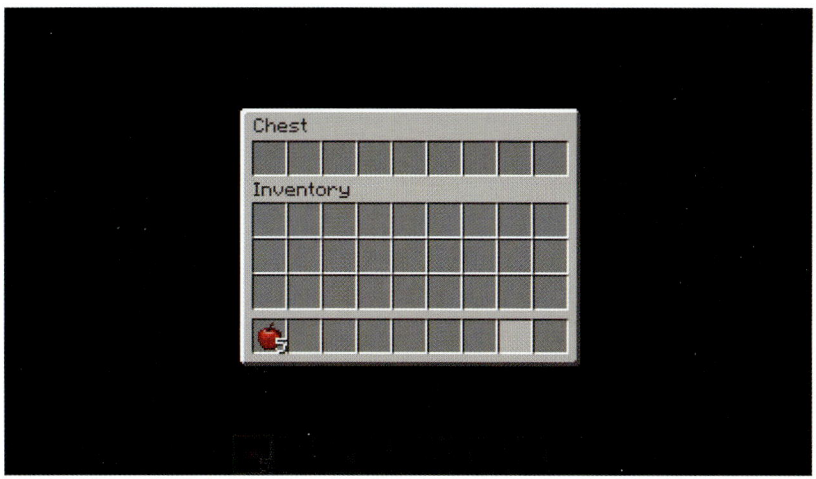

실행 화면

하지만 아직 GUI라고 부르기엔 버튼도 없고, 인벤토리에 아이템을 넣는 등 상호작용이 가능하죠? 이제 이 부분을 고쳐보겠습니다. 중앙 세 개의 칸에 아이템을 배치해 클릭하면 해당 아이템을 인벤토리에 지급하는 기능을 구현합니다. 먼저 mainGUI에 아이템을 배치할 겁니다. 메인 클래스로 이동하여 다음과 같이 작성해 줍니다.

```java
@Override
public void onEnable() {
    // Plugin startup logic
    getLogger().info("Plugin Enable!");
    getServer().getPluginManager().registerEvents(new Events(), this);
    getServer().getPluginCommand("test").setExecutor(new Cmds());
    instance = this;

    RepeatingTask repeatingTask = new RepeatingTask(){
        @Override
        public void run(){
            if(timer > 0){
                timer--;
                Bukkit.getBossBar(NamespacedKey.minecraft("test"))
                    .setProgress((timer / (float)MAX_TIMER));
            }
        }
```

```java
    };
    repeatingTask.runTaskTimer(this, 0, 20);

    KeyedBossBar bossBar = Bukkit.createBossBar(
        NamespacedKey.minecraft("test"),
        "Test",
        BarColor.RED,
        BarStyle.SEGMENTED_6,
        BarFlag.DARKEN_SKY
    );
    bossBar.setProgress(1.0);
    bossBar.setVisible(true);

    mainGUI = Bukkit.createInventory(null, 9);
    mainGUI.setItem(3, new ItemStack(Material.IRON_INGOT, 1));
    mainGUI.setItem(4, new ItemStack(Material.DIAMOND, 1));
    mainGUI.setItem(5, new ItemStack(Material.GOLD_INGOT, 1));
}
```

메인 클래스

"setItem"메서드는 주어진 인덱스 슬롯의 아이템을 주어진 ItemStack으로 설정해 주는 메서드입니다. 우리는 여기서, 3번, 4번, 5번 슬롯에 각각 "철 주괴", "다이아몬드", "금 주괴"를 하나씩 배치할 겁니다.

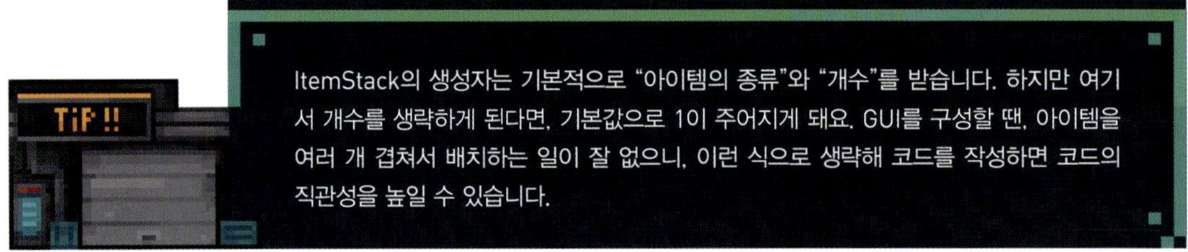

이렇게 배치한 아이템은 GUI에서 "버튼"의 역할을 수행할 겁니다. 그럼, 이 버튼에 기능을 넣어야겠죠? Events.java로 가서 다음과 같은 코드를 덧붙여 줍니다.

```java
    @EventHandler
❶ public void OnPlayerClickedInventory(InventoryClickEvent e){
  ❷   Inventory inventory = e.getClickedInventory();
       ItemStack icon = e.getCurrentItem();
       Player player = (Player) e.getWhoClicked();

  ❸   if(inventory.equals(LearnPluginCh01_02.instance.mainGUI)){
           e.setCancelled(true);

  ❹       if(icon != null){
  ❺           switch (icon.getType()) {
  ❻               case IRON_INGOT:
                       player.getInventory().addItem(new ItemStack(Material.IRON_INGOT, 1));
                       break;

  ❼               case DIAMOND:
                       player.getInventory().addItem(new ItemStack(Material.DIAMOND, 1));
                       break;

  ❽               case GOLD_INGOT:
                       player.getInventory().addItem(new ItemStack(Material.GOLD_INGOT, 1));
                       break;
  ❾               default:
                       break;
               }
           }
       }
   }
```

Events.java

❶ InventoryClickEvent는 플레이어가 인벤토리를 클릭했을 때 발생하는 이벤트입니다. 앞에서와 마찬가지로 EventHandler 어노테이션을 사용해 이벤트를 등록해 줍니다.

❷ 선언된 변수 "inventory", "icon", "player"는 각각 "클릭한 인벤토리", "클릭한 아이템", "클릭한 플레이어"를 순차적으로 받아와 저장합니다. InventoryClickEvent 클래스의 "getClickedInventory" 메서드는 클릭한 인벤토리를 받아오는 메서드입니다. "getCurrentItem" 메서드는 플레이어가 들고 있는 홀드 중인 아이템을 들고 옵니다. 아이템을 클릭하면 홀드되므로 이 메서드를 통해서 클릭한 아이템을 들고 옵니다. "getWhoClicked" 메서드는 인벤토리를 클릭한 플레이어의 개체를 가져옵니다. 이때 이 메서드의 반환 값은 Player가 아닌 HumanEntity라는 클래스로 반환되기 때문에, 우리가 익숙한 Player로 바꾸기 위해선 "(Player)"를 앞에 붙여주어 형 변환을 진행해 주어야 합니다.

❸ 해당 조건문은 클릭한 인벤토리가 우리가 앞서 만든 "mainGUI"인지 체크하는 간단한 조건문입니다. 이후 "setCancelled" 메서드는 이벤트 클래스, 그중에서도 Cancellable한 이벤트 클래스들이 공통으로 가지고 있는 함수로 이 이벤트를 취소할지를 결정해 주는 역할을 합니다. 우리는 "mainGUI"에 배치한 아이템이 움직이지 않길 바라므로, "true"를 넘겨주어 이벤트가 취소되게 만들어줍니다.

❹ 그리고 "icon != null"을 조건으로하는 조건문을 작성하여, 인벤토리에 빈 곳을 클릭한 경우를 걸러줍니다.

❺ 클릭한 아이템의 종류에 대한 switch문입니다. 이 switch문을 통해 각 아이콘의 기능을 구현할 겁니다.

❻ 클릭한 아이템이 "철 주괴"일 경우, 클릭한 플레이어의 인벤토리에 해당 "철 주괴" 1개를 지급합니다.

❼ 클릭한 아이템이 "다이아몬드"일 경우, 클릭한 플레이어의 인벤토리에 해당 "다이아몬드" 1개를 지급합니다.

❽ 클릭한 아이템이 "금 주괴"일 경우, 클릭한 플레이어의 인벤토리에 해당 "금 주괴" 1개를 지급합니다.

❾ default는 switch문이 기본적으로 실행할 구문을 설정합니다. 즉, 클릭한 아이템이 "철 주괴"도, "다이아몬드"도, "금 주괴"도 아닐 경우 작동하게 됩니다.

모든 코드를 작성했다면, 플러그인을 서버에 넣고 구동해 줍니다. 이후 "/test showgui"를 입력하고, GUI의 아이콘을 클릭하면 해당 아이템이 인벤토리에 지급되는 것을 볼 수 있습니다.

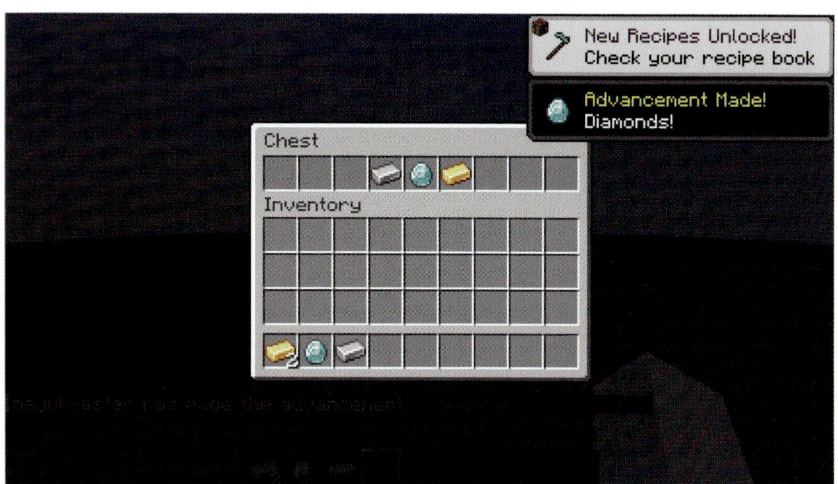

실행 화면

ItemMeta

이번엔 ItemMeta 클래스를 사용하여 아이템의 상세정보를 수정해 볼 겁니다. ItemMeta 클래스는 해당 ItemStack의 상세 정보를 저장할 때 사용되는 클래스입니다. 아이템 설명을 달거나, 이름을 바꾼다거나 하는 작업을 할 수 있습니다. 먼저 메인 클래스로 가서, OnEnable 안쪽에 우리가 작성한 코드를 다음과 같이 바꿔줍니다.

```java
mainGUI = Bukkit.createInventory(null, 9);

ItemStack icon1 = new ItemStack(Material.IRON_INGOT);
ItemMeta _meta = icon1.getItemMeta();
_meta.setDisplayName("Supply Iron Ingot");
icon1.setItemMeta(_meta);

ItemStack icon2 = new ItemStack(Material.DIAMOND);
_meta = icon2.getItemMeta();
_meta.setDisplayName("Supply Diamond");
icon2.setItemMeta(_meta);

ItemStack icon3 = new ItemStack(Material.GOLD_INGOT);
_meta = icon3.getItemMeta();
_meta.setDisplayName("Supply Gold Ingot");
icon3.setItemMeta(_meta);

mainGUI.setItem(3, icon1);
mainGUI.setItem(4, icon2);
mainGUI.setItem(5, icon3);
```

메인 클래스

"getItemMeta"는 해당 ItemStack의 ItemMeta를 가져오는 메서드입니다. 이를 활용해 ItemMeta를 가져와 수정하고, "setItemMeta"라는 메서드로 덮어 씌워줄 겁니다. "_meta"라는 변수를 만들어 각 아이콘의 ItemMeta를 순차적으로 수정한 걸 볼 수 있는데, 여기서 사용된 "setDisplayName" 메서드는 해당 아이템의 이름을 바꾸어 주는 메서드입니다. 모루로 이름을 바꾸는 걸 생각하면 된답니다. 이후 mainGUI에 아이템을 세팅해 주는 건 그대로입니다. 플러그인을 다시 빌드하고 적용하면 다음과 같이 아이템의 이름이 바뀐 걸 볼 수 있습니다.

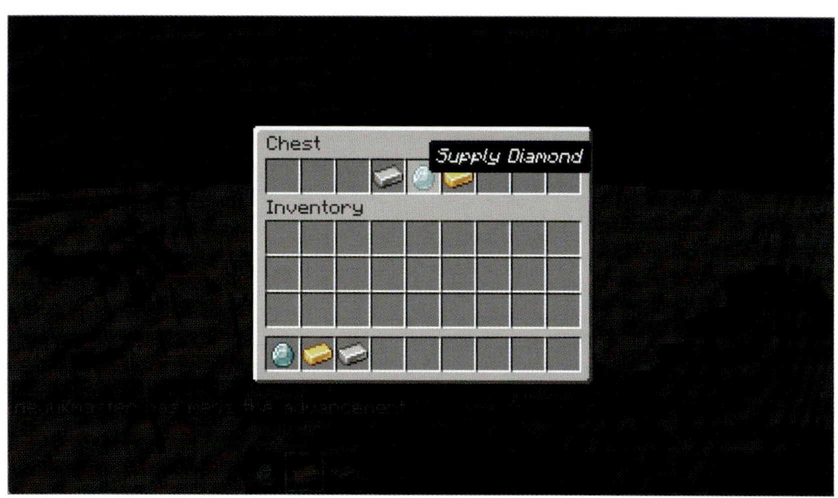

실행 화면

> ### ⚠ 자주하는 실수!
>
> ItemMeta를 적용할 경우 반드시 위와 같이 "getItemMeta"를 통해 얻어온 ItemMeta를 변수에 저장하고, 수정한 뒤 "setItemMeta"메서드를 통해 붙여 넣어 주어야 합니다. 이렇게 하는 이유는 "getItemMeta"라는 메서드는 해당 ItemStack의 ItemMeta를 반환하는 게 아닌, 그 복사본을 반환합니다. 따라서 "getItemMeta().setDisplayName(…)"의 꼴로 작성하게 되면 정상적으로 적용이 되지 않습니다. 플러그인 제작에 익숙해지기 전까진 굉장히 자주 하게 되는 실수이니 꼭 명심합니다.

> 아무것도 들고있지 않을 경우, 해당 아이템의 종류는 Material.AIR입니다. 해당 아이템의 경우, ItemMeta의 값은 "null" 값을 가시게됩니다. 얼핏 보면 당연한 이야기 같지만, 플러그인을 제작할 때 해당 주의점을 상기하지않고 AIR의 ItemMeta를 참조하게 된다면, 플러그인은 NullPointerException을 뱉게 됩니다. 따라서 이에 대한 예외 처리는 항상 고려하도록 합시다.

Spigot에서 상호작용은 **PlayerInteractEvent**로 구현됩니다. 이 이벤트는 플레이어가 우클릭했을 때 발생하는 이벤트입니다. 이번에는 이 이벤트를 사용하여 새롭게 추가한 아이템에 상호작용 시 특정한 능력을 부여하는 코드를 작성해 볼 겁니다.

커스텀 아이템 제작

커스텀 아이템 하나를 제작할 겁니다. 먼저, 그러기 위한 정적 함수를 만들어 주겠습니다. 메인 클래스 onDisable 함수 밑에 다음과 같은 코드를 덧붙여 줍니다.

```java
@Override
public void onDisable() {
    // Plugin shutdown logic
    getLogger().info("Plugin Disable!");
}


public static ItemStack createCustomItem(Material type, String name, int customModelData)
{
    ItemStack _item = new ItemStack(type, 1);
    ItemMeta _meta = _item.getItemMeta();
    _meta.setDisplayName(name);
    _meta.setCustomModelData(customModelData);
    _item.setItemMeta(_meta);
    return _item;
}
```

메인 클래스

커스텀 아이템을 생성하는 클래스 함수이며, 내용은 다음과 같습니다.

❶ 새 ItemStack을 하나를 생성하고 해당 객체의 ItemMeta를 들고 옵니다.

❷ "setDisplayName"은 해당 ItemMeta의 이름을 변경합니다.

❸ "setCustomModelData"는 해당 아이템의 "CustomModelData" NBT를 수정합니다.

❹ "setItemMeta"은 ItemStack의 ItemMeta를 설정합니다. ItemStack의 ItemMeta를 바꾸기 위해선 위와 같은 과정을 통해 "setItemMeta" 메서드를 통해 바꾸어야 정상적으로 적용이 됩니다. 이후 만들어진 ItemStack을 반환해 줍니다.

아래와 같이 mainGUI를 선언한 곳 바로 아래에 덧붙여 주겠습니다.

```java
Inventory mainGUI;
ItemStack customItem = createCustomItem(Material.COMPASS, "Teleporter", 1);
```

메인 클래스

해당 코드는 나침반 타입의 ItemStack을 "Teleporter"라는 이름으로 Custom Model Data를 1로 하여 생성하여 customItem이라는 변수에 저장하는 코드입니다. 정적 메서드를 사용하게 되면 이런 식으로 간단하게 아이템을 초기화해 놓을 수 있습니다.

이후 Cmds.java로 이동해서 새로운 옵션, "giveteleporter"를 추가하여 이렇게 생성한 아이템을 얻을 수 있도록 만듭니다.

```java
else if(strings[0].equalsIgnoreCase("giveteleporter")){
    player.getInventory().addItem(LearnPlug1nCh01_02.instance.customItem);
}
```

Cmds.java

이후 빌드하여 다음과 같이 정상적으로 아이템이 표기되는지 확인합니다.

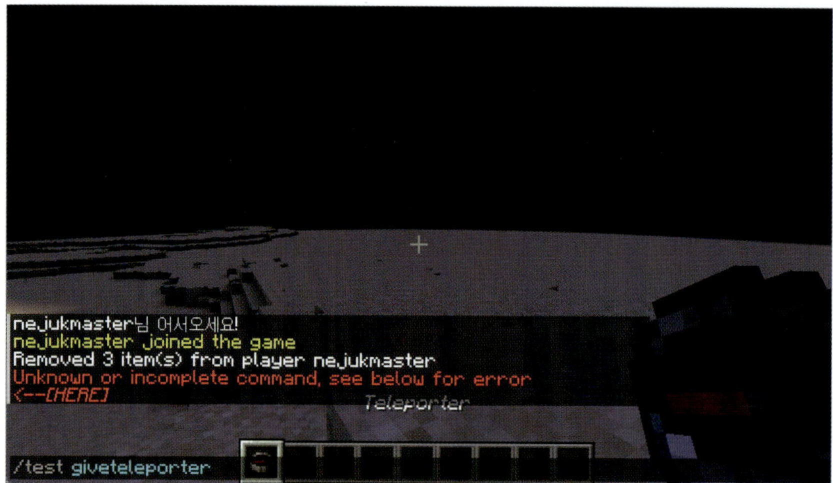

실행 화면

PlayerInteractEvent

이제는 플러그인에 PlayerInteractEvent를 추가하여 앞서 추가한 "Teleporter를 블록에 대고 우클릭하면 그 블록 위로 텔레포트하는 기능을 만들어보겠습니다. Events.java로 가서 다음과 같이 작성합니다.

```java
public void OnPlayerInteract(PlayerInteractEvent e){
❶ if(e.getAction().equals(Action.RIGHT_CLICK_BLOCK)){
        Player player = e.getPlayer();
        Block block = e.getClickedBlock();
❷       ItemStack item = player.getInventory().getItemInMainHand();
❸       if(item.equals(LearnPluginCh01_02.instance.customItem)){
❹           player.teleport(new Location(player.getWorld(),
                block.getLocation().getX(),
                block.getLocation().getY()+1,
                block.getLocation().getZ(),
                player.getLocation().getYaw(),
                player.getLocation().getPitch()));
        }
    }
}
```

Events.java

❶ "getAction" 메서드를 사용하여 "RIGHT_CLICK_BLOCK" 액션에만 반응하도록 조건문을 작성해 줍니다. "getAction" 메서드는 PlayerInteractEvent에서 발생한 상호작용의 종류를 가져오는 역할을 합니다. 전체 상호작용은 spigot에서 제공하는 Javadoc의 Action 문서(https://hub.spigotmc.org/javadocs/spigot/org/bukkit/event/block/Action.html)에서 볼 수 있습니다. 이후 "getPlayer"와 "getClicked-Block" 메서드를 사용하여 플레이어와 클릭한 블록을 각각 가져옵니다.

❷ 플레이어가 사용한 아이템을 가져옵니다. 이는 플레이어의 인벤토리를 가져온 후, Inventory 객체의 "get-tItemInMainHand" 메서드를 사용해 플레이어가 들고 있는 아이템을 가져오는 방식으로 구현합니다.

❸ 우리가 앞서 제작한 "customItem"과 플레이어가 들고 있는 아이템이 같은지 검사합니다.

❹ 같다면, "teleport" 메서드를 사용하여 플레이어를 이동시킵니다. "teleport" 메서드는 매개변수로 Location을 받습니다. 따라서 생성자를 사용하여 새로운 Location을 생성하여 넘겨주었는데, Location의 생성자는 다음과 같습니다.

Location(world, x, y, z, yaw, pitch)

world는 이 Location이 속한 세계를 의미하고, x, y, z는 각각의 좌표값을 의미합니다. yaw와 pitch는 회전각인데, 플레이어나 엔티티의 회전을 나타내는 값입니다. 여기서는 플레이어의 yaw와 pitch 값을 그대로 가져와 사용합니다.

이제 플러그인을 빌드하고 적용하면 "teleporter"가 정상적으로 작동하는 모습을 확인할 수 있습니다.

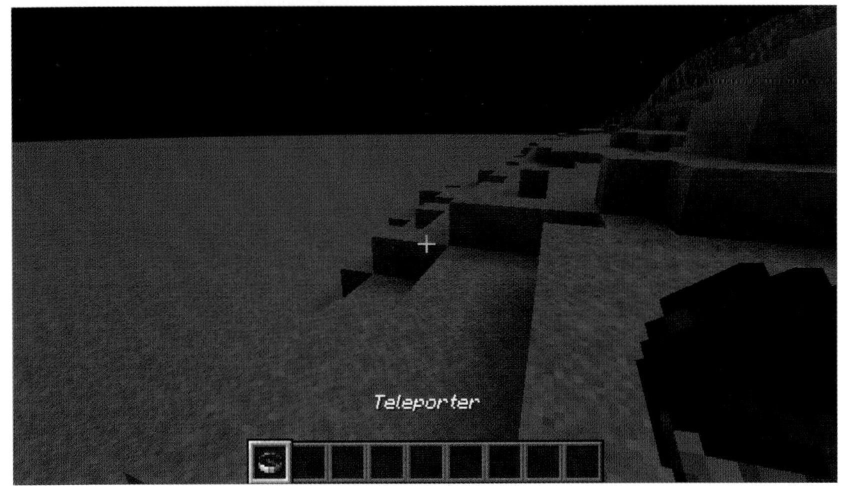

실행 화면

이번엔 이때까지 배운 것을 바탕으로 간단한 랜덤 무기 전쟁 미니게임을 만들어볼 거예요. 만들 능력은 총 3개로 앞서 만들었던 "Teleporter", 그리고 우클릭한 블록에 작은 폭발을 일으키는 "Exploder", 아이템을 사용하면 "힘" 버프를 얻는 "Warrior"입니다.

그럼 먼저 새 프로젝트를 만들어 줍니다. 이름은 "RandomWeapon"으로 하겠습니다.

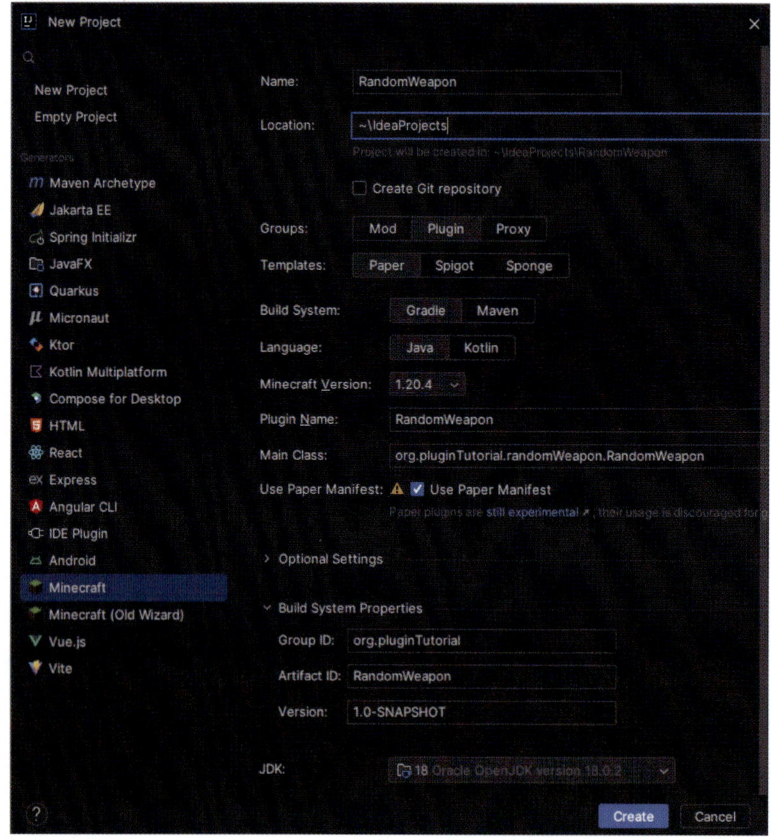

프로젝트 생성

이후 메인 클래스에 다음과 같이 작성해 줍니다.

```java
public final class RandomWeapon extends JavaPlugin {
❶ public static final int MAX_COOL = 20;
   public static RandomWeapon instance;


❷ public ItemStack Teleporter = createCustomItem(Material.COMPASS, "Teleporter", 1);
   public ItemStack Exploder = createCustomItem(Material.IRON_INGOT, "Exploder", 1);
   public ItemStack Warrior = createCustomItem(Material.GOLD_INGOT, "Warrior", 1);


❸ public int[] cooldown = new int[3];
   public boolean onGame = false;


   @Override
   public void onEnable() {
      // Plugin startup logic
      instance = this;
❹    BukkitRunnable runnable = new BukkitRunnable() {


         @Override
         public void run() {
            if(onGame){
               for(int i = 0; i < cooldown.length; i++){
                  if(cooldown[i] > 0)
                     cooldown[i]--;
               }
            }
         }
      };
      runnable.runTaskTimer(this, 0, 20);


❺    Bukkit.getPluginManager().registerEvents(new Events(), this);
      Bukkit.getPluginCommand("rdweapon").setExecutor(new Commands());
   }
❻ public static ItemStack createCustomItem(Material type, String name, int customModelDa-
ta){
      ItemStack _item = new ItemStack(type, 1);
      ItemMeta _meta = _item.getItemMeta();
```

```java
        _meta.setDisplayName(name);
        _meta.setCustomModelData(customModelData);
        _item.setItemMeta(_meta);
        return _item;
    }
}
```

메인 클래스

❶ 최대 쿨타임과 싱글톤 인스턴스를 클래스 변수로 선언합니다. 이 "MAX_COOL" 변수를 통해 능력 사용 시 쿨타임을 초기화할 겁니다.

❷ 능력 사용의 매개체가 되어줄 아이템을 변수로 저장합니다.

❸ 각 능력의 현재 쿨타임을 저장할 변수입니다. 능력이 3개이므로 길이 3의 정수 배열로 선언해 줍니다. 또한 현재 미니게임이 진행 중인지를 저장할 "onGame" 변수도 같이 선언해 줍니다.

❹ 게임 진행 중일때의 로직을 처리할 BukkitRunnable 객체를 생성하고 스케줄러에 등록해 줍니다.

❺ 이벤트와 커맨드를 플러그인에 등록해 줍니다.

❻ 앞서 제작한 것과 같은 "createCustomItem" 메서드입니다.

이제 Events 클래스를 작성할 겁니다. Events 클래스에선 각 무기가 사용되었음을 감지하고, 쿨타임을 체크하여 0일 경우 능력을 발동시키는 기능을 합니다. Events 클래스를 생성하고 다음과 같이 작성합니다.

```java
public class Events implements Listener {

    @EventHandler
    void OnPlayerInteract(PlayerInteractEvent e){
        Player player = e.getPlayer();
        ItemStack item = player.getInventory().getItemInMainHand();

        if(e.getAction().equals(Action.RIGHT_CLICK_BLOCK)){
            Block block = e.getClickedBlock();

            if(item.equals(RandomWeapon.instance.Teleporter) && RandomWeapon.instance.
cooldown[0] == 0){
                player.teleport(new Location(
                    player.getWorld(),
                    block.getLocation().getX(),
                    block.getLocation().getY() + 1,
                    block.getLocation().getZ(),
                    player.getYaw(),
                    player.getPitch()
                ));
                RandomWeapon.instance.cooldown[0] = RandomWeapon.MAX_COOL;
            }
            else if(item.equals(RandomWeapon.instance.Exploder) && RandomWeapon.instance.
cooldown[1] == 0){
                player.getWorld().createExplosion(block.getLocation(), 5);
                RandomWeapon.instance.cooldown[1] = RandomWeapon.MAX_COOL;
            }
        }

        if(e.getAction().equals(Action.RIGHT_CLICK_AIR)){
            if(item.equals(RandomWeapon.instance.Warrior) && RandomWeapon.instance.cooldown[
2] == 0){
                player.addPotionEffect(new PotionEffect(PotionEffectType.INCREASE_DAMAGE, 200,
2));
                RandomWeapon.instance.cooldown[2] = RandomWeapon.MAX_COOL;
            }
```

```
        }
    }
}
```

Events.java

❶ 앞서 배운 "PlayerInteractEvent"를 사용합니다. 이후 플레이어와 플레이어가 사용한 아이템을 각각의 변수에 저장합니다.

❷ "getAction" 메서드를 통해 플레이어의 상호작용 종류를 가져오고, "RIGHT_CLICK_BLOCK"인지 검사하는 조건문입니다. 만약 그럴 경우, 상호작용한 블록을 가져와서 "block" 변수에 저장합니다.

❸ 사용한 아이템이 "Teleporter"이고, 해당 아이템의 쿨타임(cooldown[0])이 "0"인지를 검사하는 조건문입니다. 이 블록에서 "Teleporter"의 순간이동 능력을 구현할 것입니다.

❹ "teleport" 메서드는 특정 플레이어의 위치를 주어진 Location으로 순간이동시키는 메서드입니다. 따라서 클릭한 블록의 좌표에 해당하는 새로운 Location 객체를 생성해서 인자로 넘겨주었습니다. 여기서 y 좌표만 한 칸 높인 것을 볼 수 있는데, 이는 플레이어 위치의 기준인 다리가 블록에 끼는것을 방지하기 위함입니다. 이후 해당 아이템의 쿨타임(cooldown[0])을 MAX_COOL로 초기화합니다.

❺ 사용한 아이템이 "Exploder"이고, 해당 아이템의 쿨타임(cooldown[1])이 "0"인지를 검사하는 조건문입니다. 이 블록에선 "Exploder"의 폭발 능력을 구현할 것입니다.

❻ "createExplosion" 메서드는 지정한 Location에 임의 강도의 폭발을 일으키는 메서드입니다. 사용법은 다음과 같습니다.

createExplosion(폭발을 일으킬 위치, 폭발 강도)

이후 마찬가지로 아이템의 쿨타임(cooldown[1])을 MAX_COOL로 초기화합니다.

❼ 플레이어의 상호작용이 "RIGHT_CLICK_AIR"인지 검사하는 조건문입니다. 이는 "플레이어가 허공에 마우스 우클릭을 했는가"를 의미합니다. 또한 안쪽에는 사용한 아이템이 "Warrior"이고, 해당 아이템의 쿨타임(cooldown[2])가 "0"인지를 검사하는 조건문도 작성했습니다.

❽ "Warrior" 능력의 구현 부분입니다. "addPotionEffect" 메서드는 특정 플레이어에게 포션 효과를 부여합니다. 이 메서드는 PotionEffect 객체를 받으므로 적절한 PotionEffect 객체를 생성해주어야 합니다. PotionEffect 객체의 생성은 다음과 같이 할 수 있습니다.

PotionEffect(포션 효과 종류, 지속 시간(틱), 강도)

이후 해당 아이템의 쿨타임(cooldown[2])를 MAX_COOL로 초기화합니다.

이제는 커맨드를 구현하여 마무리하겠습니다. 커맨드는 두 가지 기능을 합니다. 하나는 능력 아이템을 얻는 기능이고, 또 하나는 게임을 시작하는 기능입니다. Commands.java 파일을 만든 후 다음과 같이 작성해 줍니다.

```java
public class Commands implements CommandExecutor {

    @Override
    public boolean onCommand(CommandSender sender, Command command, String label, String[] args){
        if(sender instanceof Player){
            Player player = (Player) sender;
❶          if(args[0].equalsIgnoreCase("give")){
                player.getInventory().addItem(RandomWeapon.instance.Teleporter);
                player.getInventory().addItem(RandomWeapon.instance.Exploder);
                player.getInventory().addItem(RandomWeapon.instance.Warrior);
            }
❷          else if(args[0].equalsIgnoreCase("start")){
                for(Player p : Bukkit.getOnlinePlayers()){
                    p.sendTitle("Game Start", "", 10, 70, 10);
                }
                RandomWeapon.instance.onGame = true;
            }
        }
        return false;
    }
}
```

Commands.java

❶ "give"라는 커맨드 옵션을 추가하여 세 종류의 아이템을 입력한 사람에게 지급하는 기능을 구현합니다.

❷ "start"라는 커맨드 옵션을 추가합니다. "Bukkit.getOnlinePlayers()" 메서드는 현재 서버에 접속한 모든 플레이어를 가져오는 기능을 합니다. 이를 확장 for문을 통해 순회하여, 접속한 모든 사람에게 "Game Start"라는 타이틀을 띄우는 기능을 작성합니다. 또한 "onGame" 변수를 "true"로 설정해 게임이 진행되도록 합니다.

이후 plugin.yml을 다음과 같이 작성해 주고 빌드하여 적용하면 우리가 만든 랜덤 무기 전쟁을 즐길 수 있습니다.

```yaml
name: RandomWeapon
version: '1.0-SNAPSHOT'
main: org.pluginTutorial.randomWeapon.RandomWeapon
api-version: '1.20'
commands:
  rdweapon:
    description: "Random Weapon War v1.0"
```

plugin.yml

실행 화면

- key-value 쌍의 맵 자료구조를 이해한다.
- Java의 HashMap 클래스를 사용하여 맵을 구현할 수 있다.
- key 값을 통해 플레이어의 여러 정보를 저장하는 데이터베이스를 구축할 수 있다.

이번에는 배열, 리스트와는 또 다른 형식의 자료구조인 맵 자료구조를 알아볼 겁니다. "맵 (**Map**)" 자료구조는 배열이나 리스트의 인덱스 대신 key라는 값을 사용하여 그에 대응하는 value 값을 저장하는 자료구조입니다. 인덱스 대신 key 값을 사용하는 형태의 리스트라고 생각하시면 된답니다. 정수형의 인덱스가 아닌, 문자열이나, 다른 클래스 역시 key 값이 될 수 있는 장점으로 인해 데이터베이스를 만들 때 자주 사용되는 자료구조입니다. 이번에는 이 맵 자료구조를 알아보고, Java에서 지원하는 HashMap 클래스를 통해 맵 자료형을 구축해 보겠습니다.

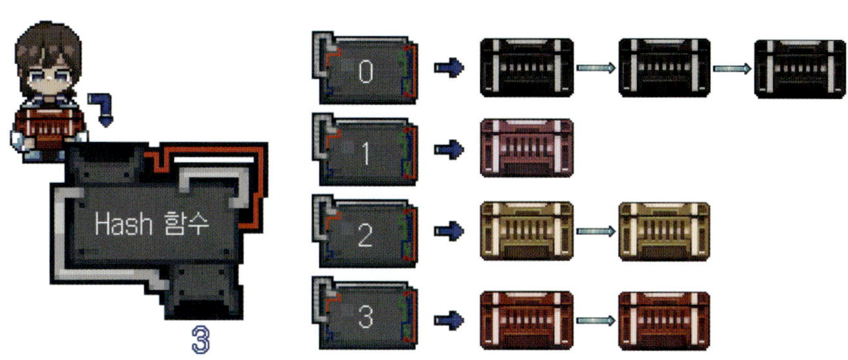

맵(**Map**) 자료구조는 앞서 설명한 대로 인덱스 대신 key 값을 통해 데이터에 접근하는 방식의 자료구조입니다. key 값에 데이터를 연결하여 key 값을 알면 데이터에 바로 접근할 수 있는 점이 이 자료구조의 장점입니다. 이 방식을 이해하기 쉽게 그림으로 바꾸어보면 다음과 같습니다.

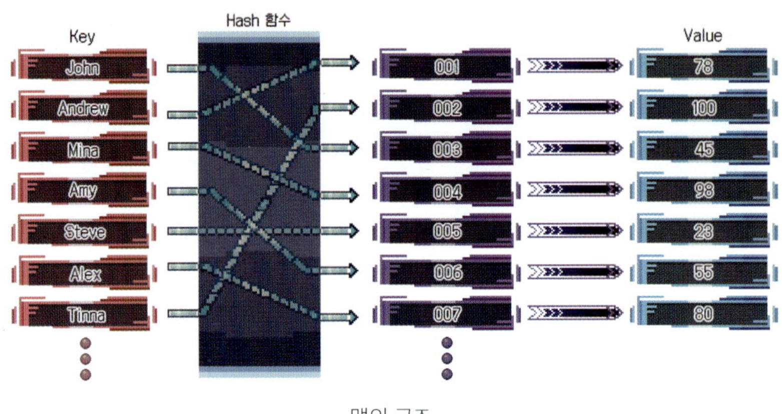

맵의 구조

그림을 보시면 Key 값이 Hash 함수를 통해 고정된 길이를 가진 Hash 값으로 변환됨을 알 수 있습니다. 이 Hash 값에 Value 값을 연결하여 맵 자료구조가 구성됩니다.

이러한 맵 자료구조를 통해 얻을 수 있는 이점은 Key 값을 통해 Value 값에 바로 접근할 수 있다는 점입니다. 예를 들어 배열을 통해 위의 데이터를 표현하고자 한다면 다음과 같겠죠?

그럼 맵과 배열의 차이를 보겠습니다. 맵과 배열은 다음과 같이 값을 찾을 때, 인덱스 값을 쓰느냐, Key 값을 쓰느냐의 차이가 있습니다.

배열과 맵의 차이점

보시는 바와 같이 배열은 값을 찾을 인덱스는 반드시 정수형 값을 입력해야하지만, 맵의 Key 값은 보다 다양한 형태의 값을 사용할 수 있다는 장점이 있습니다.

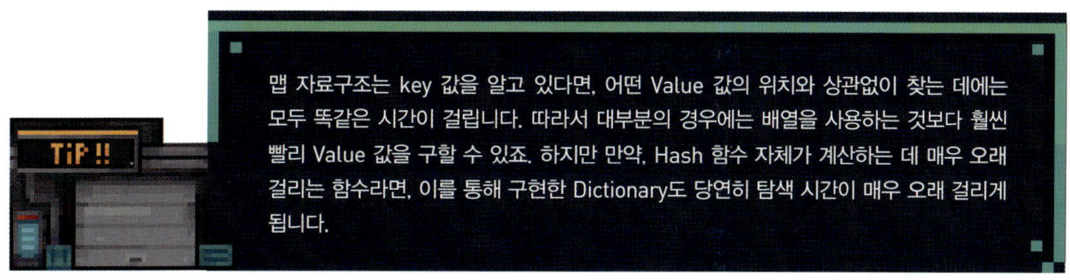

Section 9-2   HashMap

HashMap 클래스는 java.util 패키지에 포함되어 있는, 맵 자료구조를 구현한 클래스예요. 이를 이용하면 간단하게 맵을 생성하고 다룰 수 있습니다. 이번에는 HashMap의 생성과 Key-Value 쌍 추가 및 맵 순회를 통한 값의 탐색을 배울 겁니다.

HashMap을 생성하는 구문은 다음과 같습니다.

HashMap〈keyType, valueType〉 name = new HashMap〈〉();

"key_type"은 key 값의 자료형을 의미하고, "value_type"은 value 값의 자료형을 의미합니다. 주의해야 할 점은 ArrayList를 선언할 때와 마찬가지로 "〈〉" 연산자 안의 값은 클래스가 들어가야 합니다. 즉 "int"를 사용하는 대신에 "Integer"을 사용하는 등의 주의가 필요합니다. 실제로 생성하는 코드는 다음과 같습니다.

```java
import java.util.HashMap;

public class test {
    HashMap<String, Integer> map = new HashMap<>();
}
```

HashMap 생성

생성한 HashMap은 문자열 "String"을 key 값으로, 정수형 "Integer"을 value 값으로 갖는 Dictionary입니다.

Key-Value 쌍 추가 및 삭제, 참조

이번엔 앞서 만든 HashMap에 Key-Value 쌍을 추가해 볼 겁니다. 여기서는 HashMap 클래스의 "put" 메서드를 사용할 겁니다. put 메서드는 지정된 HashMap에 Key-Value 쌍을 추가해 주는 메서드로 사용 방법은 다음과 같습니다.

map.put(key, value)

"key"는 key 값을 "value"는 key 값에 매핑할 value 값을 의미합니다. 실제로 추가하는 코드를 작성해 보면 다음과 같습니다.

```java
public class test {
    HashMap<String, Integer> map = new HashMap<>();

    public void func1() {
        map.put("test", 3);
    }
}
```

Key-Value쌍 추가

이러면 "test라는 키에 정수 "3"이 매핑되었습니다.

이번에는 추가한 Key-Value 쌍을 삭제해 보도록 하겠습니다. 이때는 HashMap 클래스에 "remove" 메서드를 사용할 겁니다. 사용법은 다음과 같습니다.

map.remove(key)

여기서 "key"는 삭제할 key 값을 의미합니다. HashMap에서는 Key 값을 삭제할 경우, 해당 Key 값에 매핑된 Value 값 역시 받아올 수 없기에, Key-Value 쌍을 추가할 때와는 다르게 key 값만 넘겨주어도 되는 겁니다. 실제로 코드를 작성하여 앞에서 추가한 Key-Value 쌍을 삭제하는 코드는 다음과 같습니다.

```java
public class test {
    HashMap<String, Integer> map = new HashMap<>();

    public void func1() {
        map.put("test", 3);

        if(map.containsKey("test"))
            map.remove("test");
    }
}
```

Key-Value 쌍 삭제

여기서 조건문 안에 "containsKey" 메서드로 예외 처리를 하는 것을 볼 수 있습니다. 이 이유는 "remove" 메서드에 주어진 key 값이 HashMap에 없으면, HashMap이 오류를 뱉기 때문이에요. 이런 경우를 방지하기 위해 HashMap이 주어진 key 값을 포함하고 있는지 확인하는 메서드인 "containsKey" 메서드를 통해 먼저 key 값의 포함 여부를 체크하고 "remove" 메서드를 사용하는 게 안전합니다.

이번에는 key 값을 사용하여 추가한 value 값을 가져와 볼 겁니다. 여기서는 HashMap 클래스에 "get" 메서드를 사용할 겁니다. 사용 방법은 다음과 같습니다.

map.get(key)

"key"는 value 값을 얻어올 key 값을 의미합니다. 코드를 작성해서 결괏값을 출력해 확인해 보도록 하죠. 여기서 확인을 위해 앞서 추가한 "remove" 메서드는 주석 처리를 하고 마저 작성해 주도록 합니다.

```java
public class test {
    HashMap<String, Integer> map = new HashMap<>();

    public void func1() {
        map.put("test", 3);

        // if(map.containsKey("test")) map.remove("test");
        if(map.containsKey("test"))
            System.out.println(map.get("test"));
    }
}
```

Key-Value 쌍 참조

이후 메인 클래스의 OnEnable 안에서 우리가 만든 "func1"함수를 실행하여 HashMap의 동작을 확인해 보면 됩니다.

```java
@Override
public void onEnable() {
    // Plugin startup logic
    getLogger().info("Plugin Enable!");
    getServer().getPluginManager().registerEvents(new Events(), this);
    getServer().getPluginCommand("test").setExecutor(new Cmds());
    instance = this;

    new test().func1();

    // 이하 생략
}
```

메인 클래스

```
[16:28:03] [Server thread/INFO]: [LearnPluginCh01_02] Enabling LearnPluginCh01_02 v1.0-SNAPSHOT
[16:28:03] [Server thread/INFO]: [LearnPluginCh01_02] Plugin Enable!
[16:28:03] [Server thread/INFO]: 3
```

실행 화면

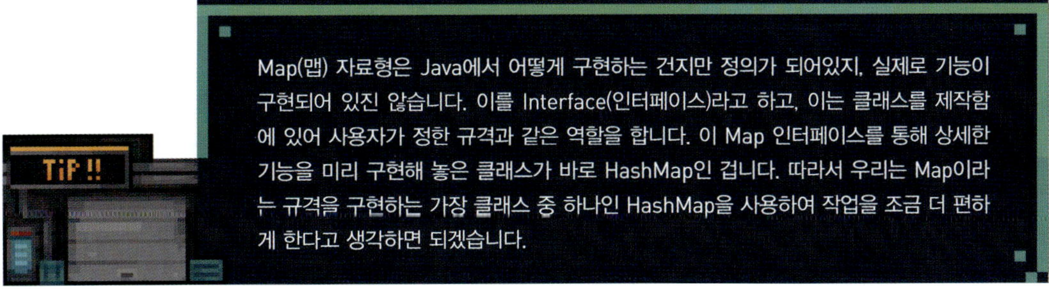

Set

HashMap의 전체 key 값을 얻고 싶다면 keySet() 메서드를 사용합니다. 사용 방법은 다음과 같습니다.

```
Set<keyType> keySet = hashMap.keySet();
```

여기서 hashMap은 전체 key 값을 얻어올 HashMap을 의미하고, keyType은 HashMap key 값의 자료형을 의미합니다. 이 keySet() 메서드는 Set⟨keyType⟩의 반환값을 가지는데, 이를 **Set** 자료구조라고 합니다.

Set 자료구조는 쉽게 말해 고등학교 수학시간에 배우는 집합의 개념입니다. 리스트나 배열과는 달리, 각 요소의 순서가 정해져 있지 않고, 중복된 값은 하나의 요소로 취급합니다. 이러한 특징 덕에 Set 자료구조는 특정 값의 존재 여부를 검사하는데 리스트나 배열보다 속도가 빠르고, 각종 집합 연산을 수행할 수 있다는 장점이 있습니다. 다음은 Set 자료구조를 간단하게 나타낸 그림입니다.

Set 자료구조

HashMap 순회

이번에는 HashMap을 반복문을 통해 순회하여 딕셔너리 전체에 접근하는 방법을 배워보겠습니다. 사용할 반복문은 배열, 리스트와 같은 for문이지만 형태는 조금 달라집니다. 예문부터 보겠습니다.

```java
public void func1() {
    map.put("test1", 3);
    map.put("test2", 2);
    map.put("test3", 8);
    map.put("test4", 6);
    map.put("test5", 10);

    for(String key : map.keySet()) {
        System.out.println("key : " + key);
        System.out.println("value : " + map.get(key));
    }
}
```

HashMap 순회 예제

HashMap의 "keySet" 메서드는 해당 HashMap의 모든 key를 Iterable한 "Set"라는 클래스의 객체에 담아서 반환해 줍니다. 이 "Set"라는 클래스는 데이터를 순서대로 저장하지 않는 데이터의 집합입니다. 따라서 데이터에 순차접근은 불가능합니다. 따라서 조금 확장 for문을 사용하여 데이터를 순회합니다.

이후 작성한 코드를 빌드하고 실행하면 다음과 같이 Key-Value 쌍들이 정상적으로 표기되는 것을 확인할 수 있습니다.

```
[16:59:45] [Server thread/INFO]: [LearnPluginCh01_02] Enabling LearnPluginCh01_02 v1.0-SNAPSHOT
[16:59:45] [Server thread/INFO]: [LearnPluginCh01_02] Plugin Enable!
[16:59:45] [Server thread/INFO]: key : test4
[16:59:45] [Server thread/INFO]: value : 6
[16:59:45] [Server thread/INFO]: key : test5
[16:59:45] [Server thread/INFO]: value : 10
[16:59:45] [Server thread/INFO]: key : test2
[16:59:45] [Server thread/INFO]: value : 2
[16:59:45] [Server thread/INFO]: key : test3
[16:59:45] [Server thread/INFO]: value : 8
[16:59:45] [Server thread/INFO]: key : test1
[16:59:45] [Server thread/INFO]: value : 3
```

실행 화면

이때까지 배운 것을 토대로 RPG 게임 등에서 볼 수 있는 스테이터스를 구현하고, 이를 관리하는 Status Manager를 구현해 보겠습니다. 구현할 것은 크게 세 가지로, 마인크래프트의 레벨이 오르면 스테이터스를 올릴 수 있는 "SP"를 1 지급하는 기능, 스테이터스를 확인하고 올릴 수 있는 스테이터스 GUI, 스테이터스에 따라 플레이어에게 이로운 기능을 제공하는 기능을 제작할 겁니다.

먼저 새 프로젝트를 제작해 줍니다. 이름은 "StatusManager"로 짓겠습니다.

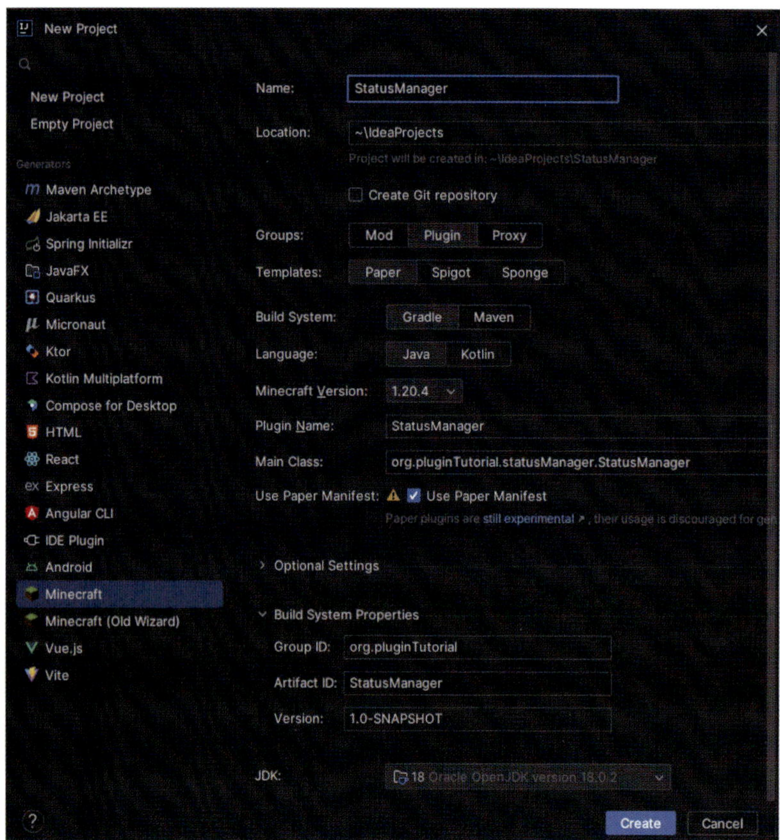

프로젝트 생성

이후 메인 클래스로 이동하여 다음과 같이 작성해 줍니다.

```java
...
return false;
HashMap<String, Integer> statusDic = new HashMap<>();
Inventory statusGUI = Bukkit.createInventory(null, 9, "Status Manager");


ItemStack statusHealth_item = createCustomItem(Material.REDSTONE, "Health", 1);
ItemStack statusStrength_item = createCustomItem(Material.IRON_INGOT, "Strength", 1);
ItemStack statusSpeed_item = createCustomItem(Material.FEATHER, "Speed", 1);
ItemStack sp_item = createCustomItem(Material.EMERALD, "SP", 1);
ItemStack block_item = createCustomItem(Material.BLACK_STAINED_GLASS, "", 1);


int sp = 0;
Player player;
```

메인 클래스

❶ 스테이터스를 저장할 HashMap입니다. "스테이터스 이름" – "수치"의 쌍을 이룰 수 있도록 String–Integer 형식의 Key–Value 쌍을 가지는 HashMap으로 선언했습니다.

❷ 스테이터스를 관리하는 GUI를 담당할 커스텀 인벤토리 입니다.

❸ 각 스테이터스 GUI의 아이콘을 담당할 커스텀 아이템들 입니다.

❹ "sp"는 현재 플레이어가 보유한 스테이터스 포인트를 의미합니다. 이 "sp"를 소모하여 스테이터스를 상승시킬 수 있도록 제작하겠습니다. "player"는 현재 스테이터스를 소유한 플레이어를 저장합니다.

다음으로는 onEnable의 안쪽을 작성합니다.

```java
...
    }
  }
return false;
statusDic.put("health", 0);
statusDic.put("strength", 0);
statusDic.put("speed", 0);

statusGUI.setItem(0, statusHealth_item);
statusGUI.setItem(1, statusStrength_item);
statusGUI.setItem(2, statusSpeed_item);
statusGUI.setItem(3, block_item);
statusGUI.setItem(4, block_item);
statusGUI.setItem(5, block_item);
statusGUI.setItem(6, block_item);
statusGUI.setItem(7, block_item);

ItemStack _sp = sp_item;
_sp.setAmount(sp);
statusGUI.setItem(8, _sp);
BukkitRunnable runnable = new BukkitRunnable() {
    @Override
    public void run() {

        if(player != null){
            if(statusDic.get("speed") > 0)
                player.addPotionEffect(new PotionEffect(PotionEffectType.SPEED, 21, statusDic.get("speed")/3));
            if(statusDic.get("health") > 0)
                player.addPotionEffect(new PotionEffect(PotionEffectType.HEALTH_BOOST, 21, statusDic.get("health")/4));
            if(statusDic.get("strength") > 0)
                player.addPotionEffect(new PotionEffect(PotionEffectType.INCREASE_DAMAGE, 21, statusDic.get("strength")/3));
        }
    }
};
```

```java
runnable.runTaskTimer(this, 0, 20);
Bukkit.getPluginManager().registerEvents(new Events(), this);
Bukkit.getPluginCommand("status").setExecutor(new Commands());
```

메인 클래스

❶ HashMap의 "put" 메서드를 통해 "statusDic"을 초기화해 줍니다. 각 스테이터스의 key 값은 "health", "strength", "speed"로 합니다.

❷ "statusGUI"를 초기화합니다. 9칸짜리 인벤토리인 "statusGUI"에 0~2 인덱스에는 각각의 스테이터스 아이템이 들어가며, 3~7 인덱스에는 "block_item"이 들어가 사용하지 않는 칸임을 나타냅니다.

❸ "statusGUI"의 8번째 인덱스에는 남은 sp를 표현하는 "sp_item"이 들어갑니다. "sp_item"은 현재 "sp"의 상태를 나타낼 것이기 때문에 "sp"의 "setAmount" 메서드를 통해 현재 "sp"의 크기를 표현해 줍니다.

❹ 각 스테이터스 수치에 따라 플레이어에게 버프를 부여하는 BukkitRunnable을 생성하고, 이를 스케쥴러에 등록합니다.

❺ 커스텀 아이템을 생성하는 "createCustomItem" 메서드입니다.

이후 Events.java로 가서 이벤트를 등록해 주겠습니다.

```java
public class Events implements Listener {

@EventHandler
public void onPlayerLevelUp(PlayerLevelChangeEvent e){
    Player player = e.getPlayer();
    if(e.getNewLevel() > e.getOldLevel()){
        StatusManager.instance.sp += e.getNewLevel() - e.getOldLevel();
    }
}

@EventHandler
public void onPlayerClickInventory(InventoryClickEvent e){
    Player player = (Player) e.getWhoClicked();
    ItemStack _item = e.getCurrentItem();
    if(e.getInventory().equals(StatusManager.instance.statusGUI)){
        e.setCancelled(true);
```

```java
if(_item != null && StatusManager.instance.sp > 0){
    ItemStack _sp;
    switch(_item.getType()){
        case REDSTONE:
            int _health = StatusManager.instance.statusDic.get("health");
            _health += 1;
            StatusManager.instance.statusDic.put("health", _health);
            StatusManager.instance.statusGUI.getItem(0).setAmount(_health);
            StatusManager.instance.sp -= 1;
            _sp = StatusManager.instance.sp_item;
            _sp.setAmount(StatusManager.instance.sp);
            e.getInventory().setItem(8, _sp);
            break;
        case IRON_INGOT:
            int _strength = StatusManager.instance.statusDic.get("strength");
            _strength += 1;
            StatusManager.instance.statusDic.put("strength", _strength);
            StatusManager.instance.statusGUI.getItem(1).setAmount(_strength);
            StatusManager.instance.sp -= 1;
            _sp = StatusManager.instance.sp_item;
            _sp.setAmount(StatusManager.instance.sp);
            e.getInventory().setItem(8, _sp);
            break;
        case FEATHER:
            int _speed = StatusManager.instance.statusDic.get("speed");
            _speed += 1;
            StatusManager.instance.statusDic.put("speed", _speed);
            StatusManager.instance.statusGUI.getItem(2).setAmount(_speed);
            StatusManager.instance.sp -= 1;
            ItemStack _sp = StatusManager.instance.sp_item;
            _sp.setAmount(StatusManager.instance.sp);
            e.getInventory().setItem(8, _sp);
            break;
    }
}
```

```java
    }
}

@EventHandler
public void onPlayerJoin(PlayerJoinEvent e){
    StatusManager.instance.player = e.getPlayer();
}
```

Events.java

❶ "PlayerLevelChangeEvent"는 플레이어의 레벨이 바뀌었을 때 호출되는 이벤트입니다. 이 이벤트 또한 "getPlayer" 메서드로 레벨이 바뀐 플레이어를 가지고 올 수 있습니다.

❷ "getOldLevel" 메서드와 "getNewLevel" 메서드는 각각 바뀌기 이전 레벨과 이후 레벨을 가져옵니다. 둘을 비교하여, 이전 레벨이 이후 레벨보다 작은 경우를 검사합니다. 만약 그럴 경우, sp를 올라간 만큼 지급하는 코드입니다.

❸ "InventoryClickEvent"입니다. 해당 블록에선 "statusGUI"의 상호작용 기능들을 구현합니다. 클릭한 플레이어와 클릭한 아이템을 각각 "player"와 "_item" 변수에 저장합니다.

❹ 클릭한 인벤토리가 "statusGUI"인지 검사하고, 만약 "statusGUI"를 클릭한 게 맞다면 아이콘이 움직이지 않게 "setCancelled" 메서드를 통해 이벤트를 취소합니다.

❺ 빈 곳을 클릭하지 않고 "sp"가 0보다 큰 경우에만 로직이 동작하도록 조건문을 작성합니다.

❻ switch문을 통해 클릭한 스테이터스를 "sp"를 소모하여 증가시키는 기능을 구현합니다.

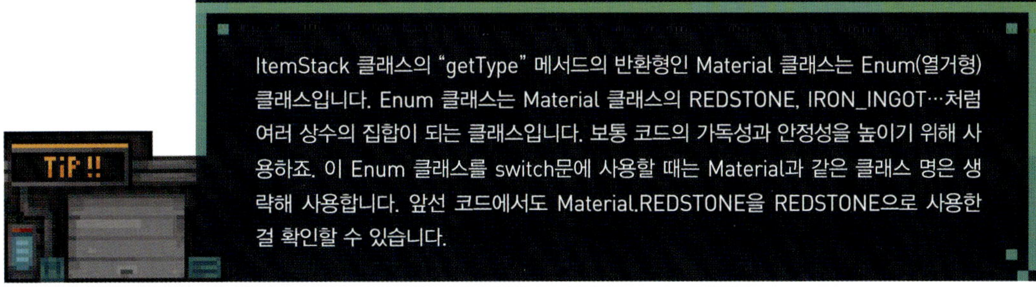

❼ 클릭한 아이템의 타입이 "REDSTONE"일 경우, 해당 아이템을 "statusHealth_item"으로 인식하고 "health" 스테이터스를 1 증가시키고 sp를 1 감소시킵니다.

❽ 클릭한 아이템의 타입이 "IRON_INGOT"일 경우, 해당 아이템을 "statusHealth_item"으로 인식하고 "strength" 스테이터스를 1 증가시키고 sp를 1 감소시킵니다.

❾ 클릭한 아이템의 타입이 "FEATHER"일 경우, 해당 아이템을 "statusHealth_item"으로 인식하고 "speed" 스테이터스를 1 증가시키고 sp를 1 감소시킵니다.

❿ PlayerJoinEvent를 사용하여 player 변수에 접속한 플레이어를 저장해 줍니다.

마지막으로 Commands.java를 작성하겠습니다. 이번에 작성할 커맨드는 "statusGUI"를 여닫는 기능만 하면 되기 때문에 간단하게 작성합니다. Commands.java 파일에 다음과 같은 코드를 작성해 줍니다.

```java
public class Commands implements CommandExecutor {
    @Override
    public boolean onCommand(CommandSender sender, Command command, String label, String[] args) {
        if(sender instanceof Player){
            Player player = (Player) sender;
   ❶       if(args.length > 0){
                if(args[0].equalsIgnoreCase("open")){
                    player.openInventory(StatusManager.instance.statusGUI);
                    ItemStack _sp = StatusManager.instance.sp_item;
   ❷             _sp.setAmount(StatusManager.instance.sp);
                    StatusManager.instance.statusGUI.setItem(8, _sp);
                }
            }
        }
        return false;
    }
}
```

Cmds.java

❶ "open"이라는 커맨드 옵션을 추가하여 플레이어가 statusGUI를 열 수 있도록 합니다.

❷ "statusGUI" 8번째 인덱스에 "sp_item"을, 개수는 "sp"의 값으로 설정하고 배치하여 플레이어가 "statusGUI"를 열 때마다 "statusGUI"를 초기화합니다.

이후 plugin.yml을 작성하고 프로젝트를 빌드, 플러그인을 적용하여 실행하면 다음과 같이 플러그인이 작동합니다.

```yaml
name: StatusManager
version: '1.0-SNAPSHOT'
main: org.pluginTutorial.statusManager.StatusManager
api-version: '1.20'
commands:
  status:
    description: "Status Manager Command"
```

plugin.yml

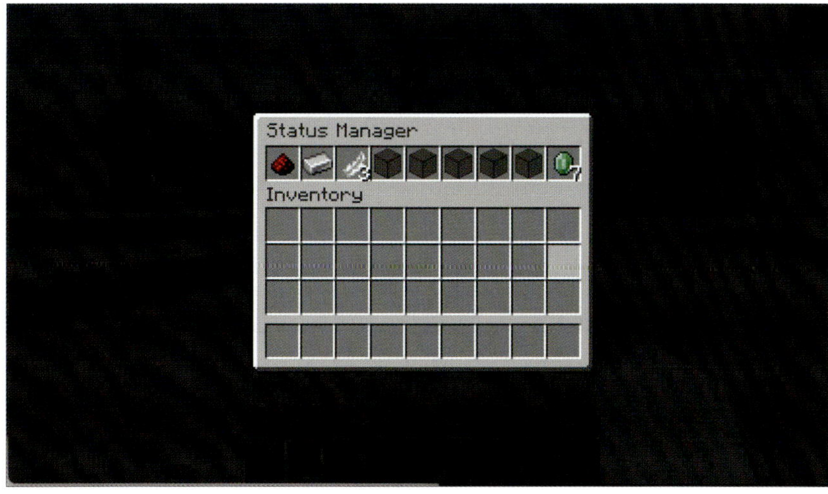

실행 화면

Java docs

- Bukkit Java docs를 읽고 코드를 이해할 수 있다.
- Bukkit Java docs를 코드에 적용할 수 있다.

이번 장에선 Java docs를 읽고, 이를 플러그인 제작 시에 활용하는 방법을 알아볼 겁니다. 저희는 플러그인을 제작할 때, Paper를 사용하여 만들고 있습니다. 메시지를 보낸다거나, 플레이어 데이터를 얻어온다거나 하는 동작을 수행할 때, 우리는 그에 해당하는 클래스를 import하여 사용하였습니다. 이런 우리가 사용 가능한 클래스와 그에 대한 설명을 적어놓은 문서를 docs라고 합니다. 우리는 이 docs를 읽는 방법을 간단하게 알아보고, 실제 코드에는 어떻게 적용하는지 알아보겠습니다.

Bonus-1 Bukkit Java docs

Bukkit에선 플러그인 제작을 위한 docs를 다음 사이트(https://jd.papermc.io/paper/1.20.6/)에서 제공합니다.

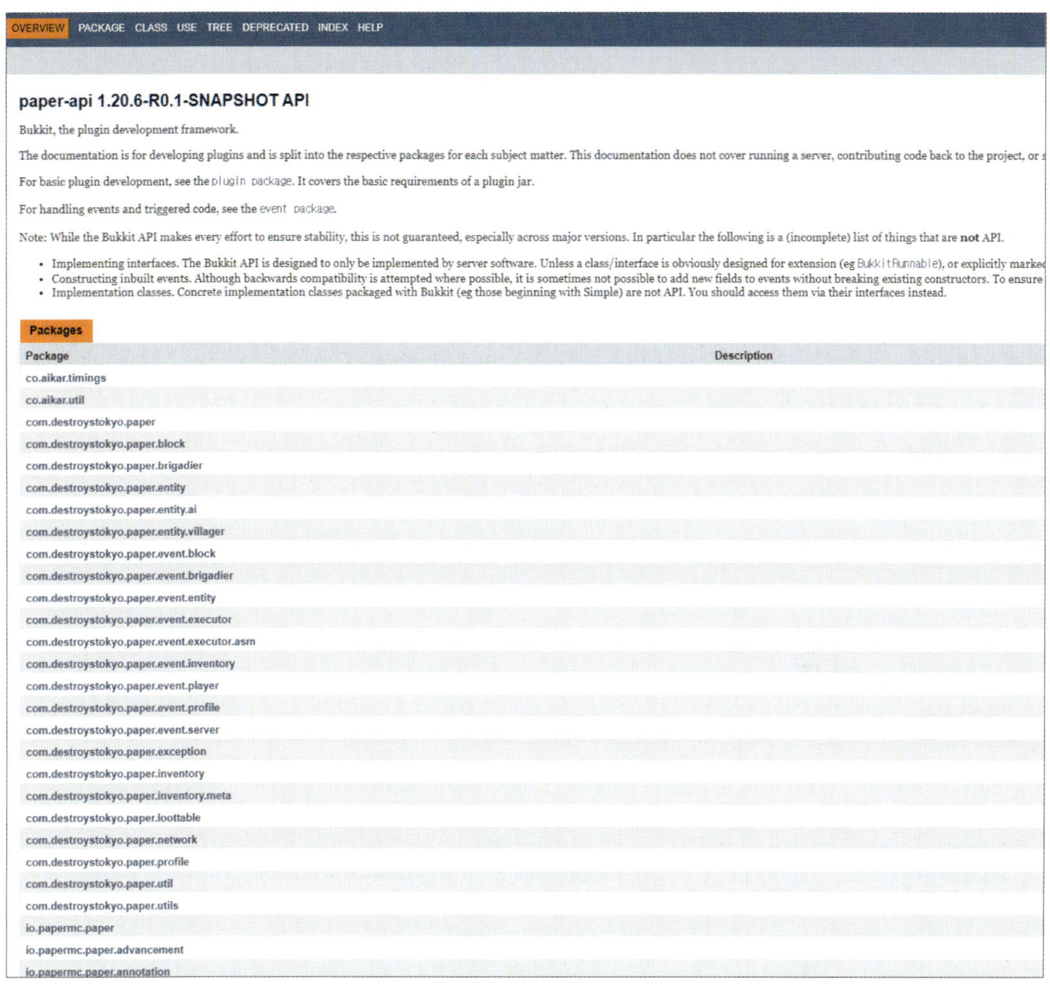

Paper Bukkit Java docs

Packages 밑에는 Paper와 Bukkit에서 제공하는 **패키지들**의 목록이 있습니다. 패키지란, 서로 비슷한 기능, 관련 있는 기능을 하는 클래스를 모아놓은 모음집입니다. 스크롤을 쭉 내려서 "org.bukkit.event"를 클릭하여 들어가 보겠습니다.

Package	Description
org.bukkit.configuration.serialization	Classes dedicated to being able to perform serialization specialized for the Bukkit configuration implem
org.bukkit.conversations	Classes dedicated to facilitate direct player-to-plugin communication.
org.bukkit.damage	Classes concerning damage types and sources applicable to living entities.
org.bukkit.enchantments	Classes relating to the specialized enhancements to item stacks, as part of the meta data.
org.bukkit.entity	Interfaces for non-voxel objects that can exist in a world, including all players, monsters, projectiles, etc.
org.bukkit.entity.memory	Classes concerning an entity's persistent memory.
org.bukkit.entity.minecart	Interfaces for various Minecart types.
org.bukkit.event	Classes dedicated to handling triggered code executions.
org.bukkit.event.block	Events relating to when a block is changed or interacts with the world
org.bukkit.event.command	
org.bukkit.event.enchantment	Events triggered from an enchantment table.
org.bukkit.event.entity	Events relating to entities, excluding some directly referencing some more specific entity types.
org.bukkit.event.hanging	Events relating to entities that hang.
org.bukkit.event.inventory	Events relating to inventory manipulation.
org.bukkit.event.player	Events relating to players.
org.bukkit.event.raid	Events related to raids.
org.bukkit.event.server	Events relating to programmatic state changes on the server.
org.bukkit.event.vehicle	Events relating to vehicular entities.

org.bukkit.event 클릭

Section 44

Package org.bukkit.event — 패키지 명

package org.bukkit.event

Classes dedicated to handling triggered code executions. — 패키지에 대한 설명

Related Packages

Package	Description
org.bukkit	The root package of the Bukkit API, contains generalized API classes.
org.bukkit.event.block	Events relating to when a block is changed or interacts with the world
org.bukkit.event.command	
org.bukkit.event.enchantment	Events triggered from an enchantment table.
org.bukkit.event.entity	Events relating to entities, excluding some directly referencing some more specific entity types.
org.bukkit.event.hanging	Events relating to entities that hang.
org.bukkit.event.inventory	Events relating to inventory manipulation.
org.bukkit.event.player	Events relating to players.
org.bukkit.event.raid	Events related to raids.
org.bukkit.event.server	Events relating to programmatic state changes on the server.
org.bukkit.event.vehicle	Events relating to vehicular entities.
org.bukkit.event.weather	Events relating to weather.
org.bukkit.event.world	Events triggered by various world states or changes.

상/하위 패키지

All Classes and Interfaces Interfaces Classes Enum Classes Exception Classes Annotation Interfaces

Class	Description
Cancellable	A type characterizing events that may be cancelled by a plugin or the server.
Event	Represents an event.
Event.Result	
EventException	
EventHandler	An annotation to mark methods as being event handler methods
EventPriority	Represents an event's priority in execution.
HandlerList	A list of event handlers, stored per-event.
Listener	Simple interface for tagging all EventListeners

해당 패키지에 포함된 클래스

org.bukkit.event

가장 먼저 보이는 것은 패키지 명입니다. **패키지 명**은 해당 패키지의 경로를 의미하며, "org.bukkit.event" 패키지는 "org.bukkit" 패키지에 포함되어있음을 의미합니다.

그 밑에는 패키지에 대한 간략한 설명과 이 패키지의 상/하위 패키지들이 표기되어 있습니다.

마지막으로 해당 패키지에 포함된 클래스가 표기되어 있습니다. 이 클래스가 바로 이 패키지를 import하게 되면 사용할 수 있게 되는 클래스의 목록입니다. 또한 각 클래스 옆에는 해당 클래스에 대한 설명이 붙어있는 모습을 확인할 수 있습니다.

그럼 이번에는 클래스를 클릭해서 들어가 보겠습니다. "org.bukkit.event" 안의 클래스 중에 Event 클래스를 클릭하여 들어가 보겠습니다.

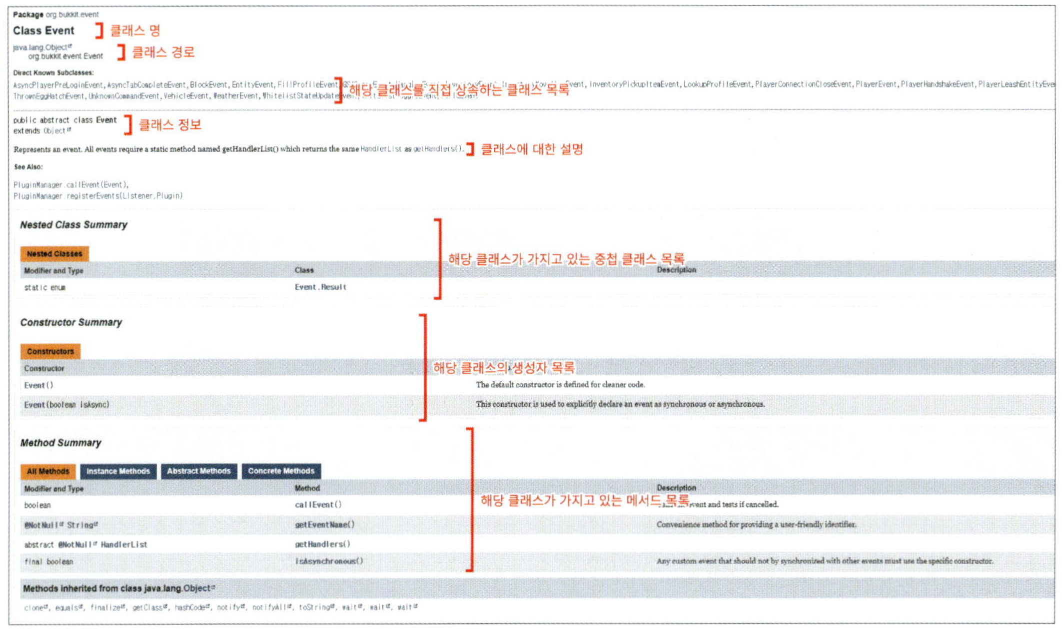

Event 클래스

클래스 명과 클래스 경로는 각각 해당 클래스의 이름과 해당 클래스가 포함된 패키지 이름을 말합니다.

그 밑에는 먼저 해당 클래스를 상속하는 다른 클래스의 목록이 나와 있습니다. 이후 클래스 정보와 해당 클래스에 대한 대략적인 설명을 볼 수 있습니다.

이후에 나와 있는 정보는 해당 클래스가 가지고 있는 **중첩 클래스**의 목록입니다. 중첩 클래스란, 클래스 내부에 선언된 또 다른 클래스를 의미합니다. 다음으로는 해당 클래스의 생성자 목록을 볼 수 있습니다. 마지막으로 해당 클래스에서 사용할 수 있는 메서드의 목록과, 그에 대한 간단한 설명을 볼 수 있습니다.

Bonus-2 Java docs를 활용하여 프로그래밍하기

이번에는 이 Java docs를 프로그래밍 과정에 적용해 보도록 합니다. 먼저 우리가 자주 쓰게 될 Player 클래스의 문서를 열어보겠습니다. 사이트 좌측 검색창에 "player"라고 검색한 후, 드롭 다운에서 "Classes and Interfaces" 〉 "org.bukkit.entity.Player"를 클릭하여 Player 클래스의 문서를 엽니다.

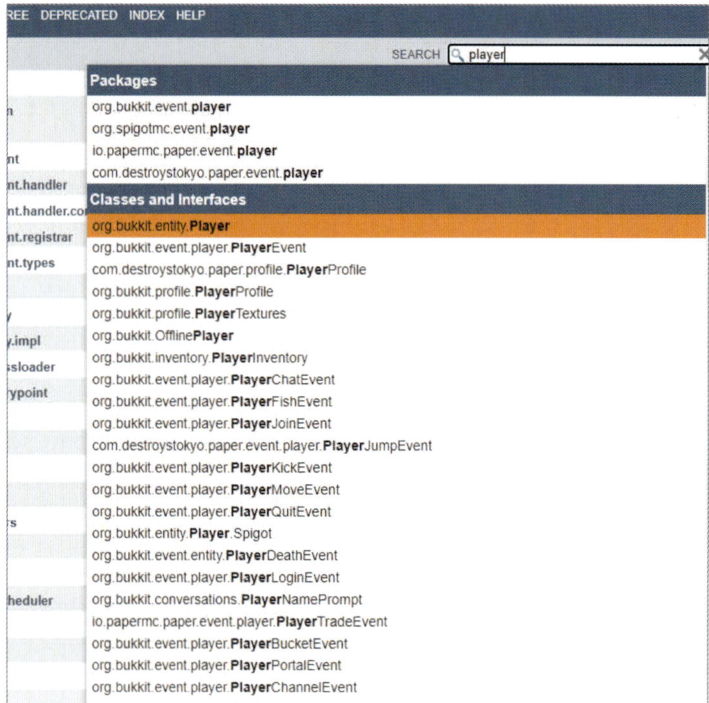

Java docs 검색

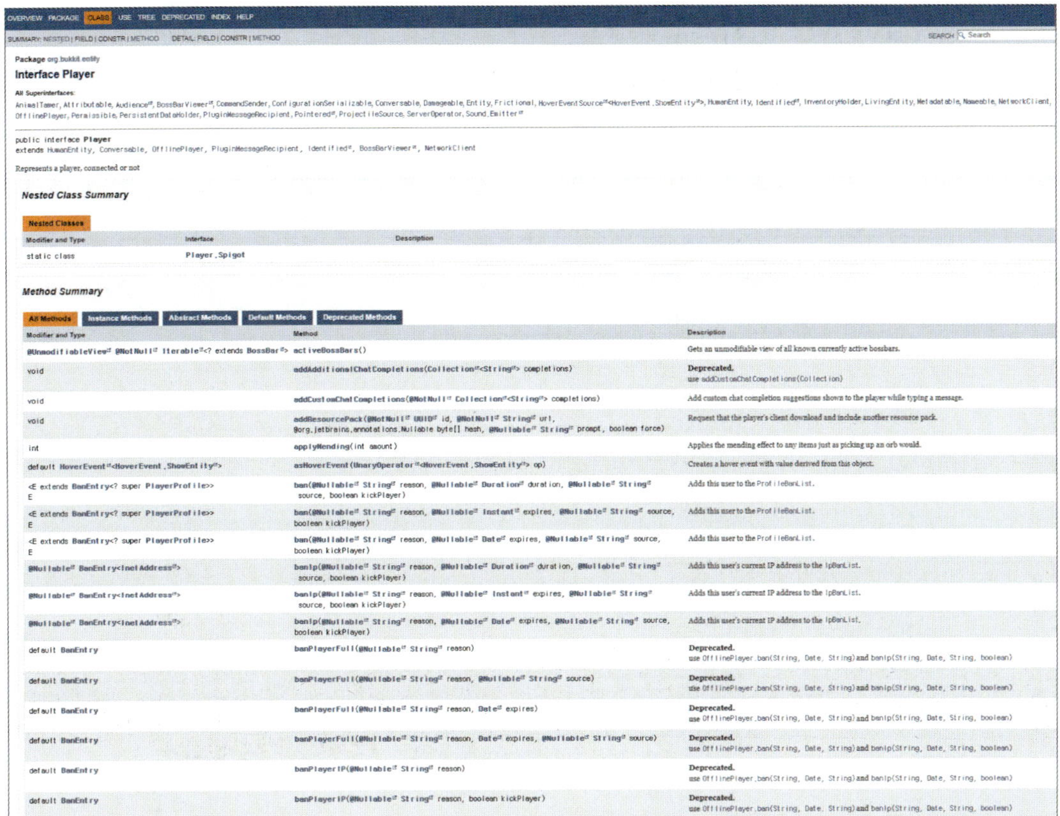

Player 클래스 docs

여러 가지 메서드의 목록을 확인할 수 있는데, 스크롤을 내려서 "playSound"라는 메서드를
찾아줍니다.

boolean	performCommand(@NotNull String command)	Makes the player perform the given command
void	playEffect(@NotNull Location loc, @NotNull Effect effect, int data)	**Deprecated.** Magic value
<T> void	playEffect(@NotNull Location loc, @NotNull Effect effect, T data)	Plays an effect to just this player.
@Nullable Component	playerListFooter()	Gets the currently displayed player list footer for this player.
@Nullable Component	playerListHeader()	Gets the currently displayed player list header for this player.
@NotNull Component	playerListName()	Gets the name that is shown on the in-game player list.
void	playerListName(@Nullable Component name)	Sets the name that is shown on the in-game player list.
void	playNote(@NotNull Location loc, byte instrument, byte note)	**Deprecated.** Magic value
void	playNote(@NotNull Location loc, @NotNull Instrument instrument, @NotNull Note note)	Play a note for the player at a location.
void	playSound(@NotNull Location location, @NotNull String sound, float volume, float pitch)	Play a sound for a player at the location.
void	playSound(@NotNull Location location, @NotNull String sound, @NotNull SoundCategory category, float volume, float pitch)	Play a sound for a player at the location.
void	playSound(@NotNull Location location, @NotNull String sound, @NotNull SoundCategory category, float volume, float pitch, long seed)	Play a sound for a player at the location.
void	playSound(@NotNull Location location, @NotNull Sound sound, float volume, float pitch)	Play a sound for a player at the location.
void	playSound(@NotNull Location location, @NotNull Sound sound, @NotNull SoundCategory category, float volume, float pitch)	Play a sound for a player at the location.
void	playSound(@NotNull Location location, @NotNull Sound sound, @NotNull SoundCategory category, float volume, float pitch, long seed)	Play a sound for a player at the location.
void	playSound(@NotNull Entity entity, @NotNull String sound, float volume, float pitch)	Play a sound for a player at the location of the entity.
void	playSound(@NotNull Entity entity, @NotNull String sound, @NotNull SoundCategory category, float volume, float pitch)	Play a sound for a player at the location of the entity.
void	playSound(@NotNull Entity entity, @NotNull String sound, @NotNull SoundCategory category, float volume, float pitch, long seed)	Play a sound for a player at the location of the entity.
void	playSound(@NotNull Entity entity, @NotNull Sound sound, float volume, float pitch)	Play a sound for a player at the location of the entity.
void	playSound(@NotNull Entity entity, @NotNull Sound sound, @NotNull SoundCategory category, float volume, float pitch)	Play a sound for a player at the location of the entity.
void	playSound(@NotNull Entity entity, @NotNull Sound sound, @NotNull SoundCategory category, float volume, float pitch, long seed)	Play a sound for a player at the location of the entity.
void	removeAdditionalChatCompletions(Collection<String> completions)	**Deprecated.** use addCustomChatCompletions(Collection)
void	removeCustomChatCompletions(@NotNull Collection<String> completions)	Remove custom chat completion suggestions shown to the player while typing a message.
void	removeResourcePack(@NotNull UUID id)	Request that the player's client remove a resource pack sent by the server.
void	removeResourcePacks()	Request that the player's client remove all loaded resource pack sent by the server.
void	resetCooldown()	Reset the cooldown counter to 0, effectively starting the cooldown period.
void	resetIdleDuration()	Resets this player's idle duration.

Player 클래스의 playSound 메서드

"playSound"라는 메서드가 한 개가 아니라 복수 존재함을 알 수 있습니다. 이처럼 같은 이름의 메서드는 매개변수에 따라 구별됩니다. 이처럼 비슷한 기능을 하는 메서드들을 하나의 이름으로 묶고 매개변수에 따라 구별하는 함수 작성 방법을 메서드 오버로딩이라고 합니다. 즉, 해당 "playSound"들은 해당 메서드의 여러 가지 사용 방법으로 이해하면 되겠습니다. 매개변수 옆에 붙은 @NotNull 어노테이션은 해당 매개변수로 Null 값을 넘길 수 없음을 의미합니다.

이제 메서드의 상세 설명을 확인해 보겠습니다. 메서드는 그림의 첫 번째 "playSound"를 사용하겠습니다. 그림의 첫 번째 메서드를 클릭하면 해당 메서드의 문단으로 이동합니다.

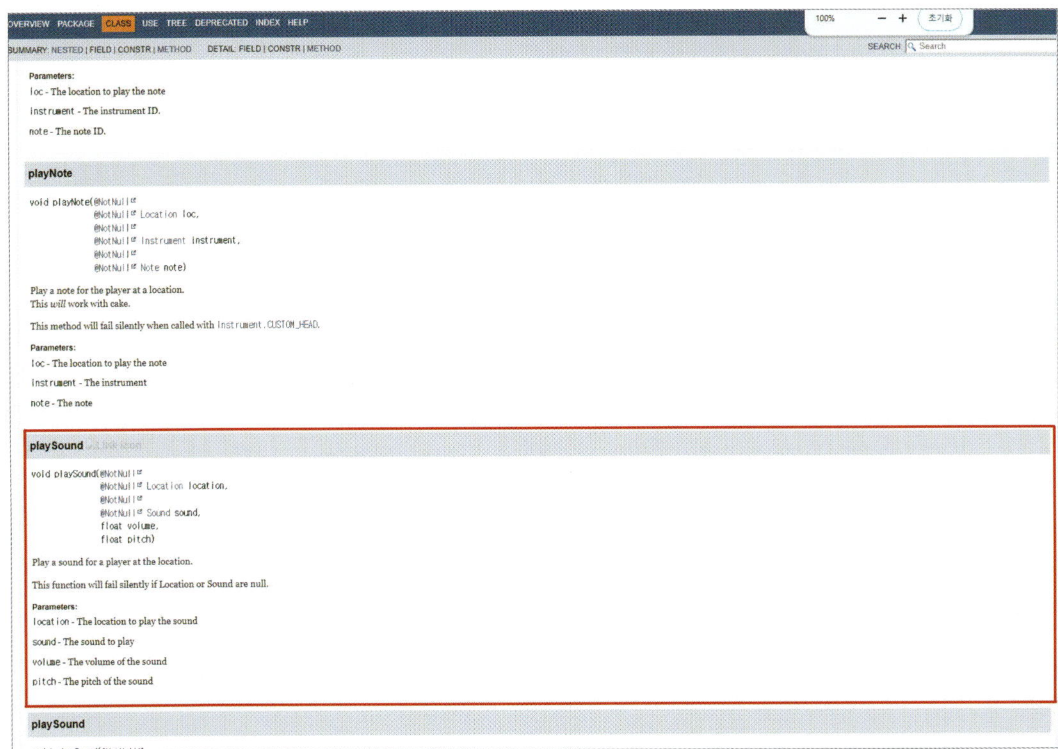

Parameters:

loc - The location to play the note

instrument - The instrument ID.

note - The note ID.

playNote

```
void playNote(@NotNull
              @NotNull Location loc,
              @NotNull
              @NotNull Instrument instrument,
              @NotNull
              @NotNull Note note)
```

Play a note for the player at a location.
This *will* work with cake.

This method will fail silently when called with Instrument.CUSTOM_HEAD.

Parameters:

loc - The location to play the note

instrument - The instrument

note - The note

playSound

```
void playSound(@NotNull
               @NotNull Location location,
               @NotNull
               @NotNull Sound sound,
               float volume,
               float pitch)
```

Play a sound for a player at the location.

This function will fail silently if Location or Sound are null.

Parameters:

location - The location to play the sound

sound - The sound to play

volume - The volume of the sound

pitch - The pitch of the sound

playSound

Player 문서의 playSound 문단

여기서는 해당 메서드의 상세 설명을 확인할 수 있습니다. 제일 먼저 메서드의 사용 방법이 적혀있고, 그 밑에는 메서드에 대한 상세 설명이 적혀있습니다. 마지막으로는 매개변수 각각에 대한 설명이 적혀있는 것을 확인할 수 있습니다.

이제 이를 바탕으로 우리 플러그인에 소리를 내는 기능을 추가해 보겠습니다. Cmds.java 파일을 열어 다음과 같이 작성합니다.

```java
public class Cmds implements CommandExecutor {

  @Override
  public boolean onCommand(@NotNull CommandSender sender, @NotNull Command command, @NotNull String label, @NotNull String[] args) {
    sender.sendMessage("Hello World!");
    if(sender instanceof Player){
      Player player = (Player) sender;


      if(args[0].equalsIgnoreCase("confirm")){
        player.sendMessage(player.getLocation().toString());
      }
❶    if(args[0].equalsIgnoreCase("playsound")){
❷      player.playSound(player.getLocation(), Sound.ENTITY_ZOMBIE_DEATH, 1.0f, 1.0f);
      }
    }
    return false;
  }
}
```

Cmds.java

❶ 해당 if문은 앞서 제작한 것과 같이 커맨드의 첫 번째 args가 "playsound"일 경우 블록을 실행시키는 코드입니다.

❷ player.playSound 메서드는 player라는 플레이어에게 소리를 재생하게 합니다. 첫 번째 매개변수는 소리가 재생될 위치이므로, 플레이어의 위치를 넣어서 플레이어의 위치에서 소리가 나도록 합니다. 이후 sound 매개변수를 설정합니다. 해당 인자는 소리의 종류를 설정하는 것으로, "org.bukkit.Sound" 열거형을 받습니다. 이 역시 Java docs에서 확인할 수 있습니다.

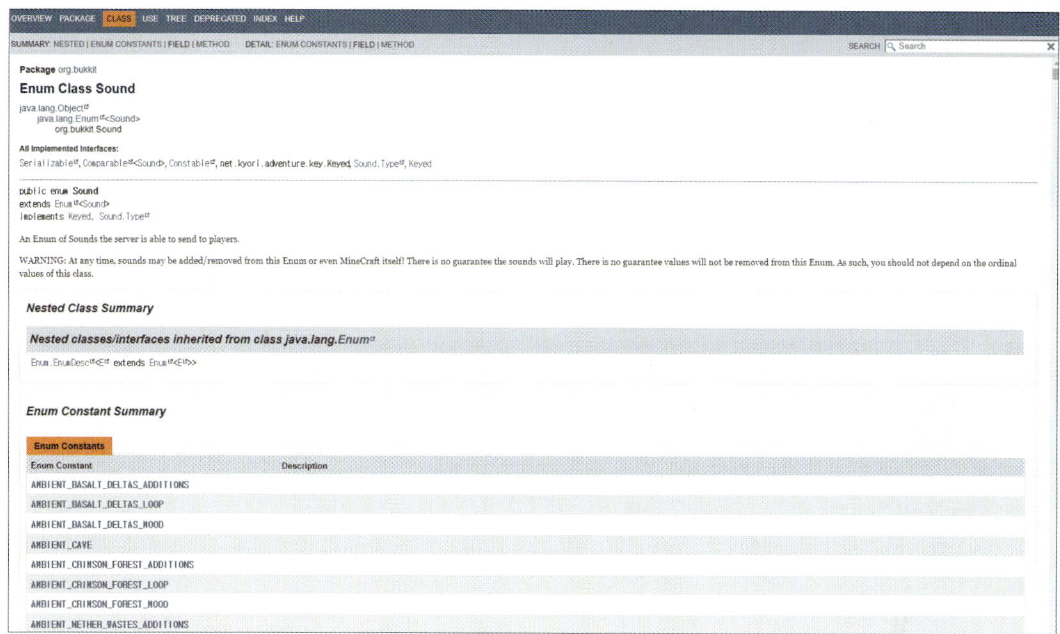

Sound 열거형 클래스의 Java docs

이번 예제에서는 ENTITY_ZOMBIE_DEATH 값을 통해 좀비가 죽을 때 나는 소리를 재생하겠습니다.

마지막 두 매개변수는 각각 소리의 크기인 volume 값과 소리의 높이인 pitch 값을 설정합니다. 둘 다 1.0으로 설정해 표준으로 맞춰주겠습니다.

이를 컴파일하고 서버에 넣어보면 명령어 입력 시 소리가 나는 것을 확인할 수 있습니다.

작동 화면

커스텀 이벤트

학습목표

- 인터페이스의 개념에 대해 이해한다.
- 자바에서 extends와 implements의 개념을 이해한다.
- 커스텀 이벤트를 제작하고, 코드를 알기 쉽게 유지한다.

이번에는 자바에서 제공하는 기능 중 하나인 인터페이스에 대해서 배워보고, 이를 구현하는 implements 키워드를 공부해 볼 겁니다. 또한 extends와 implements는 어떤 차이가 있는지 실제로 Events 클래스를 상속받으면서 Cancellable 인터페이스를 구현하는 우리만의 커스텀 이벤트를 제작하면서 추가로 학습해 볼 겁니다. 그리고 이 인터페이스와 클래스의 상속을 사용하면 어떤 이점이 있는지도 함께 학습합니다. 종합 콘텐츠 제작을 위한 마지막 단계이니만큼, 여러분도 집중해서 따라와 주세요.

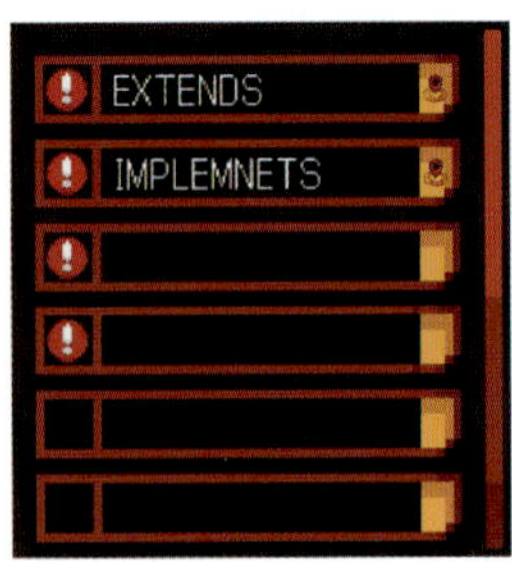

　　인터페이스란 어떠한 클래스를 제작할 때 정해놓은 규격을 의미합니다. 이해를 돕기 위해 예를 들어 보겠습니다. A와 B라는 두 프로그래머가 "계산기를 사용해서 사칙연산을 계산하는 프로그램"을 만드는 프로젝트에서 작업을 한다고 가정하겠습니다. 여기서 A는 계산기 클래스를 만드는 역할을, B는 이 계산기를 통해 두 수의 연산작업을 하는 부분을 나눠서 작업하기로 했습니다. 이때 작업한 코드는 다음과 같습니다.

```
public class Calculator {
private int a, b;

  public Calculator(int a, int b){
    this.a = a;
    this.b = b;
}

  public int Add(){
    return a + b;
}

  public int Subtract(){
    return a - b;
}

  public int Multifly(){
    return a * b;
}

  public float Devide(){
    return (float)a / b;
  }
}
```

A가 작업한 Caculator 클래스

```java
public void func2() {
  int a = 3;
  int b = 6;

  Calculator calculator = new Calculator();
  System.out.println(calculator.Add(a, b));
  System.out.println(calculator.Subtract(a, b));
  System.out.println(calculator.Multifly(a, b));
  System.out.println(calculator.Devide(a, b));
}
```

B가 작업한 func2 메서드

코드에서 무엇이 잘못되었는지 알겠나요? A는 두 정수의 입력을 먼저 생성자에서 받고, 이후 사칙연산을 각 메서드에서 실행하는 방식으로 작업을 했다면, B는 각 메서드에서 인수로 두 정수를 받는 방식을 상정하고 작업했습니다. 즉, 두 사람 간의 소통 잘 이루어지지 않아 최종적으로 산출된 코드가 작동하지도 않는 에러투성이의 코드가 된 것입니다.

그럼 이를 방지하기 위해 서로 사전에 약속해 주면 좋겠죠? 클래스는 어떻게 구성되고 메서드들은 어떻게 작동하는지를 미리 정해놓는 겁니다. 이런 경우에 인터페이스를 사용해 이 규격을 정할 수 있습니다. 아래 코드는 B가 A에게 구현을 요청한 "사칙연산" 인터페이스입니다.

```java
public interface FourBasicOperator {
    // 덧셈 구현
    public int Add(int a, int b);

    // 뺄셈 구현
    public int Subtract(int a, int b);

    // 곱셈 구현
    public int Multifly(int a, int b);

    // 나눗셈 구현
    public float Devide(int a, int b);
}
```

B가 작성한 인터페이스 FourBasicOperator

이를 본 A는 이 인터페이스를 implements해서 다음과 같은 Calculator 클래스를 구현했습니다.

```java
public class Calculator implements FourBasicOperator {

    @Override
    public int Add(int a, int b) {
        return a + b;
    }

    @Override
    public int Subtract(int a, int b) {
        return a - b;
    }

    @Override
    public int Multifly(int a, int b) {
        return a * b;
    }

    @Override
    public float Devide(int a, int b) {
        return (float) a / b;
    }
}
```

A가 다시 구현한 Calculator 클래스

이제 A가 구현한 Calculator 클래스는 B가 쓴 코드와도 호환이 되는 코드로 바뀌었습니다.

이처럼 인터페이스는 어떤 클래스를 구현할 때 일정한 규격이 되어, 작업자들 간의 협업을 돕거나, 혹은 제작한 라이브러리를 사용하는 사람에게 기능 구현에 있어 일종의 가이드라인을 제시하는 데에 사용됩니다.

인터페이스를 구현하기 위해서 **implements** 키워드가 사용됩니다. 이 implements는 어떤 인터페이스를 이 클래스에서 구현하겠다는 뜻입니다. 해당 인터페이스를 받아서 하위 메서드를 구현한다는 점에서 extends 키워드를 통한 클래스의 상속과 비슷한 느낌이 들죠? 실제로 A라는 인터페이스를 구현한 B라는 클래스는 인터페이스 A의 인스턴스로도 취급할 수 있습니다.

```java
public interface B {
}

public class A implements B {
}

public void func2() {
    A a = new A();
    System.out.println(a instanceof B);   // True 출력
    B b = new A();   // B타입 변수로 A를 인스턴스화 할 수 있다.
}
```

인터페이스 객체

여기까지는 클래스의 상속과 비슷합니다만, 인터페이스 implements에는 extends를 통한 상속과는 차별화되는 가장 큰 특징이 있습니다. Java에서 extends를 통한 클래스 상속의 경우 반드시 하나의 클래스만 상속할 수 있습니다. 이는 다중상속을 허용할 경우 발생하는 메서드의 충돌 때문입니다. 다음 그림을 보고 설명하겠습니다.

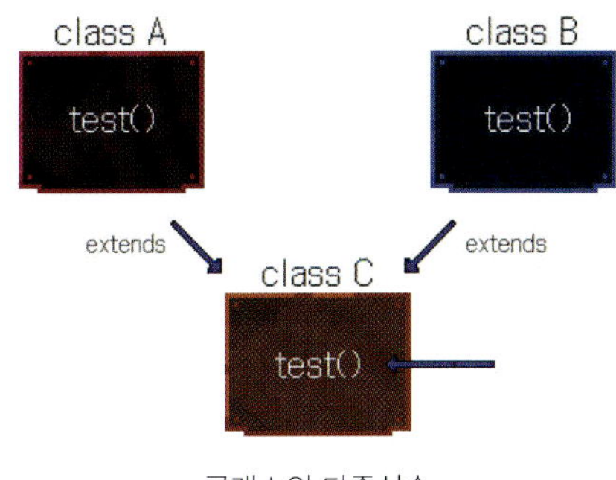

클래스의 다중상속

그림과 같이 A라는 클래스와 B라는 클래스를 C라는 클래스에 상속하려고 합니다. 여기서 A와 B 모두 test라는 메서드를 갖고 있습니다. 문제는 이 두 클래스를 상속했을 때, 클래스 C가 가지는 test라는 메서드는 과연 A와 B 어느쪽의 메서드를 가질까요? A의 test를 가진다고 하기에도, B의 test를 가진다고 하기에도 굉장히 애매한 상황임을 알 수 있습니다. 같은 이름을 가지는 메서드를 애초부터 작성하지 않으면 괜찮겠지만, Java는 객체지향이고, 프로젝트의 코드는 다른 사람이 만들어 놓은 다양한 라이브러리를 활용하여 진행될 것입니다. 당장에 저희만 봐도, Bukkit이라는 라이브러리를 사용하여 플러그인을 제작하고 있습니다. 따라서 Java의 제작사 Oracle에서는 클래스의 다중상속을 처음부터 지원하지 않게 만들었습니다. 그리고 인터페이스를 통해 이러한 다중상속을 구현하도록 했습니다.

인터페이스는 위와 같은 문제를 발생시키지 않고, 두 가지 이상의 인터페이스를 implements 할 수 있습니다. 아래 그림을 보면서 설명을 이어가겠습니다.

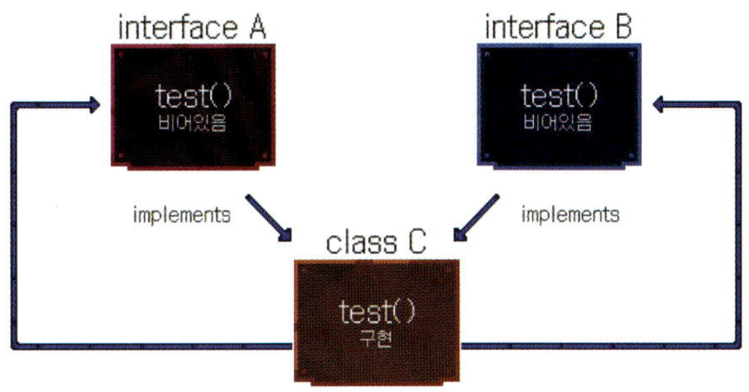

인터페이스의 다중구현

인터페이스의 메서드는 기본적으로 비어있습니다. 따라서 클래스 C에서 test 메서드를 구현하게 되면 두 인터페이스의 test 메서드는 완전히 동일한 기능을 하겠죠? 따라서 인터페이스는 두 개 이상을 implements해도 문제없이 기능합니다. A의 test이든 B의 test이든 실행하는 코드는 같기 때문입니다.

실제로 두 개의 인터페이스를 implements한 예제 코드는 다음과 같습니다. 두 개의 인터페이스에 정의된 test라는 메서드를 클래스 C에서 한 번만 구현해 주는걸 볼 수 있습니다.

```java
interface A {
    void test();
}
interface B {
    void test();
}
class C implements A, B {
    @Override
    public void test() {
        System.out.println("Implemented A and B");
    }
}
```

인터페이스의 이중구현

 커스텀 이벤트

이제 우리는 앞서 배운 개념을 토대로 Event 클래스를 상속받고 Cancelable 인터페이스를 구현하는 우리만의 커스텀 이벤트를 제작하겠습니다. 이렇게 이벤트를 세분화하여 등록해 주게 되면 코드를 훨씬 간단하게 유지할 수 있습니다. 또한 개인, 혹은 배포용 라이브러리를 제작하는 경우에도 유용하게 사용할 수 있죠.

이번 장에서 만들어볼 커스텀 이벤트는 이전 장에서 만들었던 mainGUI를 클릭할 경우 그 정보를 담고 호출되는 이벤트입니다. 또한 이 이벤트를 사용하여 기존 코드를 수정하여 어떤 차이점이 있는지 알아보겠습니다.

먼저 이벤트로 사용할 클래스를 하나 만들어 줍니다. 이름은 MainGUIEvent로 하겠습니다.

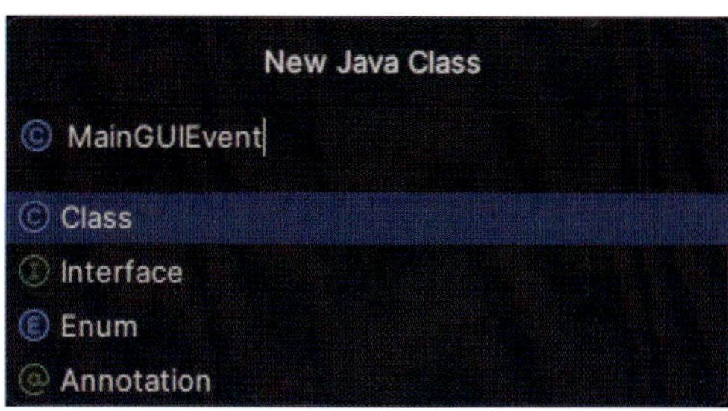

MainGUIEvent클래스 생성

이후 다음과 같이 작성해 줍니다.

```java
enum ClickItem {
    IRON,
    DIAMOND,
    GOLD
}

class MainGUIEvent extends Event implements Cancellable {
    private static HandlerList handlers = new HandlerList();
    private Player player;
    private ClickItem item;
    private InventoryClickEvent event;

    public MainGUIEvent(Player player, ClickItem item, InventoryClickEvent event) {
        this.player = player;
        this.item = item;
        this.event = event;
    }

    public ClickItem getClickItem() { return item; }
    public Player getWhoClick() { return player; }
    @Override
```

```java
    public HandlerList getHandlers() { return handlers; }
}
```

MainGUIEvent.java

"player"는 MainGUI를 클릭한 플레이어를 저장할 변수입니다. "item"은 클릭한 아이템을 나타낼 변수인데 새 enum을 따로 작성해 주었습니다. 이후 이 이벤트를 호출한 InventoryClickEvent를 담을 "event" 변수도 선언해 줍니다. 또한 생성자를 생성해 주고, "getClickItem" 메서드와 "getWhoClick" 메서드를 통하여 각 변수에 접근할 수 있도록 해 주겠습니다.

이후 밑에 있는 "setCancelled"이라는 메서드를 살펴보겠습니다. 이는 우리가 앞서 사용했던, 이벤트를 취소할 때 사용하는 메서드입니다. 이는 Cancellable 인터페이스에서 구현하는 메서드로, 우리는 이 이벤트를 호출한 InventoryClickEvent를 취소하는 것으로 구현할 겁니다. "isCancelled"이 이벤트가 취소되었는지를 반환하는 메서드이며, 이 역시 Cancellable 인터페이스에서 구현하는 메서드입니다. 하지만 여기선 따로 구현하거나 하진 않을 겁니다. getHandlers는 추상 클래스 Events에서 구현해야 하는 메서드이지만 깊게 다루진 않을 테니 static으로 빈 HandlerList를 생성해 리턴해 주는 것으로 구현하겠습니다. 같은 방식으로 getHandlerList라는 static 메서드도 구현해 줍니다. getHandlerList 메서드가 없으면 버킷에서 오류를 뱉으니 반드시 추가해 주어야 합니다.

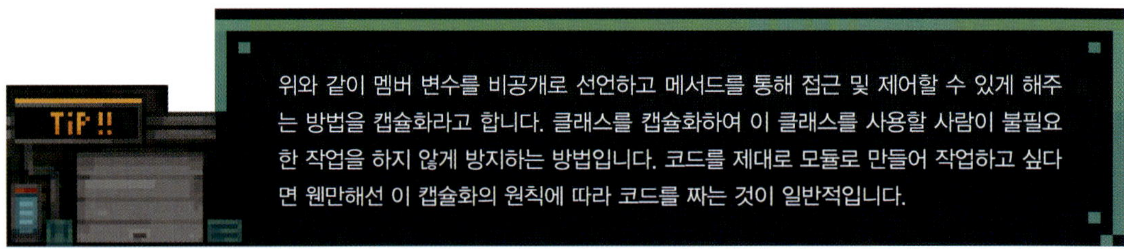

이벤트 호출

이제 이 클래스를 호출해 주어야 합니다. 이를 위한 RegisterCustomEvents 클래스를 따로 만들어 이벤트를 등록해 주도록 하겠습니다. RegisterCustomEvents 클래스를 생성하고 다음과 같이 작성해 줍니다.

```java
class RegisterCustomEvents implements Listener {

    @EventHandler
    void onInventoryClick(InventoryClickEvent e) {
        Player player = (Player) e.getWhoClicked();
        ClickItem item = ClickItem.IRON;

        if(e.getCurrentItem() != null) {
            switch(e.getCurrentItem().getType()) {
                case IRON_INGOT:
                    item = ClickItem.IRON;
                    break;
                case DIAMOND:
                    item = ClickItem.DIAMOND;
                    break;
                case GOLD_INGOT:
                    item = ClickItem.GOLD;
                    break;
            }
        }

        if(e.getInventory() == LearnPluginCh01_02.instance.mainGUI) {
            MainGUIEvent event = new MainGUIEvent(player, item, e);
            Bukkit.getPluginManager().callEvent(event);
        }
    }
}
```

RegisterCustomEvents.java

우리가 만든 MainGUIEvent는 InventoryClickEvent에 클릭한 인벤토리가 "mainGUI"일 때 호출할 겁니다. "player" 변수는 클릭한 플레이어를 InventoryClickEvent로부터 얻어와서 Main-GUIEvent에 넘겨줄 값이고, "item" 변수는 클릭한 아이템에 따라서 다른 ClickItem enum값을 MainGUIEvent에 넘겨줄 값입니다. 마지막으로 클릭한 인벤토리가 mainGUI일 때 Main-GUIEvent 객체를 생성하여, Bukkit.getPluginManager().callEvent 메서드를 통해 이벤트를 호출해 줍니다.

이후 Events 클래스를 MainGUIEvent를 사용하도록 수정해 줄 겁니다. Events.java로 가서 OnPlayerClickedInventory 함수를 지워주고 그 자리에 다음과 같이 작성해 줍니다.

```java
@EventHandler
void OnPlayerClickedMainGUI(MainGUIEvent e) {
    e.setCancelled(true);
    Player player = e.getWhoClick();

    switch (e.getClickItem()) {
        case IRON:
            player.getInventory().addItem(new ItemStack(Material.IRON_INGOT, 1));
            break;
        case DIAMOND:
            player.getInventory().addItem(new ItemStack(Material.DIAMOND, 1));
            break;
        case GOLD:
            player.getInventory().addItem(new ItemStack(Material.GOLD_INGOT, 1));
            break;
        default:
            break;
    }
}
```

Events.java

코드가 하는 역할은 바뀌지 않았지만, 기존 코드와 비교해 훨씬 알아보기 쉽고 간략해졌습니다. 이는 이벤트가 하는 역할이 하나일 땐 크게 두드러지지 않지만 여러 가지 기능을 구현해야 한다면 이런 커스텀 이벤트를 통한 코드 정리는 개발 속도와 코드의 가독성에 크게 영향을 미친답니다.

이제 아래와 같이 추가한 RegisterCustomEvents 클래스를 메인 클래스에서 이벤트로 등록해 주면 끝납니다.

```java
@Override
public void onEnable() {
    // Plugin startup logic
    getLogger().info("Plugin Enable!");
    getServer().getPluginManager().registerEvents(new Events(), plugin: this);
    getServer().getPluginCommand("test").setExecutor(new Cmds());
    getServer().getPluginManager().registerEvents(new RegisterCustomEvents(), plugin: this);
}
// 이하 생략
```

메인 클래스

빌드 이후 플러그인을 적용하고 "/test showgui" 명령어를 입력하여 확인해 보면 이전과 같이 동작하는 것을 알 수 있습니다.

해보기 : Escape Map

앞서 배운 것을 활용하여 플러그인과 연계하는 탈출맵을 만들어 보겠습니다. 탈출맵은 3개의 스테이지로 구성되어 있으며, 각 스테이지에 입장하면 플레이어에게 특수한 효과가 부여되고, 여러 가지 기믹이 작동되는 형태로 제작할 겁니다. 프로젝트 전 마지막 실습이니만큼 집중해서 만들어 보세요.

먼저 새 프로젝트를 만들겠습니다. 이름은 "EscapeMap"으로 하겠습니다.

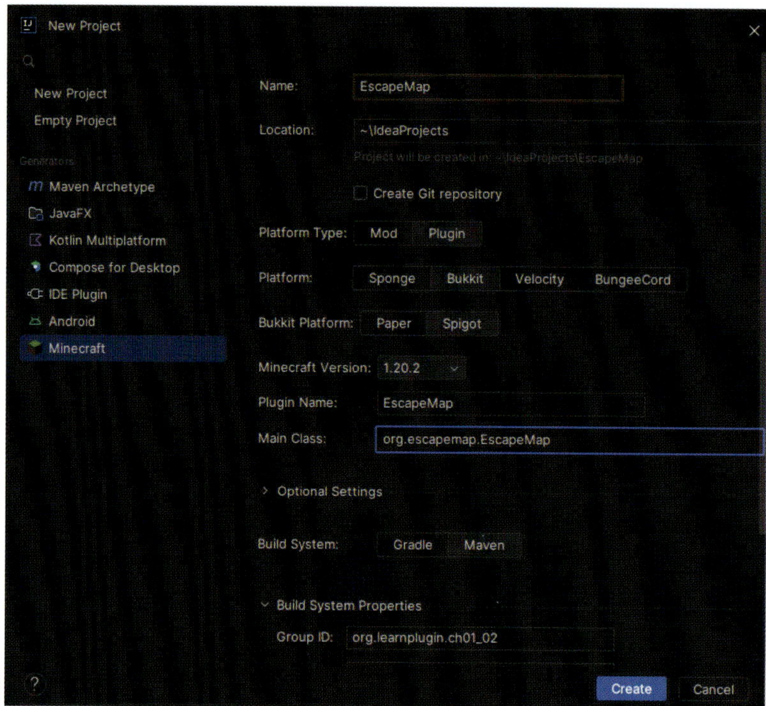

프로젝트 생성

프로젝트 생성이 끝났으면 먼저 스테이지의 정보를 담을 클래스 "Stage"를 생성해 줍니다. 그 후 다음과 같이 작성합니다.

```java
public class Stage {
    String name;
    Location sp;
    Location ep;
    boolean passed;

    public Stage(String name, Location sp, Location ep) {
        this.name = name;
        this.sp = new Location(sp.getWorld(), Math.min(sp.getX(), ep.getX()), Math.min(sp.getY(),
ep.getY()), Math.min(sp.getZ(), ep.getZ()));
        this.ep = new Location(sp.getWorld(), Math.max(sp.getX(), ep.getX()), Math.max(sp.getY(),
ep.getY()), Math.max(sp.getZ(), ep.getZ()));
    }
```

```java
    public boolean isInner(Location p) {
        if (sp.getX() <= p.getX() && p.getX() <= ep.getX()
            && sp.getY() <= p.getY() && p.getY() <= ep.getY()
            && sp.getZ() <= p.getZ() && p.getZ() <= ep.getZ()) {
            return true;
        } else return false;
    }

    public String getName() {
        return name;
    }

    public boolean isPassed() {
        return passed;
    }

    public void setPassed(boolean p_bool) {
        passed = p_bool;
    }
}
```

Stage.java

“name”은 이 스테이지의 이름을 담을 변수이고, “sp”, “ep”는 각각 이 스테이지 영역의 시작점과 끝점을 담을 Location 형태의 변수입니다. “passed” 변수는 플레이어에 의해 이 스테이지가 격파되었는가를 담을 겁니다. 만약 격파되지 않았다면 플레이어는 이 스테이지의 영역을 벗어날 수 없게 만듭니다.

이제 생성자를 정의해줄 겁니다. 여기서 sp와 ep의 초기화 구문이 특이한데, 입력으로 들어온 “sp”와 “ep” Location의 X, Y, Z값을 각각 비교해 작은 쪽을 뽑아서 sp에, 큰 쪽을 뽑아서 ep에 새로운 Location을 만들어 저장하는 방식을 사용할 겁니다. 이렇게 하면 나중에 특정 좌표가 이 영역의 안쪽에 있는지 확인하기도 편하고, 영역을 설정하는 플레이어의 어떤 입력에도 대응할 수 있다는 장점이 있습니다.

“isInner” 메서드는 Location 파라미터를 입력으로 받아 해당 Location이 이 Stage 영역 내의 Location인지 판별해 주는 메서드입니다.

이후 각 비공개 변수에 대해 참조, 수정 공용 메서드 "getName", "isPassed", "setPassed"를 선언하여 코드를 캡슐화해 줍니다.

다음으로는 이 Stage들을 관리할 클래스 "StageManager"을 생성해 줄 겁니다. 클래스를 생성하고 다음과 같이 작성합니다.

```java
public class StageManager {
    public static StageManager instance;

    HashMap<String, Stage> stages = new HashMap<>();

    public StageManager() {
        instance = this;
    }

    public boolean addStage(Stage stage) {
        if (stages.containsKey(stage.name)) {
            return false;
        } else {
            stages.put(stage.name, stage);
            return true;
        }
    }

    public Stage getStage(String name) {
        return stages.get(name);
    }

    public Stage getStage(Location loc) {
        Stage result = null;
        for (Stage s : stages.values()) {
            if (s.isInner(loc)) {
                result = s;
                break;
            }
        }
```

```
        return result;
    }
}
```

StageManager.java

먼저 메인 클래스에나 작성했었던 instance 변수를 통한 싱글톤 패턴이 보이죠? 이 StageManager 역시 이 플러그인에서 딱 하나의 객체만 생성할 것이기 때문에 싱글톤 패턴으로 처리하여 접근하기 편하게 만들겠습니다. 이후 "stages"라는 이름의 HashMap이 보입니다. 이 Map은 저희가 만드는 Stage를 저장할 변수입니다. 이름을 통해 Stage 객체에 접근할 수 있도록 "String-Stage" 형태로 선언해 주었습니다. 이후 생성자에서는 간단하게 싱글톤 객체를 생성하고 "instance"를 초기화하는 코드를 작성해 둡니다.

"addStage" 메서드는 "stages" HashMap에 Key-Value 쌍을 추가하는 메서드입니다. Stage 객체를 입력으로 받아 해당 Stage의 이름을 key 값으로 해서 Key-Value 쌍을 추가하도록 만들어줍니다. 만약 이미 해당 Stage의 이름을 가진 Key-Value 값이 있다면 false를 리턴하여 Stage 등록이 거부되었다는 것을 알려주겠습니다.

"getStage" 메서드는 두 개가 선언되어 있습니다. 하나는 문자열을 입력으로 받아 해당하는 이름을 가진 Stage를 "stages"에서 반환하는 메서드이고, 또 하나는 Location을 입력으로 받아 해당 위치에 대응하는 Stage를 "stages"에서 찾아 반환하는 메서드입니다. 만약 Location에 해당하는 Stage를 찾지 못했다면 null 값을 반환합니다.

이제는 이 스테이지에 입장했을 때 호출할 PlayerEnterStageEvent라는 Cancellable 이벤트 클래스를 작성해 봅니다. PlayerEnterStageEvent라는 클래스를 만들어주고 다음과 같이 작성해 줍니다.

```java
public class PlayerEnterStageEvent extends Event implements Cancellable {
    public static HandlerList handlers = new HandlerList();


    Player player;
    Stage to;
    Stage from;
    public Cancellable event;


    public PlayerEnterStageEvent(Player player, Stage to, Stage from, Cancellable cancellable)
    {
      this.player = player;
      this.to = to;
      this.from = from;
      this.event = cancellable;
    }


    @Override
    public boolean  isCancelled() { return event.isCancelled(); }


    @Override
    public void setCancelled(boolean b) { event.setCancelled(b); }


    @Override
    public HandlerList getHandlers() { return handlers; }
    public static HandlerList getHandlerList() { return handlers; }
    public Player getPlayer() { return player; }
    public Stage getTo() { return to; }
    public Stage getFrom() { return from; }
}
```

PlayerEnterStageEvent.java

이번에는 어떤 이벤트에서도 호출할 수 있게 호출한 이벤트를 Cancellable로 받았습니다. 또한 "player"는 이 이벤트를 호출한 플레이어, "from"과 "to" 플레이어가 입장한 Stage와 나간 Stage를 저장할 변수입니다. isCancelled와 setCancelled는 각각 호출한 이벤트의 것을 따라주고, getHandlers 메서드와 getHandlerList 메서드도 구현하여 Cancellable Event 클래스의 작성을 완료해 줍니다. 다음으로는 "getPlayer" 메서드와 "getTo", "getFrom" 메서드를 각각 구현하여 클래스의 캡슐화도 완료해 줍시다.

이 다음으로는 RegisterCustomEvent 클래스를 통해 우리가 만든 PlayerEnterStageEvent를 등록해 줍니다. RegisterCustomEvent 클래스를 제작하고 다음과 같이 작성해 줍시다.

```java
public class RegisterCustomEvents implements Listener {

    @EventHandler
    void onPlayerMove(PlayerMoveEvent e) {
        Location sp = e.getFrom();
        Location ep = e.getTo();
        Player player = e.getPlayer();
        StageManager stageManager = StageManager.instance;

        if (stageManager.getStage(sp) != stageManager.getStage(ep)) {
            PlayerEnterStageEvent event = new PlayerEnterStageEvent(player, stageManager.getStage(ep), stageManager.getStage(sp), e);
            Bukkit.getPluginManager().callEvent(event);
        }
    }
}
```

RegisterCustomEvent.java

이벤트 등록은 "PlayerMoveEvent"를 통해서 해 줄 겁니다. "PlayerMoveEvent"는 플레이어가 움직였을 때 호출되는 이벤트로 플레이어가 이동하는 것에는 물론 플레이어의 시선이 움직인 경우에도 호출된답니다. "getFrom" 메서드는 플레이어가 움직이기 전의 Location을, "getTo" 메서드는 플레이어가 움직이고 난 후의 Location을 가져옵니다. 이후 StatusManager의 싱글톤 인스턴스를 가져와 stageManager라는 변수에 저장하여 조금 더 접근하기 쉽도록 바꿔줍니다.

이후 조건문을 보겠습니다. 조건문은 "움직이기 전의 좌표에서의 Stage와 움직이고 난 후의 좌표에서의 Stage가 다를 때"를 조건으로 사용하고 있습니다. 즉, 플레이어의 Stage가 이동했으면 PlayerEnterStageEvent를 호출하도록 코드를 작성했습니다.

이후 이때까지 했던 대로 Events 클래스를 작성하여 기능들을 작성해 주겠습니다.

```java
public class Events implements Listener {
    @EventHandler
    void onPlayerEnterStage(PlayerEnterStageEvent e) {
        if (e.getFrom() == null || e.getFrom().isPassed()) {
            e.getPlayer().sendMessage(s: e.getTo().getName() + "에 입장하셨습니다.");
        }
        else {
            e.setCancelled(true);
        }
    }


    @EventHandler
    void onPlayerInteract(PlayerInteractEvent e) {
        Block block = e.getClickedBlock();
        Player player = e.getPlayer();
        ItemStack item = player.getInventory().getItemInMainHand();
        Action action = e.getAction();

        if (item.getType().equals(Material.BLAZE_ROD)) {
            e.setCancelled(true);

            if (action.equals(Action.RIGHT_CLICK_BLOCK)) {
                EscapeMap.instance.ep = block.getLocation();
                player.sendMessage(s: "두 번째 좌표가 설정되었습니다.");
            }
            else if (action.equals(Action.LEFT_CLICK_BLOCK)) {
                EscapeMap.instance.sp = block.getLocation();
                player.sendMessage(s: "첫 번째 좌표가 설정되었습니다.");
            }
        }
```

```
    }
}
```

Events.java

먼저 onPlayerEnterStage를 보겠습니다. 이벤트로는 우리가 방금 제작한 PlayerEnter-StageEvent를 사용하고 있습니다. 여기서는 보기를 위해 입장한 스테이지의 이름을 플레이어에게 메시지로 출력하는 코드를 작성했습니다. 또한 현재 스테이지가 통과되지 않은 경우 setCancelled 메서드를 통해 플레이어가 스테이지에서 탈출하는 것을 방지했습니다.

이후 onPlayerInteract에서는 PlayerInteractEvent를 사용하고 있고, 앞서 다뤘던 적이 있는 영역을 선택하는 기능을 하는 코드를 짜놓았습니다. 플레이어는 블레이즈 막대를 들고 좌클릭으로 sp를, 우클릭으로 ep를 지정할 수 있습니다. 이 sp와 ep는 커맨드를 통해 시점과 종점이 되어 스테이지를 정의합니다.

이제 스테이지를 선언하여 StageManager에 등록할 커맨드를 작성할 겁니다. Cmds 클래스를 제작하고 다음과 같이 작성합니다.

```java
public class Cmds implements CommandExecutor {

    @Override
    public boolean onCommand(CommandSender commandSender, Command command, String s, String
[] strings) {
        if (commandSender instanceof Player) {
            Player player = (Player) commandSender;

            if (strings[0].equalsIgnoreCase("create")) {
                if (strings.length < 2) {
                    player.sendMessage(s: "/escape create [스테이지 이름]");
                }
                else {
                    if (StageManager.instance.addStage(new Stage(strings[1], EscapeMap.instance.sp,
EscapeMap.instance.ep))) {
                        player.sendMessage(s: "스테이지 " + strings[1] + "(을)를 성공적으로 생성하였습
니다.");
```

```java
                }
                else {
                    player.sendMessage(s: ChatColor.RED + "같은 이름의 스테이지가 이미 있습니다!");
                }
            }
        }
        return false;
    }
}
```

Cmds.java

코드는 옵션으로 들어온 스테이지의 이름을 통해 Stage 객체를 생성하여 StageManager에 등록하는 간단한 코드입니다. StageManager 클래스의 addStage 메서드는 스테이지 추가에 성공했으면 true를, 그렇지 않으면 false를 뱉은 boolean 형태의 반환값을 가진 메서드이므로 조건문에서 실행할 수 있습니다. 이렇게 실행된 addStage가 true일 경우, 스테이지 성공 메시지를 플레이어에게 보냅니다. 그렇지 않으면 실패 메시지를 보냅니다.

이후 메인 클래스에서 커맨드와 이벤트들을 등록해 줍니다. 메인 클래스에 다음과 같이 작성합니다.

```java
public final class EscapeMap extends JavaPlugin {

    public static EscapeMap instance;

    public Location sp;
    public Location ep;

    @Override
    public void onEnable() {
        instance = this;
        new StageManager();
        Bukkit.getPluginManager().registerEvents(new RegisterCustomEvents(), plugin: this);
        Bukkit.getPluginManager().registerEvents(new Events(), plugin: this);
```

```java
        Bukkit.getPluginCommand(name: "escape").setExecutor(new Cmds());
    }


    @Override
    public void onDisable() {
    }
}
```

메인 클래스

```yaml
EscapeMap;

version: '${project.version}'
main: org.escapemap.EscapeMap
api-version: '1.20'
commands:
  escape:
    description: "Escape Map Plugin Command"
```

plugin.yml

여기까지 진행했으면 먼저 빌드를 하여 테스트해 보겠습니다. 플러그인을 빌드 후 서버에 적용하고, 블레이즈 막대를 이용해 스테이지 영역의 시작 지점과 종료 지점을 각각 좌클릭, 우클릭으로 지정해 줍니다.

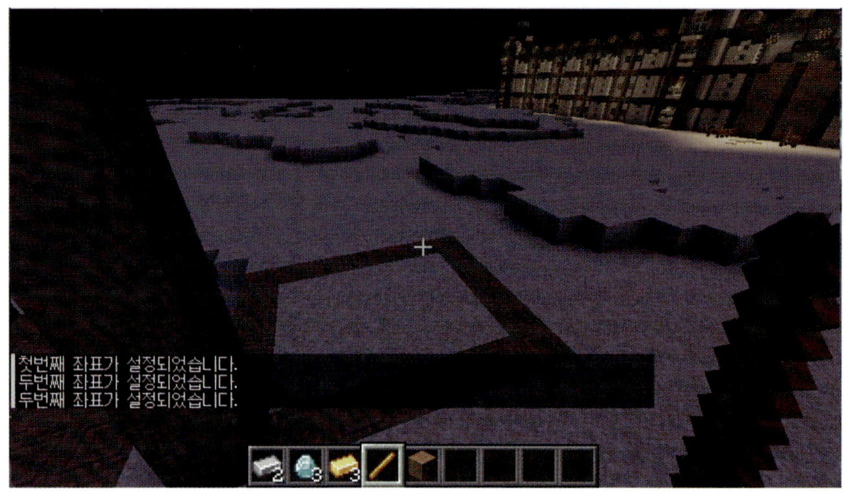

좌표 지정

이후 명령어 "/escape create test"를 입력하여 test라는 Stage를 생성해 등록해 줍니다.

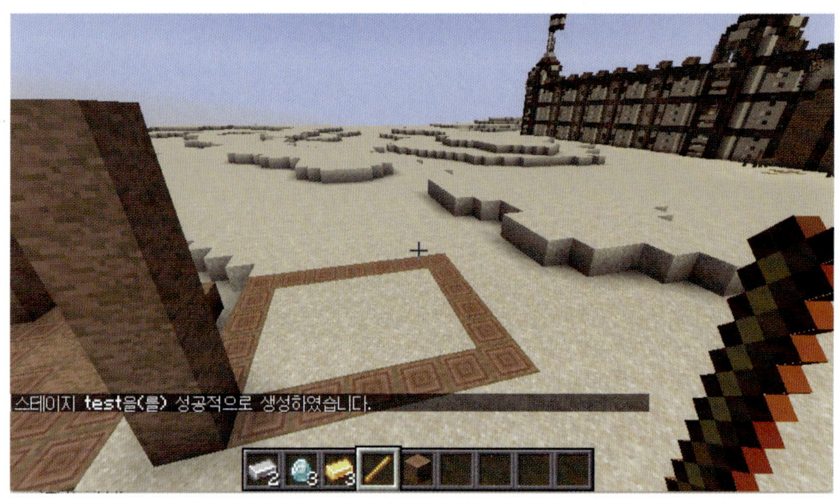

스테이지 생성

이후 스테이지 내부로 진입했을 때 다음과 같은 메시지가 뜨면서 벗어나지 못한다면 테스트 성공입니다.

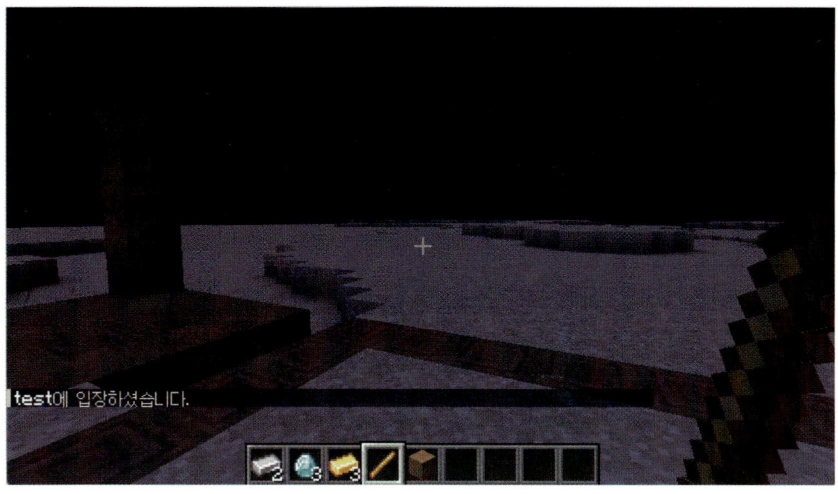

스테이지 동작 화면

그럼, 이제 스테이지를 지어 보겠습니다. 총 세 개의 스테이지를 만들 것이고, 첫 번째 스테이지의 통과 조건은 에메랄드 블록을 맨손으로 부수는 것, 두 번째 무대의 통과 조건은 스켈레톤 5마리 사냥, 마지막 스테이지는 점프 맵을 통과하여 금 블록을 밟는 것으로 할 겁니다.

먼저 Events.java로 가서 통과 조건에 대한 코드를 작성해 줍니다. 스테이지 구분은 이름으로 하겠습니다. Events 클래스 내부에 다음과 같은 코드를 덧붙여 줍니다.

```java
@EventHandler
void onPlayerBreakBlock(BlockBreakEvent e){
  Player player = e.getPlayer();
  Block block = e.getBlock();
  if(StageManager.instance.getStage(player.getLocation()) != null){
    Stage stage = StageManager.instance.getStage(player.getLocation());
    if(stage.getName().equals("stage1") && block.getType().equals(Material.EMERALD_BLOCK)){
      stage.setPassed(true);
    }
  }
}


int skeleton_killcount = 0;


@EventHandler
```

```java
void onEntityDeath(EntityDeathEvent e){
    LivingEntity entity = e.getEntity();
    Player murderer = entity.getKiller();
    if(entity.getType() == EntityType.SKELETON && murderer != null){
        Stage stage = StageManager.instance.getStage(murderer.getLocation());
        if(stage != null && stage.getName().equals("stage2")){
            skeleton_killcount++;
            if(skeleton_killcount >= 5){
                stage.setPassed(true);
            }
        }
    }
}

@EventHandler
void onPlayerMove(PlayerMoveEvent e){
    Player player = e.getPlayer();
    if(StageManager.instance.getStage(player.getLocation()) != null){
        Stage stage = StageManager.instance.getStage(player.getLocation());
        if(stage.getName().equals("stage3")){
            if(e.getTo() == null) return;
            Location loc = new Location(player.getWorld(),
                player.getLocation().getX(),
                player.getLocation().getY() - 1,
                player.getLocation().getZ());
            if(loc.getBlock().getType().equals(Material.GOLD_BLOCK)){
                stage.setPassed(true);
            }
        }
    }
}
```

Events.java

onPlayerBreakEvent는 이벤트로 BlockBreakEvent를 사용하며 "stage1"의 조건을 설정합니다. 플레이어가 위치한 스테이지의 이름이 "stage1"이고 부순 블록의 타입이 "EMERALD_BLOCK" 즉, 에메랄드 블록일 경우 "setPassed" 메서드를 통해 스테이지가 "통과" 상태로 바꾸어 줍니다.

onEntityDeath는 이벤트로 EntityDeathEvent를 사용하며 "stage2"의 조건을 설정합니다. 플레이어가 위치한 스테이지의 이름이 "stage2"이고 플레이어가 죽인 엔티티가 "SKELETON" 즉, 스켈레톤일 경우 "skeleton_killcount"라는 정수형 지역변수의 값을 1 증가시키며, 이 값이 5 이상이 되었으면 스테이지를 "통과" 처리합니다. 이때, 엔티티를 죽인 플레이어를 가지고 올 때, "getKiller"라는 메서드를 사용한 점에 유의합니다.

마지막으로 onPlayerMove에서는 이벤트로 PlayerMoveEvent를 사용하며, 플레이어가 위치한 스테이지의 이름이 "stage3"일 때 플레이어의 발밑의 블록을 체크하여 "GOLD_BLOCK" 즉, 금 블록일 경우 스테이지를 통과 처리합니다.

앞의 onPlayerMove에서 플레이어의 발밑 블록을 가져올 때 Location 클래스의 "getBlock" 메서드를 사용한 것을 볼 수 있습니다. 이 메서드는 해당 Location의 좌표에 위치한 블록을 가져옵니다. 여기서 주의해야 할 점은 플레이어의 좌표를 그대로 사용하지 않고, 객체를 복사하여 "add" 메서드를 통해 플레이어의 좌표에서 한 칸 내린 좌표를 사용한다는 점입니다. 이는 플레이어 좌표의 기준이 플레이어의 다리의 좌표이기 때문입니다. 플레이어의 크기는 약 2블록이므로 플레이어의 발밑의 좌표를 구하기 위해서는 그의 절반인 플레이어의 y 좌표에 1칸 내린 좌표를 사용해야 한답니다.

이제 빌드하고 적용 후 맵을 제작하겠습니다. 맵의 형태는 기본적으로 직육면체 형태를 띠고, 그 이외에는 자유롭게 수정해도 됩니다. 저는 다음과 같이 만들어 줬습니다.

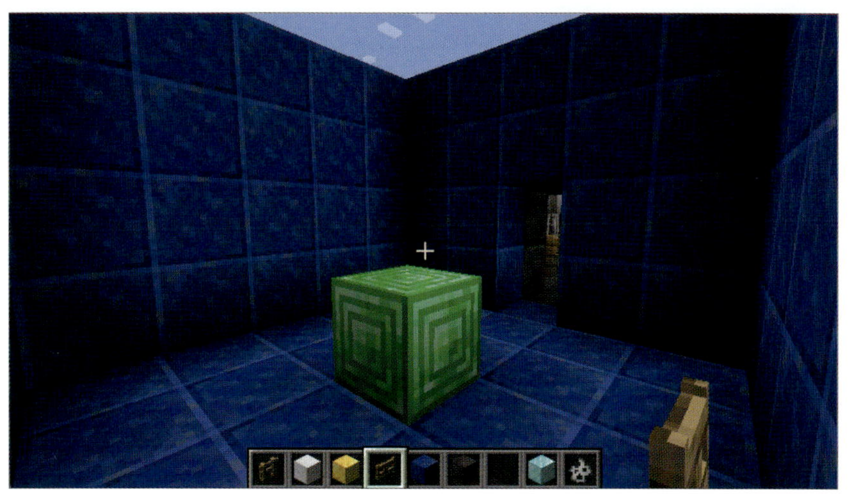

stage1

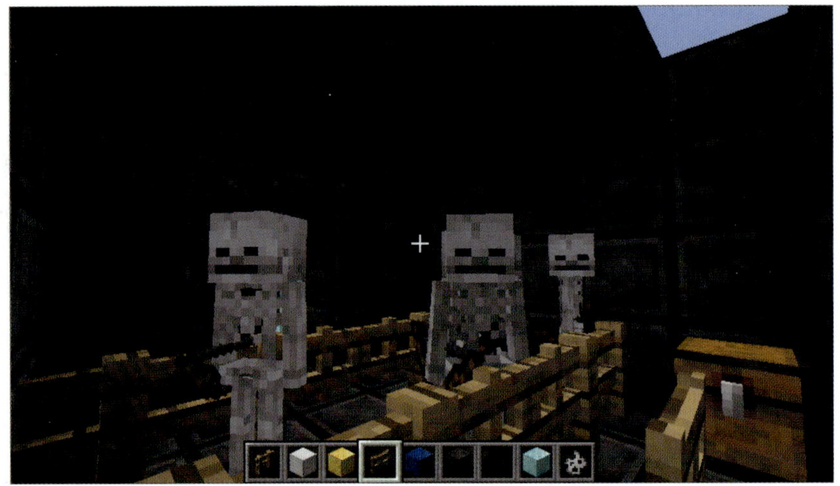

stage2

stage3

　자신만의 스테이지를 제작 완료하셨다면 블레이즈 막대를 활용하여 각각의 스테이지를 "stage1", "stage2", "stage3"라는 이름으로 생성해 줍니다. 이후 테스트하면 저희가 만든 스테이지가 정상적으로 작동합니다.

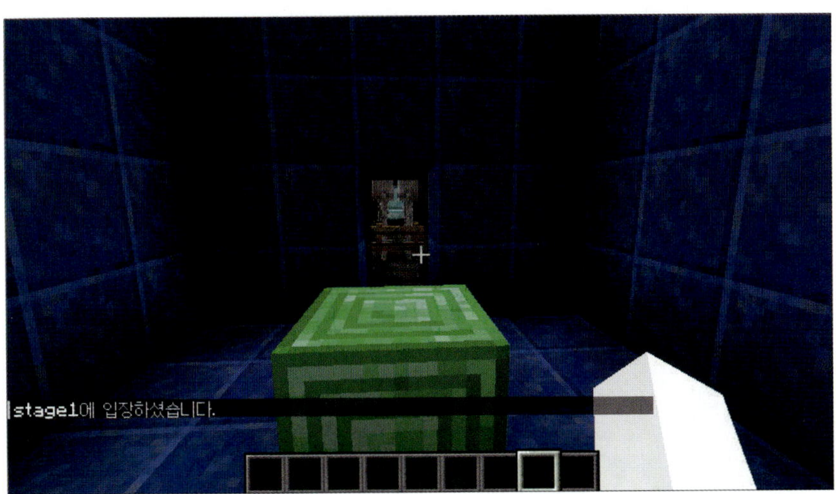

작동 화면

PART
3
프로젝트 구상

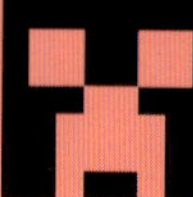

이번 파트 3과 다음 파트인 파트 4의 주제는 실전입니다.

마지막 파트 4의 프로젝트에 앞서, 이번 파트에선 우리가 어떤 프로젝트를 만들 것인지, 어떻게 만들 것인지 구체적인 계획을 세울 겁니다. 앞서 간단한 콘텐츠를 제작할 때도 간단하게나마 이런 의사코드를 작성하는 작업은 해 봤었죠? 이전에 만든 미니게임들도 어찌 보면 프로젝트라고 말할 수 있습니다만, 이번에 만들 프로젝트는 그것들보다 훨씬 규모가 크고, 복잡한 플러그인입니다. 따라서 이번 의사코드는 만들게 될 기획을 여러 부분으로 나눠서 조금 더 세부적이고 자세하게 작성합니다.

여러분이 이번 파트, 그리고 다음 파트에서 최종적으로 만들게 될 프로젝트는 마인크래프트로 만드는 "RPG 게임"입니다. 레벨과 스테이터스를 가진 플레이어가 몬스터를 잡으며 레벨을 올리고 SP를 얻어 스테이터스를 찍고, 마을에 들러 전직을 하고 상점에서 무기를 구매해 마지막으로 보스 몬스터를 격파하는 게임을 만들어 볼 겁니다.

여기서 우리는 경험치와 경험치에 연동되는 레벨, 그리고 레벨이 오를 때마다 지급되는 SP도 제작해야 합니다. 이후 SP로 수치를 올릴 수 있는 스테이터스와 이 스테이터스를 표기할 GUI 또한 제작해야 할 겁니다. 또한 마을에 서서 상점과 전직을 담당할 NPC도 제작해야 합니다. 마지막으로 마인크래프트의 몹을 이용한 RPG 게임의 몬스터와 최종 목표인 보스 몬스터도 제작해야 할 것입니다.

이외에도 NPC와 대화 기능, 몹 처치 시 보상 드롭, 스테이터스에 따른 전투 시 대미지 계산 등등 자잘하지만, 필수적인 기능들 역시 여러분이 직접 만드셔야 할 숙제가 됩니다. 또한 이렇게 복잡한 로직이 들어가는 플러그인을 제작할 때 필수적으로 겪는 디버깅 과정도 있죠.

이번 파트에선 "RPG 게임"을 주제로 여러분이 제작해야 할 기능들을 정리하고, 어떻게 구현해야 하는지 가이드를 해 줄 겁니다. 그 특성상 최대한 여러분이 지금까지 배운 내용을 활용하여 진행될 것이고, 따라서, 코드나 로직에 대한 설명은 많진 않습니다. 하지만 여러분이 앞서 배운 내용을 잘 기억하고, 또, 책을 뒤적거리면서 모르는 부분을 찾아본다면, 사용된 코드 전문을 이해하기에 어려움이 없을 것으로 생각합니다.

각 기능은 앞서 배웠던 순서도, 혹은 클래스의 구조를 그림으로 나타내어 표현되며, 다음 파트에서 이 그림들을 기반으로 플러그인을 코딩할 겁니다. 기초가 튼튼해야 건물이 튼튼하듯이, 의사코드를 잘 작성해 놓아야 완성된 플러그인이 문제없이 깔끔하게 돌아간답니다.

콘텐츠 구상 : RPG 전투

- 동작 방식을 순서도로 그려가며 레벨과 스테이터스 시스템을 구상한다.
- 이벤트 발생에 따른 동작 순서를 생각하며 경험치 시스템을 구상한다.
- 클래스의 구조를 그려가며 몬스터 클래스와 보스 몬스터 클래스를 구상한다.
- 전투 발생 이벤트에 따른 동작 순서를 생각하며 전투 시스템을 구상한다.

이번 파트에선 RPG 게임에서 필수적인 전투와 관련된 부분을 구상할 겁니다. 플레이어의 성장에 빠질 수 없는 레벨과 스테이터스 시스템, 몬스터를 잡으면 보상으로 나와 플레이어의 레벨을 올려줄 경험치 시스템, 그리고 이런 경험치와 여러 가지 아이템을 드롭하여 플레이어와 전투할 몬스터와 보스 몬스터를 구상하고, 이를 토대로 전체적인 전투 시스템을 미리 구상하여 실제 프로젝트 구현이 좀 더 빠르고 간단하게 이뤄질 수 있도록 준비하는 작업입니다. 이런 구상 작업은 이번 프로젝트와 같은 1인 개발 프로젝트에선 자신이 만들 것을 미리 손 가는 대로 그려보는 가장 재밌는 작업이기도 하답니다.

　　RPG 게임을 만드는 만큼 레벨과 스테이터스 시스템은 필수적입니다. 이전 챕터와는 다르게 마인크래프트 내에서의 레벨을 사용하지 않고, 플러그인에서 따로 관리하는 레벨을 만듭니다. "레벨 업 이벤트"가 발생하면 플레이어의 레벨을 증가시키고 "SP"를 플레이어에 지급하여 원하는 스테이터스를 올리는 시스템으로 기초를 잡을 겁니다. 스테이터스는 HashMap으로 제작하고, 레벨이 올라갔을 때 호출되는 커스텀 이벤트도 제작하겠습니다. 이는 다음과 같이 간단하게 정리될 수 있습니다.

레벨 – 스테이터스 시스템

　　RPG 게임에서 일반적으로 레벨이 오르려면 경험치가 필요합니다. 이번에 구상할 경험치 시스템은 플레이어의 경험치를 관리하며, 일정 수치 이상이 되면 초기화되고, "레벨 업 이벤트"를 호출합니다. 이 경험치는 "경험치 증가 이벤트"에 의해 증가하도록 구상하겠습니다. 이를 그림으로 그려보면 다음과 같습니다.

경험치 시스템

RPG에서는 다양하고 강력한 적 몬스터도 빠질 수 없는 요소입니다. 몬스터는 레벨별로 능력치가 다르게 설정되어 경험치와 각종 아이템 등 캐릭터의 성장을 돕습니다. 이런 몬스터를 제작하기 위해서는 우선, 몬스터의 능력치, 타입, 드롭할 경험치와 아이템 등의 정보가 담긴 몬스터 클래스를 제작하고, 실제 전투에서 적용하는 전투 시스템을 제작해야 합니다. 그럼, 먼저 몬스터 클래스를 구성해 보겠습니다.

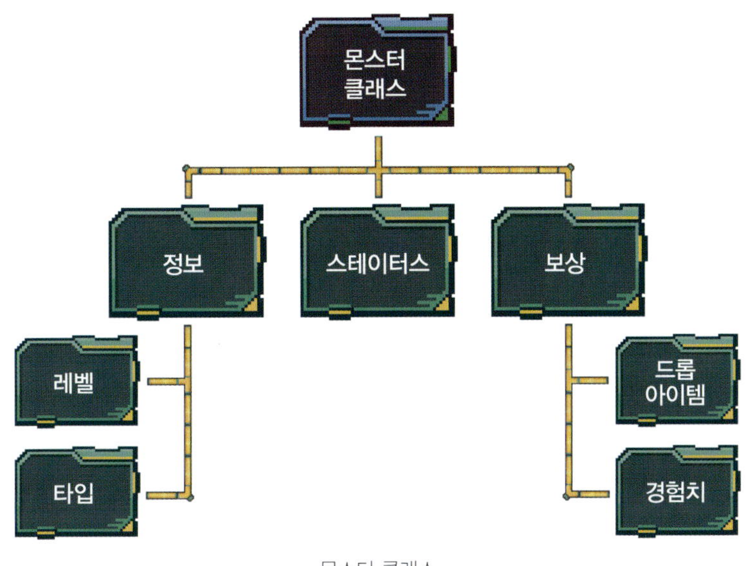

몬스터 클래스

상단 큰 카테고리 세 개는 여러분들이 알아보기 쉽도록 크게 나누어 놓은 것이고, 실제로는 스테이터스와 카테고리 하단의 네 개의 항목까지 해서 총 다섯 가지 항목으로 나누어서 구현하겠습니다.

먼저, 정보 카테고리부터 살펴보겠습니다. "레벨"은 이 몬스터의 레벨을 의미합니다. "타입"은 이 몬스터의 종류를 의미합니다. 우리는 게임을 마인크래프트에서 구현할 것이고, 마인크래프트의 몬스터는 타입을 가지죠? 그러므로 몬스터 클래스는 이 몬스터를 스폰할 때 어떤 타입의 몬스터로 스폰할 것인지를 정해줄 "타입"이라는 속성을 가집니다.

스테이터스는 말 그대로 이 몬스터의 스테이터스를 뜻합니다. 플레이어의 것과 같은 스테이터스이고 몬스터가 플레이어를 공격할 때나, 공격당할 때 스테이터스에 따른 보정치를 적용해줄 것입니다.

보상 카테고리는 이 몬스터를 잡았을 때, 플레이어에게 주어지는 "보상"을 의미합니다. 먼저, "드롭 아이템"은 이 몬스터를 잡았을 때 땅에 떨어지는 아이템의 목록입니다. ItemStack의 배열로 구현해 줄 예정입니다. "경험치"는 이 몬스터가 플레이어에게 주는 경험치를 의미합니다.

다음으로는 전투 시스템을 구상해 봅니다. 전투 시스템은 RPG게임에서 핵심적인 시스템이고, 연관된 시스템이 많으니 조금은 복잡할 수 있습니다.

전투 시스템은 전투와 결과 두 부분으로 나누어 구성하겠습니다. 전투는 플레이어와 몬스터의 전투가 이루어지는 부분으로 공격과 피격에 플레이어와 몬스터의 스테이터스에 따라 최종 대미지를 계산하고 적용하는 부분입니다. 결과는 둘 중 하나가 사망하여 전투가 끝났을 때, 보상을 지급하거나 플레이어의 리스폰을 담당하는 부분입니다. 이를 그림으로 그려보면 다음과 같습니다.

전투 시스템

    여기서 "공격 대미지 계산"과 "피격 방어도 적용 대미지 계산"은 실제 구현할 때, 스테이터스에 따른 대미지를 계산하는 식을 직접 짜 넣을 겁니다.

Section 11-4 보스 몬스터

이번엔 보스 몬스터를 구상하겠습니다. 보스 몬스터는 보통 게임에서 한 마리만 존재하는 몬스터로 일반적인 몬스터보다 강력하고, 까다로우며, 쓰러트렸을 때 더 큰 보상이 있는 것이 특징입니다. 또한, 게임의 진행을 위해 반드시 보스 몬스터를 쓰러뜨려야 하는 경우도 있죠. 저희는 보스 몬스터가 죽었을 경우 각각의 상응하는 이벤트를 발생시켜서 이런 부분들을 처리하도록 "엔티티 사망" 이벤트를 바꿔 보겠습니다. 또한 보스 몬스터 클래스는 기존의 몬스터 클래스를 상속받아 구현하겠습니다. 이를 그림으로 그려보면 다음과 같습니다.

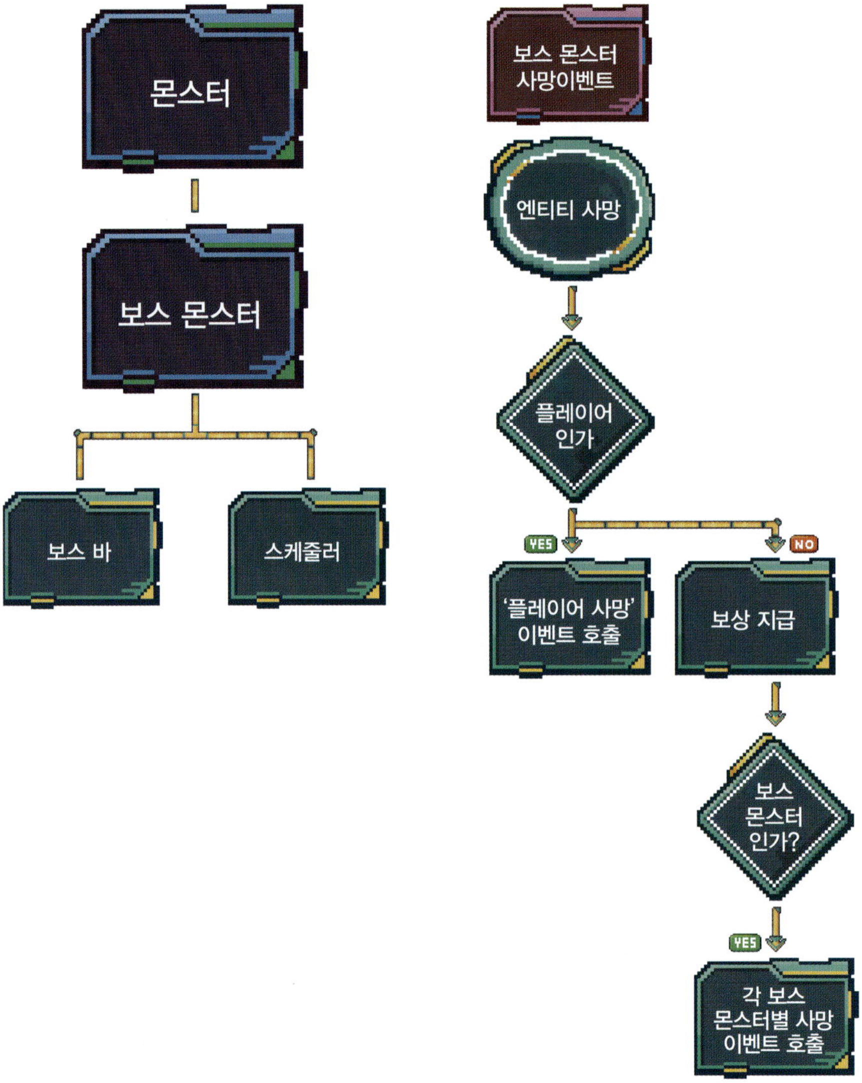

보스 몬스터와 보스 몬스터 사망 이벤트

보스 몬스터 클래스는 기존 몬스터 클래스에 보스의 체력을 표시해 줄 보스 바와 보스의 체력을 보스 바와 연동해 줄 버킷 스케줄러만 추가된 형태입니다. 보스의 사망 이벤트는 엔티티가 사망했을 때, 엔티티가 보스 몬스터인지 판별하고, 맞다면 그에 상응하는 이벤트를 호출해 줍니다.

콘텐츠 구상 : RPG 공간

- 마인크래프트 상의 구역을 지정하기 위한 지역 시스템을 설계한다.
- 전직 과정의 의사코드와 직업 클래스를 구상한다.
- 자바의 UUID를 이해하고, 이를 바탕으로 NPC 클래스를 설계한다.
- 상점의 판매/구매 로직의 의사코드를 구성한다.

이번 챕터에선 RPG 게임의 지역 시스템을 통해, 좌표를 지정한 구역을 관리하는 시스템과 그 안에 배치될 NPC, 그리고 그 NPC의 기능들을 설계합니다. 몬스터와 전투하는 스테이지나, 다음 스테이지로 가기 전에 재정비할 수 있는 마을, 보스 몬스터가 있는 보스 아레나까지 모두 이 지역 클래스로 구현될 겁니다. 또한 마을을 구성할 NPC도 설계할 겁니다. 이는 UUID라는 새로운 개념이 등장합니다. 하지만 전혀 어렵지 않으니 가이드대로 따라오시면 됩니다. 마지막 으로 NPC를 통해 직업의 전직과 상점을 구현하여 콘텐츠 구상을 마무리할 겁니다.

　　이제 보스와 싸울 아레나, 마을 등의 영역 출입 기능과, 다양한 효과를 담당할 지역 시스템을 구상하겠습니다. 영역은 이전 챕터에서 사용한 직사각형 형태의 영역으로 구성하겠습니다. 또한 각 지역의 객체가 될 클래스를 제작하고 이를 상속을 받아 구현하여 각 영역을 좀 더 유동적으로 설정할 수 있게 하겠습니다.

지역 글래스

이번엔 특정 레벨이 되면 "전직"을 통해 직업을 얻고, 상응하는 스테이터스 보너스를 받는, 직업 시스템을 구성해 볼 겁니다. 전직은 간단하게, 전직을 담당하는 NPC에 말을 걸어 일정 레벨 이상 되면 NPC가 전직시켜 주도록 만들겠습니다.

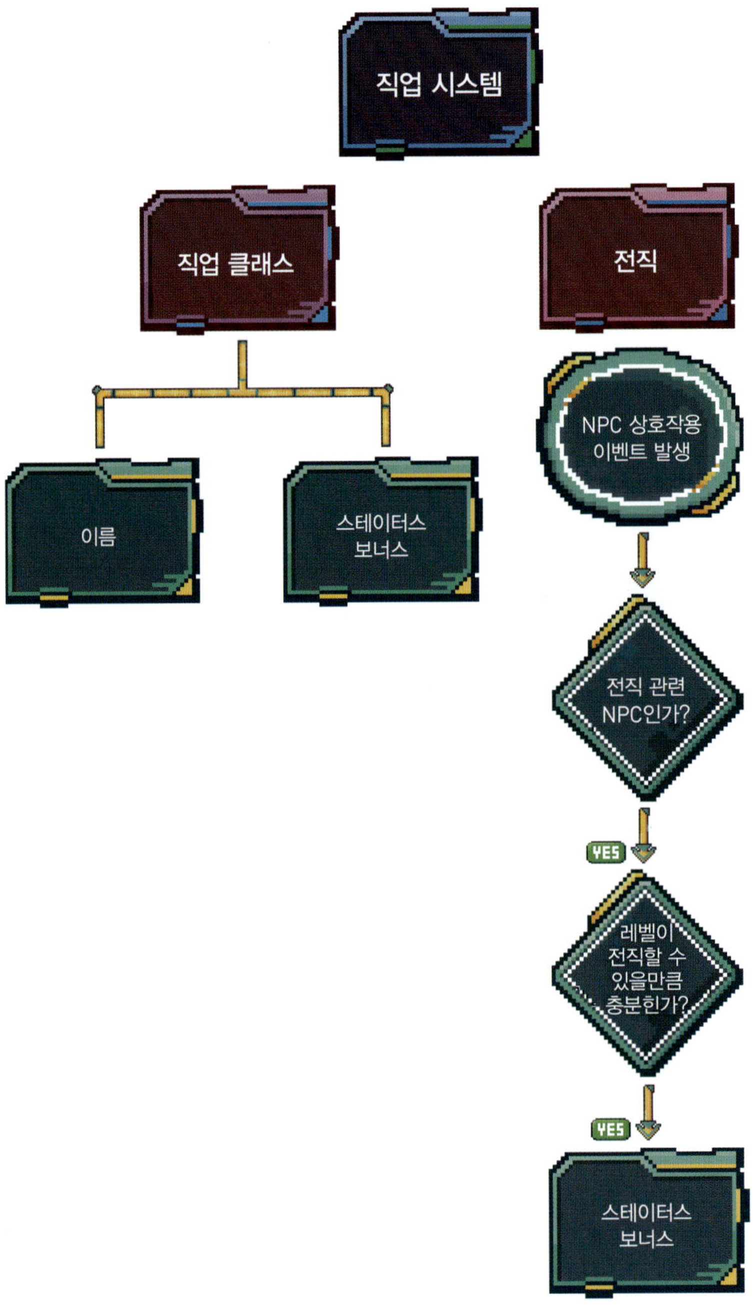

직업 시스템

　NPC란 "Non-Playable-Character"의 약자로, 게임에서 플레이어가 조작할 수 없는 캐릭터를 의미합니다. RPG 게임에선 보통, 퀘스트를 주거나, 아이템을 팔거나, 혹은 메인 스토리 진행만으로는 알기 힘든 배경설정 등을 자연스럽게 알려주는 역할도 합니다. 우리는 이 NPC를 마을에 배치하여 플레이어의 게임 진행을 돕겠습니다. NPC 클래스는 다음과 같이 구성하겠습니다.

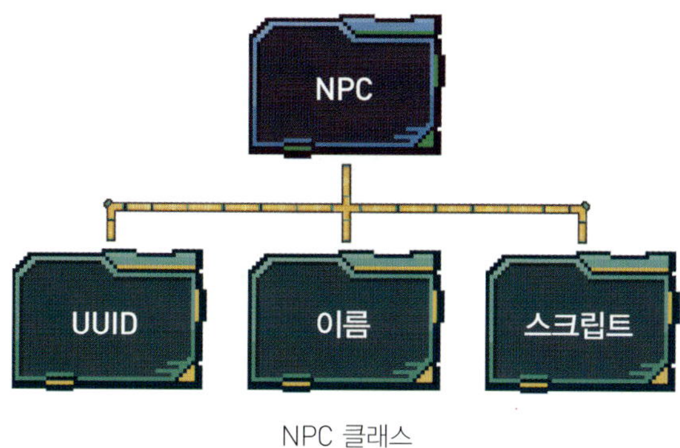

NPC 클래스

　UUID란, 객체의 고유한 아이디를 뜻합니다. 마인크래프트에서는 생성되는 엔티티에 UUID를 부여하며, Spigot에서는 플러그인을 통해 이 UUID를 사용하여 엔티티를 찾을 수 있어요. 스크립트는 대화를 뜻하며, 이 NPC와 상호작용할 경우 나누게 될 대화를 의미합니다.

　상점 시스템은 플레이어가 전투하며 얻은 아이템을 재화로 바꾸거나, 재화를 통해 각종 진행에 유용한 아이템을 구입할 수 있도록 만드는 시스템입니다. 여기에선 각 마을마다 1명의 상인을 배치해 그 상인과 상호작용을 하면 상점이 열리게 만들겠습니다. 또한 아이템의 판매와 구매는 모두 Map을 통해 구현하겠습니다. 이를 정리해 보면 다음과 같습니다.

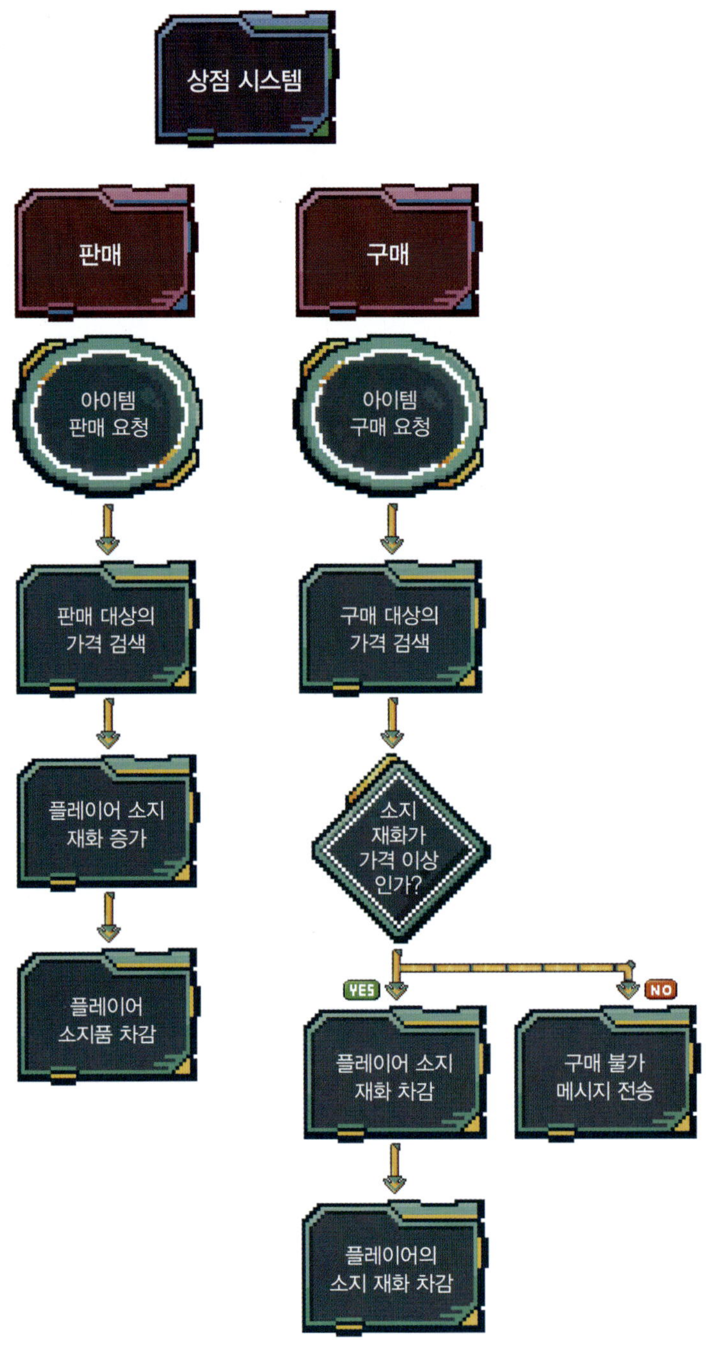

상점 시스템
판매
구매
아이템 판매 요청
아이템 구매 요청
판매 대상의 가격 검색
구매 대상의 가격 검색
플레이어 소지 재화 증가
소지 재화가 가격 이상 인가?
플레이어 소지품 차감
YES
NO
플레이어 소지 재화 차감
구매 불가 메시지 전송
플레이어의 소지 재화 차감

상점 시스템

이러면 얼추 프로젝트에 대한 구성은 끝났습니다. 프로젝트에 들어가기 전에 이런 큰 그림을 그려두고 출발하면, 나머지 작은 부분들은 프로젝트를 진행하며 그때그때 정해도 큰 탈 없이 프로젝트를 완성할 수 있을 겁니다. 자, 그러면 이제 본격적으로 구현하겠습니다.

이번 챕터에선 전투 시스템을 구현합니다. 레벨과 스테이터스, 경험치를 구현하고 이를 이벤트를 통해 엮어 구현하며, 커스텀 이벤트를 통해 구현하여 프로젝트를 가독성 높게 유지합니다. 또한 몬스터 클래스 역시 이번 파트에서 구현하고, 이벤트를 통해 전투에서 각 스테이터스를 적용하는 수식을 제작하여 적용할 겁니다. 또한 몬스터를 처치했을 때 해당하는 이벤트를 만들어 보상을 지급하는 기능 또한 만들어 봅시다.

피날레 : RPG 게임 만들기

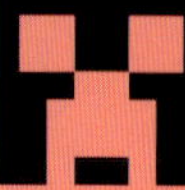

드디어 마지막입니다. 정말 수고 많았습니다.

이번 파트는 앞서 구성한 "RPG 게임"을 실제 코딩을 통해 구현해 보는 파트입니다. 이전 파트에서 그렸던 순서도와 구조도를 바탕으로 순차적으로 코딩을 이어나가되, 기능을 구상했던 순서와는 좀 다를 수 있습니다. 그런 이유는 구상하는 데에 용이한 순서와 실제 구현을 하는 데에 용이한 순서는 조금 다를 수 있기 때문입니다. 프로젝트를 진행하는 데에 이런 우선순위 설정은 프로젝트 진행 속도나, 디버깅 등에 지대한 영향을 미치게 되므로 신중하게 정하는 편이 좋습니다.

우리는 플러그인을 세 부분으로 나누어 만들게 됩니다. 각각 플레이어의 레벨과 스테이터스 등의 정보를 담당하고, 몬스터 클래스와 몬스터와의 전투에 플레이어의 스테이터스를 적용을 구현하고, 몬스터 처치 시 보상을 주는 등의 전투 시스템, 플레이어가 성장하여 게임이 진행됨에 따라 바뀌는 주변 환경을 구현할 지역 시스템, 성장을 마친 플레이어가 최종적으로 도전할 보스 몬스터 클래스, 성장에 따라 달라지는 전투를 구현할 스킬 시스템 등의 레벨 시스템, NPC와 그에 관련된 상점, 직업, 전직 시스템 등을 구현할 NPC 상호작용 시스템으로 나뉘고, 마지막으로 이렇게 만든 지역, 몬스터, NPC를 배치하고 플레이어가 플레이할 게임 스테이지를 설계하는 레벨 디자인까지 해봅니다.

앞선 세 개의 시스템은 IDE 상의 코드를 작성하는 형태로 이루어지지만 레벨 디자인은 플러그인을 적용한 서버에 직접 들어가서 수행해야 합니다. 그렇기 때문에 우리는 플러그인을 제작할 때, 레벨 디자인 시 이러한 기능을 수행할 수 있도록 플러그인을 짜야 합니다. 따라서 레벨 디자인의 자유도를 높이기 위해 커맨드를 활용하여 범용성 있게 이런 기능들을 구현해 줄 겁니다. 이후 실제 마인크래프트의 야생 맵을 활용하여 RPG 게임의 스테이지를 작성하는 것까지 실습해 볼 겁니다. 마지막 파트이니 만큼 책을 마무리 짓는다는 느낌으로 앞서 배운 내용을 곱씹어보며 코드를 읽고, 완성 이후에노 여러분만의 기능을 붙여서 조금더 업그레이드된 RPG 게임을 만들어보면 좋을 것 같습니다.

마지막 피날레가 기다리고 있습니다. 이제 여러분들의 시간입니다. 진짜 게임을 만들어 봅시다!

콘텐츠 구현 : 전투 시스템

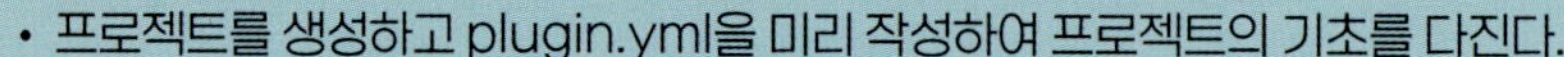

학습목표

- 프로젝트를 생성하고 plugin.yml을 미리 작성하여 프로젝트의 기초를 다진다.
- RPGPlayer 클래스와 PlayerStatus 클래스를 작성하여 레벨과 스테이터스 시스템을 구축한다.
- 커스텀 이벤트를 통해 "레벨 업" 기능을 제작한다.
- Monster 클래스를 제작하여 마인크래프트 내의 몹 엔티티를 RPG 게임의 몬스터로 사용하는 시스템을 작성한다.
- 커스텀 이벤트를 통해 RPG 게임상에서 몬스터와 주고받는 피해량 등을 계산하고, 몬스터 처치 시 보상을 지급하는 전투 시스템을 제작한다.

Section 13-1 프로젝트 생성

이전 챕터에서 했던 것처럼 프로젝트를 생성해 줍니다. 이름은 MinecraftRPG로 하겠습니다.

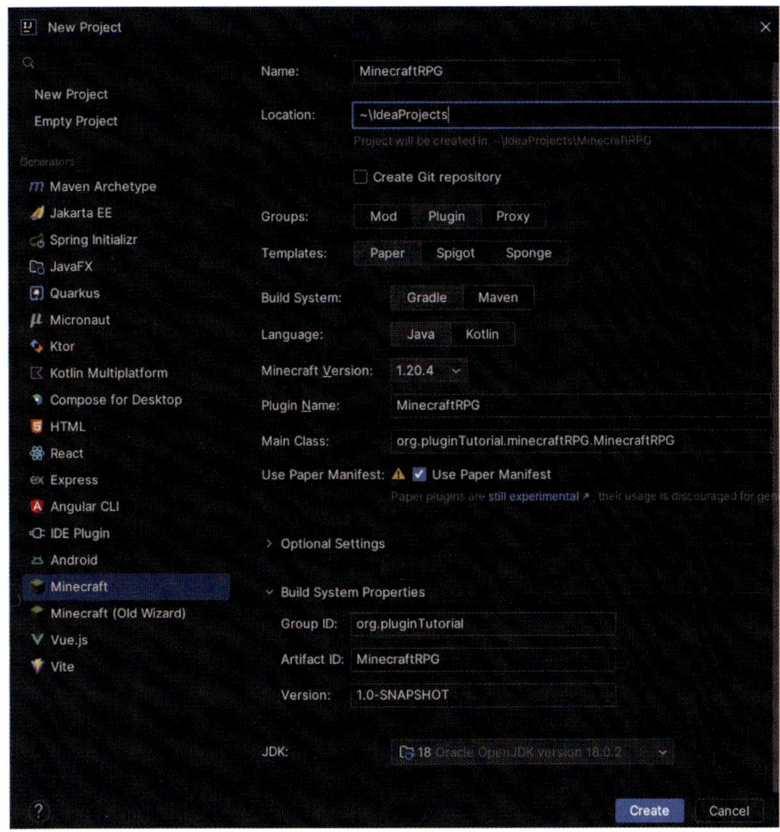

프로젝트 생성

그리고 이번에는 사용할 plugin.yml에 사용할 커맨드를 미리 등록해 주겠습니다. 이 프로젝트에선 "rpg"라는 커맨드를 사용합니다. 다음과 같이 추가해 줍시다.

```yaml
name: MinecraftRPG
version: '1.0-SNAPSHOT'
main: org.pluginTutorial.minecraftRPG.MinecraftRPG
api-version: '1.20'
commands:
  rpg:
    description: "Minecraft RPG Plugin"
```

plugin.yml

이제 프로젝트 준비가 끝났습니다. 그러면 제일 먼저, 레벨과 경험치 시스템을 만들어 보겠습니다.

 **Section 13-2** 레벨과 경험치 시스템

레벨은 메인 클래스 하위의 간단한 변수를 통해 구현할 예정이지만 그 전에, 플레이어의 기본적인 정보를 저장할 클래스를 만들 겁니다. 먼저 플레이어의 스테이터스를 저장하는 Player-Status 클래스를 생성하고, 다음과 같이 작성해 줍니다.

```java
public class PlayerStatus {
    public int playerLevel = 1;
    public int playerExp = 0;
    public int playerExpMax = 100;
    public int Sp = 0;
    public int Str = 0;
    public int Agile = 0;
    public int Def = 0;
}
```

PlayerStatus.java

클래스의 각 속성은 플레이어의 스테이터스와 대응됩니다. 여기서 "playerExpMax"는 플레이어가 얻는 경험치의 한계치, 즉, 플레이어가 레벨 업을 하는 경험치의 양을 의미합니다.

이후 Bukkit의 Player 클래스와 우리가 만든 PlayerStatus 클래스를 이어주기 위한 클래스 RPGPlayer 클래스를 생성하고, 다음과 같이 작성해 줍니다.

```java
public class RPGPlayer {
❶ Player player;
   PlayerStatus playerStatus;

❷ public RPGPlayer(Player player, PlayerStatus playerStatus){
       this.player = player;
       this.playerStatus = playerStatus;
   }

❸ public Player getPlayer(){
       return player;
   }

❹ public PlayerStatus getStatus(){
       return playerStatus;
   }
}
```

RPGPlayer.java

❶ "RPGPlayer" 객체의 Player 객체와 PlayerStatus 객체를 각각 저장할 변수들 입니다.

❷ "RPGPlayer"의 생성자입니다. Player 객체와 PlayerStatus 객체를 각각 받아, 각 변수에 저장합니다.

❸ "RPGPlayer" 객체의 "player" 변수를 반환하는 "getPlayer" 메서드입니다.

❹ "RPGPlayer" 객체의 "playerStatus" 변수를 반환하는 "getStatus" 메서드입니다.

그럼, 이후 메인 클래스엔 다음과 같이 작성해 줍니다.

```java
public final class MinecraftRPG extends JavaPlugin {
    public static MinecraftRPG instance;
    public RPGPlayer player;

    @Override
    public void onEnable() {
        // Plugin startup logic
        instance = this;
    }

    @Override
    public void onDisable() {
        // Plugin shutdown logic
    }
}
```

메인 클래스

싱글톤 패턴을 작성해 준 후 RPGPlayer 형태의 속성 "player"를 작성해 주었습니다. 여기에 Player 데이터와 RPGPlayer 데이터를 같이 저장하여, 앞으로의 작업에 편의성을 더할 겁니다.

이후 우리는 "레벨업 이벤트"와 "경험치 증가 이벤트"를 만들어야 합니다. 그 두 가지 클래스를 각각 "RPGPlayerLevelChangeEvent", "RPGPlayerExpChangeEvent"로 직접 이벤트 클래스를 만들어 구현할 겁니다. 먼저 "RPGPlayerLevelChangeEvent"를 제작하겠습니다.

```java
❶ public class RPGPlayerLevelChangeEvent extends Event implements Cancellable {
❷     public static HandlerList handlers = new HandlerList();

❸     RPGPlayer player;
       int prevLV;
       int nextLV;

❹     public RPGPlayerLevelChangeEvent(RPGPlayer player, int prevLV, int nextLV){
           this.player = player;
           this.prevLV = prevLV;
           this.nextLV = nextLV;
```

```java
    }
}
❺ public RPGPlayer getRPGPlayer() { return player; }
    public int getPrev() { return prevLV; }
    public int getNext() { return nextLV; }


    @Override
❻ public boolean isCancelled() { return false; }


    @Override
❼ public void setCancelled(boolean b) {
        if(b){
            player.playerStatus.playerLevel = prevLV;
        }
    }


    @Override
❽ public HandlerList getHandlers() { return handlers; }

    public static HandlerList getHandlerList() { return handlers; }
```

RPGPlayerLevelChangeEvent.java

❶ "extends Event implements Cancellable"이라는 구문을 덧붙여 이 클래스가 "취소 가능한 마인크래프트 이벤트"임을 나타냅니다.

❷ 커스텀 이벤트를 제작할 경우 반드시 작성해 주어야 하는 구문입니다.

❸ 레벨업한 RPGPlayer와 레벨업 전 레벨, 레벨업 후 레벨을 저장하는 변수들입니다.

❹ 이 이벤트의 생성자입니다. 각 변수들에 해당하는 값을 외부로부터 받아서 변수에 저장하는 역할을 수행합니다.

❺ 각 변수들을 반환하는 공용 메서드들입니다.

❻ "isCancelled" 메서드는 취소 가능한 커스텀 이벤트를 제작할 경우 반드시 구현해주어야 하는 메서드이며, 저희 프로젝트에선 크게 사용할 일이 없으니 "false" 값을 반환하는 간단한 메서드로 구현합니다.

❼ "setCancelled" 역시 취소 가능한 커스텀 이벤트 제작시 반드시 구현해 주어야하며, 우리가 앞서 사용했던 "e.setCancelled(boolean)" 메서드와 같습니다. 만약 "true"일 경우 RPGPlayer의 레벨을 이전 레벨로 돌리도록 구현하겠습니다.

❽ "getHandlers"와 "getHandlerList" 역시 커스텀 이벤트 제작시 반드시 구현해야 하는 메서드이며, 간단하게 둘 다 "handlers" 변수를 반환하도록 제작합니다.

이 과정은 깊게 이해하지 않아도 되고, '이렇게 이벤트를 생성할 수 있다' 정도로 알아두시면 좋을 것 같습니다. 같은 과정으로 RPGPlayerExpChangeEvent도 제작해 주겠습니다.

```java
public class RPGPlayerExpChangeEvent extends Event implements Cancellable {
    public static HandlerList handlers = new HandlerList();

❶  RPGPlayer player;
    int prevExp;
    int nextExp;
❷  boolean cancelled = false;

❸  public RPGPlayerExpChangeEvent(RPGPlayer player, int prevExp, int nextExp){
        this.player = player;
        this.prevExp = prevExp;
        this.nextExp = nextExp;
    }

❹  public RPGPlayer getPlayer(){ return player; }
    public int getPrevExp(){ return prevExp; }
    public int getNextExp(){ return nextExp; }

    @Override
❺  public boolean isCancelled() { return cancelled; }

    @Override
❻  public void setCancelled(boolean b) {
        cancelled = b;
    }

    @Override
    public HandlerList getHandlers() { return handlers; }
    public static HandlerList getHandlerList() { return handlers; }
}
```

RPGPlayerExpChangeEvent.java

❶ 이벤트가 제공할 각 정보를 저장할 변수들입니다.

❷ 해당 이벤트가 취소되었는지 여부를 저장할 변수입니다.

❸ 해당 이벤트의 생성자입니다. "RPGPlayerLevelChangeEvent"와 같이 각 변수에 해당하는 값을 외부로부터 받아와 변수에 저장합니다.

❹ 각 변수를 반환하는 메서드입니다.

❺ 앞서 설명한 "isCancelled" 메서드입니다. 이는 "cancelled" 변수를 반환하는 것으로 구현합니다.

❻ "setCancelled" 메서드입니다. 간단하게 "cancelled" 값을 주어진 인자 값으로 저장하는 기능을 구현합니다.

이제 Events.java 클래스를 작성하여 마인크래프트 이벤트를 통해 기능을 구현해 줍니다. Events 클래스를 생성하여 다음과 같이 작성합니다.

```java
public class Events implements Listener {

    @EventHandler
❶   void onPlayerJoin(PlayerJoinEvent e){
        MinecraftRPG.instance.player = new RPGPlayer(e.getPlayer(), new PlayerStatus());
    }


    @EventHandler
❷   void onRPGPlayerLevelChange(RPGPlayerLevelChangeEvent e){
        e.getRPGPlayer().playerStatus.Sp += 1;
    }


}
```

Events.java

❶ PlayerJoinEvent를 사용하여 플레이어가 접속했을 때 그 플레이어를 RPGPlayer 객체로 생성하여 "player" 변수에 저장합니다. 우리는 솔로 플레이를 기준으로 만들기 때문에 한 명의 플레이어만 등록할 수 있도록 작성해도 무방합니다.

❷ RPGPlayerLevelChangeEvent를 사용하여 RPGPlayer가 레벨 업할 시에 호출되어 플레이어의 스테이터스에 "SP"를 1 증가시키는 기능을 담당합니다. 해당 이벤트를 호출하는 기능은 뒤쪽에서 작성합니다.

이러면 플레이어의 레벨 및 경험치 시스템은 완성했습니다. 하지만 아직 이벤트와 커스텀 이벤트를 등록해 주지도 않았고, 테스트를 위한 명령어를 추가하지도 않아 플러그인이 작동한다고 할만한 상태는 아닙니다. 그러니 실제 인게임에서 테스트를 진행하는 것은 프로젝트를 조금 더 진행한 후 하겠습니다.

Section 13-3   몬스터 클래스 

이번엔 몬스터 클래스를 작성하고, 몬스터 사망/피격 이벤트까지 작성해 봅니다. 먼저 몬스터 클래스부터 작성할 겁니다. 몬스터 클래스는 앞서 구성했던 대로, "Monster.java" 클래스를 생성한 후 다음과 같이 작성합니다.

```java
public class Monster {
❶ PlayerStatus status;
    EntityType type;
❷ ItemStack[] dropItems;
    int dropExp;

❸ public Monster(EntityType type, PlayerStatus status, ItemStack[] dropItems, int dropExp){
        this.type = type;
        this.status = status;
        this.dropItems = dropItems;
        this.dropExp = dropExp;
    }

❹ public PlayerStatus getStatus(){ return status; }
    public EntityType getType(){ return type; }
    public ItemStack[] getDropItems(){ return dropItems; }
    public int getDropExp(){ return dropExp; }

❺ public UUID spawn(Location location){
        if(location.getWorld() == null) return null;
        Entity entity = location.getWorld().spawnEntity(location, type);
```

```java
        return entity.getUniqueId();
    }
}
```

Monster.java

❶ "status" 변수는 해당 몬스터의 스테이터스를 저장합니다. 나중에 이를 피격/가격 대미지 계산 등에 사용할 예정입니다. "type" 변수는 이 몬스터를 소환할 때, 어떤 EntityType으로 소환할지를 저장합니다.

❷ "dropItems"는 이 몬스터를 죽였을 때, 몬스터가 떨어뜨릴 아이템의 배열입니다. "dropExp"는 몬스터를 죽였을 때 플레이어가 얻게 될 Exp의 양을 설정합니다.

❸ "Monster" 클래스의 생성자입니다. 마찬가지로 각 변수에 인자의 값을 저장합니다.

❹ 각 변수를 반환하는 메서드입니다.

❺ 이 "Monster"를 지정한 위치에 생성하는 "spawn" 메서드입니다. 해당 메서드는 스폰한 엔티티의 UUID를 반환하여 몬스터 관리를 수월하게 설계했습니다.

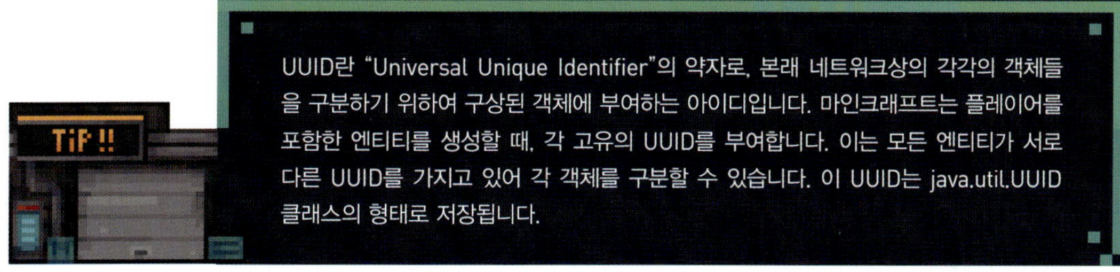

이후에 우리는 몬스터 피격 이벤트와 사망 이벤트를 각각 작성해 줄 겁니다. 피격 이벤트와 사망 이벤트는 각가 "RPGMonsterDamagedEvent"와 "RPGMonsterDeathEvent"로 만들어줄 거예요. 클래스를 생성한 후 다음과 같이 작성해 줍니다.

```java
public class RPGMonsterDamagedEvent extends Event implements Cancellable {
    public static HandlerList handlers = new HandlerList();

    LivingEntity entity;
    double damage;
    Cancellable event;
    Monster monsterClass;
    public RPGMonsterDamagedEvent(LivingEntity entity, double damage, Cancellable event,
Monster monsterClass){
```

```java
        this.entity = entity;
        this.damage = damage;
        this.event = event;
        this.monsterClass = monsterClass;
    }

    @Override
    public HandlerList getHandlers() { return handlers; }

    public static HandlerList getHandlerList() { return handlers; }

    @Override
    public boolean isCancelled() { return event.isCancelled(); }

    @Override
    public void setCancelled(boolean b) {
        event.setCancelled(b);
    }
}
```

RPGMonsterDamagedEvent.java

```java
public class RPGMonsterDeathEvent extends Event {
    public static HandlerList handlers = new HandlerList();

    LivingEntity entity;
    Monster monsterClass;

    public RPGMonsterDeathEvent(LivingEntity entity, LivingEntity murder, Monster mon-
sterClass){
        this.entity = entity;
        this.monsterClass = monsterClass;
    }
    public LivingEntity getEntity(){ return entity; }
    public Monster getMonsterClass() { return monsterClass; }

    @Override
```

```java
    public HandlerList getHandlers() { return handlers; }
    public static HandlerList getHandlerList() { return handlers; }
}
```

RPGMonsterDeathEvent.java

해당 이벤트들은 공격한 엔티티가 플레이어인 경우에만 호출되도록 할 것이기 때문에 따로 플레이어를 받아오진 않게 설계했습니다. 또한 RPGMonsterDeathEvent 클래스에서는 따로 이벤트를 캔슬할 필요가 없으므로 Cancellable 인터페이스를 따로 구현하진 않은걸 볼 수 있습니다.

Section 13-4 전투 시스템

이번에는 커스텀 이벤트를 등록하여 전투 시스템을 만들겠습니다. 그 전에 먼저 메인 클래스에 가서 다음과 같은 코드를 추가해 줍니다.

```java
public final class MinecraftRPG extends JavaPlugin {
    public static MinecraftRPG instance;
    public RPGPlayer player;
    public HashMap<UUID, Monster> monsterManager = new HashMap<>();

    @Override
    public void onEnable() {
        // Plugin startup logic
        instance = this;
    }

    @Override
    public void onDisable() {
        // Plugin shutdown logic
    }
}
```

메인 클래스

UUID를 Key 값으로, Monster를 Value 값으로 가지는 HashMap이 추가된 것을 볼 수 있어요. 우리는 이 HashMap에 우리가 생성한 몬스터들을 저장합니다. Key 값으로 UUID를 저장하므로, 엔티티의 UUID를 통해 이 엔티티가 RPG 게임의 몬스터인지, 또한 어떤 종류의 몬스터인지를 바로 파악할 수 있습니다.

이제 RPGPlayer와 Monster 간의 피격 시스템을 제작합니다. 피격 시스템은 Monster와 RPG-Player 간 대미지를 주고받는 상황이 나오면, 이 대미지를 각 스테이터스에 의거해서 증감하는 역할을 합니다.

```java
    @EventHandler
❶ void onEntityDamaged(EntityDamageByEntityEvent e){
❷     Entity victim = e.getEntity();
       Entity damager = e.getDamager();


       // 플레이어가 몬스터를 공격
❸     if(damager instanceof Player && MinecraftRPG.instance.monsterManager.containsKey(
victim.getUniqueId())){
❹         Monster monster = MinecraftRPG.instance.monsterManager.get(victim.getUnique-
Id());

           PlayerStatus playerStatus = MinecraftRPG.instance.player.getStatus();
           e.setDamage(e.getDamage() + playerStatus.Str - monster.getStatus().Def);
       }


       // 몬스터가 플레이어를 공격
❺     else if(victim instanceof Player && MinecraftRPG.instance.monsterManager.contain-
sKey(damager.getUniqueId())){
           Monster monster = MinecraftRPG.instance.monsterManager.get(damager.getUnique-
Id());

           PlayerStatus playerStatus = MinecraftRPG.instance.player.getStatus();
           e.setDamage(e.getDamage() + monster.getStatus().Str - playerStatus.Def);
       }
    }
```

Events.java

❶ "EntityDamageByEntityEvent"는 엔티티가 다른 엔티티에 의해 내미지를 받았을 경우 호출되는 이벤트입니다.

❷ "EntityDamagedByEntityEvent"의 "getEntity"와 "getDamager" 메서드는 각각 피해를 입은 엔티티와 피해를 준 엔티티를 들고 옵니다.

❸ 조건식을 통해 플레이어가 Monster를 공격한 것인지 검사합니다. Monster의 "spawn" 메서드를 통해 Monster를 스폰할 경우, 해당 메서드에서 반환되는 UUID를 메인 클래스의 "monsterManager"에 해당 Monster 객체와 같이 등록할 것이기 때문에 특정 엔티티가 Monster인지 여부는 해당 엔티티의 UUID를 받아와 "monsterManager"의 "containsKey" 메서드로 "monsterManager"가 해당 엔티티의 UUID를 포함하고 있는지로 검사합니다.

❹ "EntityDamagedByEntityEvent"의 "setDamage" 메서드를 사용하여 대미지를 설정합니다. "get-Damage" 메서드는 해당 이벤트로 발생하는 대미지를 들고 오며, 이 대미지에 대미지를 준 플레이어의 "Str" 값을 더하고 피격 Monster의 "Def" 값을 빼서 최종 대미지를 산출합니다.

❺ 몬스터가 플레이어를 공격했을 때 대미지 계산 부분입니다. "victim"과 "damager"가 서로 바뀐 것을 제외하고 세부 내용은 ❸~❹와 동일합니다.

```
    @EventHandler
❶  void onEntityDeath(EntityDeathEvent e) {
❷      Entity victim = e.getEntity();
        Entity killer = e.getEntity().getKiller();

❸      if (killer != null) {
            UUID uuid = victim.getUniqueId();

❹          if (MinecraftRPG.instance.monsterManager.containsKey(uuid)) {
                Monster monster = MinecraftRPG.instance.monsterManager.get(uuid);
                PlayerStatus playerStatus = MinecraftRPG.instance.player.getStatus();

❺              for (ItemStack i : monster.getDropItems()) {
                    victim.getLocation().getWorld().dropItem(victim.getLocation(), i);
                }

❻              RPGPlayerExpChangeEvent event = new RPGPlayerExpChangeEvent(Minecraf-
tRPG.instance.player,
                        playerStatus.playerExp,
                        playerStatus.playerExp + monster.getDropExp());
```

```java
            playerStatus.playerExp += monster.getDropExp();
            Bukkit.getPluginManager().callEvent(event);
            MinecraftRPG.instance.monsterManager.remove(uuid);
        }
    }
}
```

Events.java

❶ "EntityDeathEvent"는 엔티티가 죽었을 때 호출되는 이벤트입니다.

❷ "EntityDeathEvent"는 엔티티를 누가 죽였는지에 대한 정보를 제공해 주지 않기 때문에 Entity 객체의 "getKiller" 메서드를 사용하여 얻어옵니다.

❸ 엔티티가 불에 타서 죽는 등, 자연사한 경우를 제외합니다.

❹ 현재 죽은 개체가 Monster인지 검사합니다. 만약 그렇다면 개체에 해당하는 Monster를 가져옵니다.

❺ Monster의 "dropItems"를 불러와 순회해 해당하는 떨어진 아이템을 스폰합니다. "dropItem" 메서드는 주어진 위치에 주어진 ItemStack을 가진 "떨어진 아이템"을 스폰하는 메서드입니다. 사용법은 다음과 같습니다.

dropItem(스폰할 위치, 주우면 획득할 ItemStack)

❻ Monster의 "dropExp" 값을 들고 와 플레이어에게 지급합니다. 플레이어의 Exp가 올랐으므로 "RPG-PlayerExpchangeEvent" 객체를 생성하고 플러그인 매니저의 "callEvent"로 호출해 줍니다. 우리가 만든 커스텀 이벤트는 버킷에서 자연적으로 호출되지 않기 때문에 "callEvent" 메서드로 우리가 직접 호출해줘야 합니다. 또한 죽은 Monster는 "monsterManager"에서 삭제합니다.

```java
    @EventHandler
❶ void onRPGPlayerExpChange(RPGPlayerExpChangeEvent e) {
        RPGPlayer player = e.getPlayer();

❷       if (player.playerStatus.playerExp >= player.playerStatus.playerExpMax) {
            RPGPlayerLevelChangeEvent event = new RPGPlayerLevelChangeEvent(
                player,
                player.getStatus().playerLevel,
                player.getStatus().playerLevel + 1);

            player.playerStatus.playerLevel += 1;
            player.getStatus().playerExp-=player.getStatus().playerExpMax;
            Bukkit.getPluginManager().callEvent(event);
        }
    }
```

Events.java

❶ RPGPlayerExpChangeEvent가 호출될 경우의 로직을 작성합니다. 먼저 우리가 제작한 "RPGPlayer-ExpChangeEvent"의 "getPlayer" 메서드를 통해 이벤트의 RPGPlayer를 가져옵니다.

❷ 플레이어의 현재 Exp가 "playerExpMax"를 넘었는지 검사하고, 넘었다면 레벨업 기능을 수행합니다. 레벨업 기능은 "playerLevel"을 1 증가시키고, "playerExp"를 "playerExpMax" 만큼 감소시킨 후, 해당 정보를 담은 "RPGPlayerLevelChangeEvent" 객체를 생성하여 "callEvent"로 호출해 줍니다. 이렇게 되면, 우리가 앞서 작성한 "onRPGPlayerLevelChange" 메서드가 실행되며 플레이어에게 Sp가 지급됩니다.

이제 전투 시스템까지 얼추 완성한 것 같습니다. 그럼, 이쯤에서 테스트를 한번 진행하겠습니다. 테스트를 위해 커맨드를 만들어 줍니다. "Cmds"라는 클래스를 만들어 다음과 같이 작성해 줍니다.

```java
public class Commands implements CommandExecutor {

    @Override
    public boolean onCommand(@NotNull CommandSender sender, @NotNull Command command,
                             @NotNull String label, @NotNull String[] args) {

        if(sender instanceof Player){
            Player player = (Player) sender;
            if(args.length > 0){
❶              if(args[0].equalsIgnoreCase("test")){
❷                  Monster monster = new Monster(EntityType.ZOMBIE,
                        new PlayerStatus(),
                        new ItemStack[]{new ItemStack(Material.IRON_INGOT, 1)},
                        5);

❸                  MinecraftRPG.instance.monsterManager.put(monster.spawn(player.getLo-
cation()), monster);
                }
            }
        }

        return false;
}
```

Cmds.java

❶ "test"라는 새로운 커맨드 옵션을 생성합니다.

❷ 새로운 Monster 객체를 생성합니다. 이전에 작성한 Monster 클래스의 생성자에 따라 "ZOMBIE" 타입, 기본적인 PlayerStatus, 죽었을 때 5의 경험치와 "IRON_INGOT" 1개를 떨어뜨리는 몬스터를 스폰할 수 있는 Monster 객체를 만들어 주었습니다.

❸ 해당 몬스터를 스폰하고 이를 "monsterManager"에 등록해 줍니다. 이때, Monster 클래스의 "spawn" 메서드는 생성한 개체의 UUID를 반환하므로 Key 값으로 UUID 값을 받는 "monsterManager"의 "put" 메서드 안에 바로 넣어 주었음을 볼 수 있습니다.

이후 메인 클래스에서 방금 제작한 커맨드와 이벤트들을 등록해 줍니다.

```java
public final class MinecraftRPG extends JavaPlugin {
    public static MinecraftRPG instance;
    public HashMap<UUID,Monster> monsterManager = new HashMap<>();
    public RPGPlayer player;

    @Override
    public void onEnable() {
        // Plugin startup logic
        instance = this;

        Bukkit.getPluginManager().registerEvents(new Events(), this);
        Bukkit.getPluginCommand("rpg").setExecutor(new Commands());
    }

    @Override
    public void onDisable() {
        // Plugin shutdown logic
    }
}
```

메인 클래스

이후 빌드하고 플러그인을 적용해 보면, "/rpg test"라고 입력했을 때 좀비가 스폰되고, 그 좀비를 처치할 경우, 철괴가 추가로 지급되는 것을 확인할 수 있습니다.

스테이터스 GUI

이번엔 본인의 스테이터스를 확인하고 SP를 소모하여 스테이터스를 증가시킬 수 있는 스테이터스 GUI를 제작할 겁니다. 이전에 배웠던 대로 메인 클래스에 "createCustomItem" 메서드를 작성하고, 인벤토리를 생성합니다.

```java
public final class MinecraftRPG extends JavaPlugin {
    public static MinecraftRPG instance;
    public RPGPlayer player;
    public HashMap<UUID,Monster> monsterManager = new HashMap<>();
❶  public Inventory playerStatusGUI;


    @Override
    public void onEnable() {
        // Plugin startup logic
        instance = this;
        Bukkit.getPluginManager().registerEvents(new Events(), this);
        Bukkit.getPluginCommand("rpg").setExecutor(new Commands());

❷      playerStatusGUI = Bukkit.createInventory(null, 9, "Status");
    }


    @Override
    public void onDisable() {
        // Plugin shutdown logic
    }


❸  public static ItemStack createCustomItem(Material type, String name, int customModel-
Data){
        ItemStack _item = new ItemStack(type, 1);
        ItemMeta _meta = _item.getItemMeta();
        _meta.setDisplayName(name);
        _meta.setCustomModelData(customModelData);
        _item.setItemMeta(_meta);
        return _item;
    }
}
```

메인 클래스

❶ 스테이터스를 관리할 인벤토리 GUI를 저장하는 변수입니다.

❷ 9칸짜리 "Status"라는 이름을 가진 인벤토리를 생성하여 "playerStatusGUI"에 저장해줍니다.

❸ 커스텀 아이템을 생성하는 "createCustomItem" 메서드도 만들어 줍니다.

이제 이 인벤토리에 아이템을 배치해 주는 함수를 따로 만들어서 사용할 겁니다. 이렇게 하는 이유는 플레이어의 스테이터스는 매번 바뀌고, 그렇기 때문에 플레이어가 스테이터스 GUI를 열 때마다, 들어있는 아이템에 정보를 업데이트해 주어야 하므로, 구현했을 때, 코드를 조금 더 보기 쉬워지게 하기 위함입니다. onEnable 블록 밑에 아래와 같이 "updateStatusGUI"라는 함수를 작성합니다.

```java
    public void updateStatusGUI(){
❶      playerStatusGUI.setItem(0, createCustomItem(Material.NETHER_STAR, "LV : " + player.
getStatus().playerLevel, 1));
        playerStatusGUI.setItem(1, createCustomItem(Material.EMERALD, "LV : " + player.get-
Status().playerExp + "/" + player.getStatus().playerExpMax, 1));
        playerStatusGUI.setItem(2, createCustomItem(Material.BLACK_STAINED_GLASS_PANE, "", 0
));

❷      playerStatusGUI.setItem(3, createCustomItem(Material.DIAMOND_SWORD, "STR : " + player
.getStatus().Str, 1));
        playerStatusGUI.setItem(4, createCustomItem(Material.FEATHER, "AGILE : " + player.
getStatus().Agile, 1));
        playerStatusGUI.setItem(5, createCustomItem(Material.SHIELD, "DEF : " + player.getSta-
tus().Def, 1));

        playerStatusGUI.setItem(6, createCustomItem(Material.BLACK_STAINED_GLASS_PANE, "", 0
));
        playerStatusGUI.setItem(7, createCustomItem(Material.BLACK_STAINED_GLASS_PANE, "", 0
));
❸      playerStatusGUI.setItem(8, createCustomItem(Material.EMERALD, "SP : " + player.get-
Status().Sp, 1));
    }
```

메인 클래스

❶ 플레이어의 레벨과 현재 Exp 상태를 표기할 ItemStack을 세팅합니다.

❷ 플레이어의 각 스테이터스를 표기할 ItemStack을 세팅합니다.

❸ 플레이어의 "Sp"를 표시할 ItemStack을 세팅합니다.

이제 Commands.java로 가서 이렇게 만든 statusGUI를 여는 명령어를 제작하겠습니다. Commands 클래스에 다음과 같이 작성해 줍니다.

```java
public class Commands implements CommandExecutor {

    @Override
    public boolean onCommand(@NotNull CommandSender sender, @NotNull Command command,
                             @NotNull String label, @NotNull String[] args) {


        if(sender instanceof Player){
            Player player = (Player) sender;
            if(args.length > 0){
                if(args[0].equalsIgnoreCase("test")){
                    Monster monster = new Monster(EntityType.ZOMBIE,
                        new PlayerStatus(),
                        new ItemStack[]{new ItemStack(Material.IRON_INGOT, 1)},
                        5);

                    MinecraftRPG.instance.monsterManager.put(monster.spawn(player.getLo-
cation()), monster);
                }

                if(args[0].equalsIgnoreCase("status")){
                    MinecraftRPG.instance.updateStatusGUI();
                    player.openInventory(MinecraftRPG.instance.playerStatusGUI);
                }
            }
        }

        return false;
    }
```

Commands.java

"openInventory" 메서드에서 playerStatusGUI를 열기 전에, 먼저 updateStatusGUI를 사용하여 인벤토리를 업데이트해 주는 것을 확인할 수 있습니다.

이제 GUI에 상호작용을 넣겠습니다. 들어있는 아이템들이 다른 곳으로 옮겨지는 것을 막고, SP가 있으면, "Str", "Def", "Agile" 중 하나의 스테이터스를 SP를 소모하여 증가시킬 수 있도록 구현하겠습니다. Events.java로 가서 다음과 같이 덧붙여 주겠습니다.

```java
@EventHandler
void onPlayerClickInventory(InventoryClickEvent e) {
❶   Player player = (Player) e.getWhoClicked();
    Inventory inventory = e.getClickedInventory();
    ItemStack item = e.getCurrentItem();

❷   if (inventory == MinecraftRPG.instance.playerStatusGUI) {
        e.setCancelled(true);

❸       if (item != null && MinecraftRPG.instance.player.getStatus().Sp >= 1) {
            switch (item.getType()) {
                case DIAMOND_SWORD:
                    MinecraftRPG.instance.player.getStatus().Str += 1;
                    MinecraftRPG.instance.player.getStatus().Sp -= 1;
                    break;

                case FEATHER:
                    MinecraftRPG.instance.player.getStatus().Agile += 1;
                    MinecraftRPG.instance.player.getStatus().Sp -= 1;
                    break;

                case SHIELD:
                    MinecraftRPG.instance.player.getStatus().Def += 1;
                    MinecraftRPG.instance.player.getStatus().Sp -= 1;
                    break;
            }

            MinecraftRPG.instance.updateStatusGUI();
        }
    }
}
```

Events.java

❶ 인벤토리를 클릭한 플레이어, 클릭한 인벤토리, 클릭한 아이템을 각각 가져와 변수에 저장합니다.

❷ 클릭한 인벤토리를 검사하여 "playerStatusGUI"이라면 이벤트를 취소합니다.

❸ 아이템을 클릭했고, "Sp"가 1보다 클 경우, 클릭한 아이템에 따라 "Sp"를 차감하고 각 해당하는 스테이터스를 증가시킵니다. 또한, "updateStatusGUI" 메서드를 통해 "playerStatusGUI"를 업데이트합니다.

이제 빌드하고 실행 후 "/rpg test" 명령어로 소환한 좀비를 죽이면 경험치가 올라가고, 20마리를 처치해 경험치 100이 되면, 레벨로 전환되며 SP를 1 증가시켜 주고 SP를 소모하여 스테이터스를 올릴 수 있는 것을 확인할 수 있습니다.

콘텐츠 구현 :
레벨 시스템

- Chapter 5에서 배웠던 좌표 시스템과 조건문, 반복문을 이용하여 RPG 게임 각 구역을 나눠줄 지역 시스템을 작성한다.
- Monster 클래스를 상속받아 보스 몬스터를 생성할 BossMonster 클래스를 제작한다.
- 전투를 화려하게 해줄 스킬을 Chapter 10에서 배웠던 인터페이스를 통해 제작하고, 이를 토대로 견본이 될 스킬 하나를 인터페이스를 구현하여 제작한다.

이번 챕터에선 플레이어의 성장에 따른 레벨을 구현할 레벨 시스템을 제작할 겁니다. 여기서 말하는 레벨은 RPG 게임이 진행되는 공간을 의미합니다. 플레이어가 사냥할 사냥터나, 플레이어가 재정비하고 다시 전투에 나갈 수 있는 마을, 보스 몬스터가 존재하는 보스 몬스터 아레나 등이 모두 레벨에 포함됩니다. 그리고 우리는 마인크래프트 공간을 플러그인의 "레벨"로 사용할 수 있게 만들어주는 레벨 시스템을 이번 파트에서 제작할 겁니다. 마을, 보스 아레나 등이 포함될 지역 시스템, 보스 아레나에 배치되어 플레이어의 목표가 되어줄 보스 몬스터, 그리고 레벨이 올라 전직을 할 경우 받는 스킬이 여기에 포함됩니다.

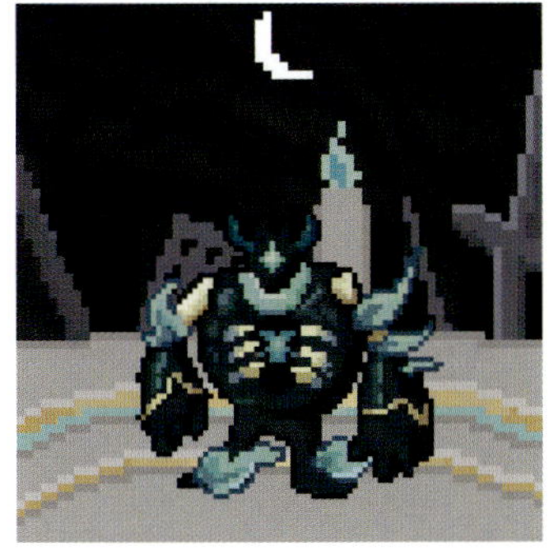

이번에는 지역 시스템을 만들겠습니다. 지역은 "Area"라는 클래스를 만들고 이를 상속하는 식으로 구현하겠습니다. 또한, 이 지역의 타입을 나타낼 "AreaType" Enum 클래스도 제작해 주겠습니다. 클래스를 만들고, 다음과 같이 작성합니다.

```java
public enum AreaType {
    BOSS_ARENA,
    VILLAGE
}
```

AreaType.java

```java
public class Area {
① public String name;
   public AreaType type;
② Location sp;
   Location ep;

③ public Area(String name, AreaType type, Location sp, Location ep){
       this.name = name;
       this.sp = sp;
       this.ep = ep;
       this.type = type;
   }

④ public void onPlayerEnter(Player player){}
   public void onPlayerExit(Player player){}

⑤ public boolean isInArea(Location target){
       if(sp.getX() <= target.getX() && target.getX() <= ep.getX()
           && sp.getY() <= target.getY() && target.getY() <= ep.getY()
           && sp.getZ() <= target.getZ() && target.getZ() <= ep.getZ()){
         return true;
       } else return false;
   }
```

```java
❻ public String getName(){ return name; }
   public AreaType getType(){ return type; }
}
```

Area.java

❶ "name"과 "type"은 각각 이 "Area"의 이름과 종류를 저장하는 멤버 변수입니다.

❷ "sp"와 "ep"는 이 "Area"의 범위를 지정할 Location 타입의 변수입니다. 각 시작점, 끝점을 의미합니다.

❸ "Area" 클래스의 생성자입니다.

❹ "onPlayerEnter"와 "onPlayerExit"은 각각 플레이어가 이 "Area"에 입장/퇴장할 때 호출될 메서드입니다. 보시는 바와 같이 내부엔 아무 기능도 구현되어 있지 않습니다. 이는 이 "Area"를 상속한 클래스에서 구현할 것이기 때문입니다.

❺ "isInArea"는 주어진 Location이 이 "Area" 내부의 위치인지 판별하는 함수입니다.

❻ 각 멤버 변수들을 반환하는 메서드들 입니다.

이러면 이후 실제 지역 클래스를 제작할 때, 이 "Area" 클래스를 상속받아 두 메서드를 구현해 주기만 하면 간단히 새로운 지역을 추가할 수 있습니다.

그럼, 방금 만든 "Area" 를 상속하여 "Village"라는 마을 지역 클래스를 제작해 보겠습니다. "Village.java" 파일을 생성하고 다음과 같이 작성합니다.

```java
public class Village extends Area {

    public Village(String name, Location sp, Location ep){
        super(
            name,
            AreaType.VILLAGE,
            new Location(sp.getWorld(),
                Math.min(sp.getX(), ep.getX()),
                Math.min(sp.getY(), ep.getY()),
                Math.min(sp.getZ(), ep.getZ())),
            new Location(sp.getWorld(),
                Math.max(sp.getX(), ep.getX()),
                Math.max(sp.getY(), ep.getY()),
                Math.max(sp.getZ(), ep.getZ()))
        );
    }


    @Override
    public void onPlayerEnter(Player player){
        player.sendTitle(name, "", 10, 70, 10);
    }
}
```

Village.java

❶ "Village" 클래스는 "Area" 클래스를 상속받아 구현합니다.

❷ "Village" 클래스의 생성자입니다. "Village" 클래스는 "Village" 타입의 "Area" 클래스를 구현할 예정이므로 "AreaType"에 대한 인자를 받지 않습니다.

❸ "super"는 부모 클래스의 생성자를 의미합니다. 여기서는 "Village" 클래스가 "Area" 클래스를 상속받았으므로 "Area" 클래스의 생성자를 의미합니다. 여기에 각 인자를 넘겨주는데, "sp"와 "ep"에 해당하는 Location 값의 경우, 두 Location 중 작은 부분을 모은 Location을 "sp"로, 큰 부분을 모은 Location을 "ep"로 넘겨 "isInArea" 메서드 연산 시 에로사항이 없도록 주의합니다.

❹ 이후 플레이어가 해당 "Village"에 입장했을 때, 플레이어에게 "name"을 타이틀로 띄우는 코드를 "onPlayerEnter"에 작성해줍니다.

이제 이 Area를 관리하는 "AreaManager"를 제작합니다.

```java
public class AreaManager {

❶ public static AreaManager instance;
   HashMap<String, Area> areas = new HashMap<>();

❷ public AreaManager() {
       instance = this;
   }

❸ public boolean addStage(Area area){
       if(areas.containsKey(area.getName())){
           return false;
       } else {
           areas.put(area.getName(), area);
           return true;
       }
   }

❹ public Area getArea(String name) { return areas.get(name); }

   public Area getStage(Location loc) {
       Area result = null;
       for (Area a : areas.values()) {
           if(a.isInArea(loc)){
               result = a;
               break;
           }
       }
       return result;
   }
}
```

AreaManager.java

❶ AreaManager는 전체 Area를 관리하는 클래스이므로 플러그인이 동작하는 동안 하나의 객체만 생성
될 것이기 때문에 메인 클래스와 마찬가지로 싱글톤 패턴을 적용해 줍니다. 또한 "areas"는 "Area"의
"name"을 Key 값으로 "Area" 객체를 저장하는 HashMap입니다.

❷ "AreaManager" 클래스의 생성자입니다. "AreaManager" 객체를 생성하면, 생성된 객체를 싱글톤으로
등록해 줍니다.

❸ "Area"를 "areas"에 추가하는 메서드입니다. "areas"에 이미 같은 이름의 "Area"가 있다면 추가하지
않고 "false"를 반환, 그렇지 않다면 추가하고 "true"를 반환하여 외부에서 추가가 제대로 되었는지 확
인할 수 있게 해 줍니다.

❹ "getArea" 메서드가 두 개가 있습니다. 하나는 문자열 "name"을 통해 해당 이름을 가진 "Area"를 찾는
메서드이고, 또 하나는 Location을 통해 해당 위치에 해당하는 "Area"를 찾는 메서드입니다.

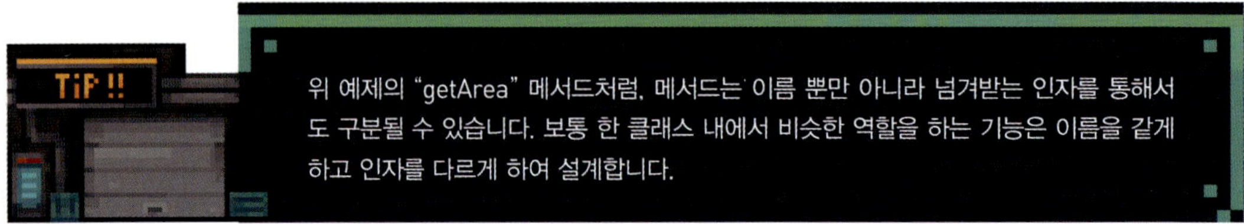

위 예제의 "getArea" 메서드처럼, 메서드는 이름 뿐만 아니라 넘겨받는 인자를 통해서
도 구분될 수 있습니다. 보통 한 클래스 내에서 비슷한 역할을 하는 기능은 이름을 같게
하고 인자를 다르게 하여 설계합니다.

이후 Events.java로 가서 다음과 같이 덧붙여 줍니다.

```java
    @EventHandler
❶  void onPlayerMove(PlayerMoveEvent e) {
❷      Location sp = e.getFrom();
        Location ep = e.getTo();
        Player player = e.getPlayer();
❸      AreaManager areaManager = AreaManager.instance;

❹      if (areaManager.getStage(sp) != areaManager.getStage(ep)) {
❺          if (areaManager.getStage(sp) != null)
                areaManager.getStage(sp).onPlayerExit(player);

            if (areaManager.getStage(ep) != null)
                areaManager.getStage(ep).onPlayerEnter(player);
        }
    }
```

Events.java

❶ "PlayerMoveEvent"는 서버의 각 플레이어의 움직임이 발생할 때마다 호출되는 이벤트입니다.

❷ "getFrom" 메서드와 "getTo" 메서드는 각각 플레이어가 움직이기 전, 후의 Location 값을 가지고 오며, "getPlayer" 메서드는 현재 움직인 플레이어를 들고 옵니다.

❸ AreaManager 싱글톤 객체를 들고 옵니다.

❹ 플레이어의 이전 위치와 현재 위치에서의 "Area"가 다를 경우, 다른 "Area"로 입장했다 판단하고 로직을 실행시킵니다.

❺ 이전 Area와 현재 Area가 각각 "null" 값이 아닐 때, 이전 Area에서는 "onPlayerExit" 메서드를, 현재 Area에서는 "onPlayerEnter" 메서드를 각각 실행시킵니다.

마지막으로 메인 클래스에 AreaManager 생성자를 추가해서 AreaManager의 싱글톤 인스턴스가 생성될 수 있도록 해줍니다. 또한 Area를 생성할 때 사용할 변수 "sp"와 "ep"도 각각 선언해줍니다.

```java
public final class MinecraftRPG extends JavaPlugin {
    public static MinecraftRPG instance;
    public RPGPlayer player;
    public HashMap<UUID,Monster> monsterManager = new HashMap<>();
    public Inventory playerStatusGUI;
    public Location sp, ep;

    @Override
    public void onEnable() {
        // Plugin startup logic
        instance = this;

        Bukkit.getPluginManager().registerEvents(new Events(), this);
        Bukkit.getPluginCommand("rpg").setExecutor(new Commands());

        playerStatusGUI = Bukkit.createInventory(null, 9, "Status");

        new AreaManager();
    }

    @Override
```

```java
    public void onDisable() {
        // Plugin shutdown logic
    }
}
```

메인 클래스

이제 Area를 생성하는 커맨드를 작성할 겁니다. 마찬가지로 EscapeMap 프로젝트의 "Commands.java" 클래스에서 사용했던 코드를 가져와서 제작해 볼 겁니다. "Commands.java"로 가서 다음과 같이 덧붙여 주겠습니다.

```java
public class Commands implements CommandExecutor {

    @Override
    public boolean onCommand(@NotNull CommandSender sender, @NotNull Command command,
                             @NotNull String label, @NotNull String[] args) {

        if (sender instanceof Player) {
            Player player = (Player) sender;
            if (args.length > 0) {

                if (args[0].equalsIgnoreCase("test")) {
                    Monster monster = new Monster(EntityType.ZOMBIE,
                        new PlayerStatus(),
                        new ItemStack[]{new ItemStack(Material.IRON_INGOT, 1)},
                        5);
                    MinecraftRPG.instance.monsterManager.put(monster.spawn(player.getLocation()), monster);
                }

                if (args[0].equalsIgnoreCase("status")) {
                    MinecraftRPG.instance.updateStatusGUI();
                    player.openInventory(MinecraftRPG.instance.playerStatusGUI);
                }
```

```java
❶      if (args[0].equalsIgnoreCase("village")) {
❷          if (args.length < 2) {
               player.sendMessage("/rpg village [마을 이름]");
           } else {
❸              if (AreaManager.instance.addStage(new Village(args[1],
                       MinecraftRPG.instance.sp,
                       MinecraftRPG.instance.ep))) {
                   player.sendMessage("마을 " + args[1] + "을(를) 성공적으로 생성하
였습니다.");
❹              } else {
                   player.sendMessage(ChatColor.RED + "같은 이름의 마을이 이미 있습
니다!");
               }
           }
       }
   }


   return false;
}
```

Commands.java

❶ "village"라는 새로운 커맨드 옵션을 추가합니다.

❷ 커맨드의 길이를 검사하고, 설정한 길이보다 짧을 경우 커맨드의 올바른 사용법을 출력해 줍니다.

❸ 커맨드 두 번째 옵션을 이름으로 하고, 메인 클래스의 "sp", "ep"를 각각 시작점, 끝점으로 하는 "Vil-
   lage" 객체를 하나 생성하여 AreaManager에 추가합니다. 이때, "addStage"가 추가 성공/실패에 따른
   boolean값을 반환하기 때문에 조건문 안쪽에 써 준 것을 볼 수 있습니다.

❹ 만약 "addStage" 메서드가 "false"를 반환했다면, 같은 이름의 "Area"가 이미 존재하여 추가가 실패했
   다는 뜻이므로 "같은 이름의 마을이 이미 있습니다!"라는 메시지를 플레이어에게 빨간색으로 띄워줍니다.

그리고 "Event.java"로 다시 돌아가서 "블레이즈 막대"를 통해 "sp"와 "ep"를 설정할 수 있는
기능을 구현해줍니다.

```java
@EventHandler
void onPlayerInteract(PlayerInteractEvent e) {

    Block block = e.getClickedBlock();
    Player player = e.getPlayer();
    ItemStack item = player.getInventory().getItemInMainHand();
    Action action = e.getAction();

    if (item.getType().equals(Material.BLAZE_ROD)) {
        e.setCancelled(true);

        if (action.equals(Action.RIGHT_CLICK_BLOCK)) {
            MinecraftRPG.instance.ep = block.getLocation();
            player.sendMessage("두번째 좌표가 설정되었습니다.");
        } else if (action.equals(Action.LEFT_CLICK_BLOCK)) {
            MinecraftRPG.instance.sp = block.getLocation();
            player.sendMessage("첫번째 좌표가 설정되었습니다.");
        }
    }
}
```

Events.java

해당 코드는 Chapter 5의 해보기 부분에서 설명한 코드와 동일하므로 따로 설명하지는 않겠습니다.

이후 빌드하고 테스트해 보면, 마을에 입장했을 때 다음과 같은 타이틀이 뜨는 것을 볼 수 있습니다.

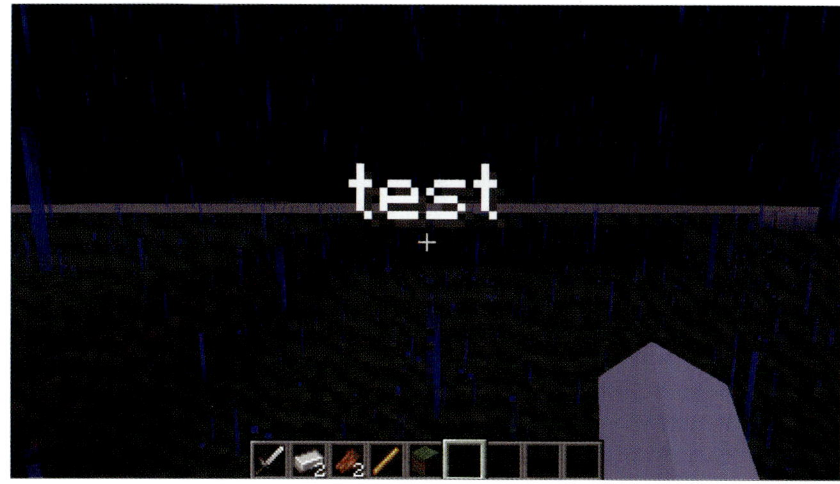

작동 화면

이번에 제작할 건 보스 몬스터와 보스 몬스터 아레나입니다. 먼저 보 스몬스터 클래스를 작성해 주겠습니다. 새로운 클래스 "BossMonster"를 생성하고 다음과 같이 작성해 줍니다.

```java
① public class BossMonster extends Monster {
②   BossBar bossBar;
     String name;
     BukkitRunnable runnable;
     LivingEntity entity;
     boolean isDefeated;

③   public BossMonster(EntityType type, PlayerStatus status, ItemStack[] dropItems, int dropExp, String name){
         super(type, status, dropItems, dropExp);
         this.name = name;
         bossBar = Bukkit.createBossBar(
             NamespacedKey.minecraft("boss_" + name.toLowerCase()),
             name,
             BarColor.PURPLE,
             BarStyle.SOLID
         );
```

```java
    }

    @Override
❹ public UUID spawn(Location location){
        if(location.getWorld() == null) return null;
        entity = (LivingEntity) location.getWorld().spawnEntity(location, type);
❺      runnable = new BukkitRunnable(){
            @Override
            public void run(){
                bossBar.setProgress(entity.getHealth() / entity.getAttribute(Attribute.
GENERIC_MAX_HEALTH).getValue());
            }
        };
        runnable.runTaskTimer(MinecraftRPG.instance, 0, 1);
        return entity.getUniqueId();
    }

❻ public void despawn(){
        runnable.cancel();
        entity.remove();
    }

❼ public void defeated(){
        runnable.cancel();
        isDefeated = true;
    }
}
```

BossMonster.java

❶ "BossMonster"는 "Monster" 클래스를 상속받아 구현합니다.

❷ "bossBar"는 해당 "BossMonster"의 체력을 표시할 BossBar 객체를 저장합니다. 또한 우리는 이 BossBar의 상태를 "BossMonster"의 엔티티의 체력과 연동하여 업데이트해 줄 BukkitRunnable 객체도 필요합니다. 이는 BossMonster가 쓰러졌거나, 플레이어가 BossMonster의 반경으로부터 이탈했다면 작동을 멈출 수 있게 "runnable"이라는 변수로 저장해 둡니다. 또한 이 보스 몬스터가 쓰러졌는지를 저장할 "defeated" 변수도 선언해 줍니다.

❸ "BossMonster"의 생성자입니다. 여기서도 "super"로 부모 클래스인 "Monster" 클래스의 생성자를 호출해 줍니다. 또한 BossBar 객체도 여기서 생성하여 저장해 둡니다.

❹ "spawn" 메서드를 오버라이딩합니다. 이는 BossMonster의 체력과 "bossBar"의 수치를 연동하기 위함입니다.

❺ BossMonster의 체력과 "bossBar"의 수치를 연동해줄 BukkitRunnable 객체입니다. "run" 메서드에 스폰된 엔티티에 접근하여 해당 엔티티의 남은 체력을 비율로 "bossBar"에 업데이트하는 모습을 볼 수 있습니다.

❻ 해당 BossMonster의 반경으로 플레이어가 이탈했을 경우 등의 상황에서 BossMonster를 디스폰하는 메서드입니다. "cancel" 메서드를 통해 "runnable"을 통한 작업을 취소하고 엔티티를 삭제합니다.

❼ 해당 BossMonster가 플레이어에 의해 쓰러졌을 경우 호출되는 "defeated" 메서드입니다. "runnable"의 작업을 취소하고, "isDefeated"의 값을 "true"로 변경합니다.

이제는 보스 몬스터와 싸우게 될 아레나를 제작하겠습니다. "BossArena"라는 클래스를 만들고 다음과 같이 작성해 줄 겁니다.

```
❶ public class BossArena extends Area {
❷    BossMonster boss;
      UUID bossUUID;
      Location bossSpawnLocation;

❸    public BossArena(String name, Location sp, Location ep,
          BossMonster boss, Location bossSpawnLocation){
          super(
              name,
              AreaType.BOSS_AREA,
              new Location(sp.getWorld(),
                  Math.min(sp.getX(), ep.getX()),
                  Math.min(sp.getY(), ep.getY()),
                  Math.min(sp.getZ(), ep.getZ())),
              new Location(sp.getWorld(),
                  Math.max(sp.getX(), ep.getX()),
                  Math.max(sp.getY(), ep.getY()),
                  Math.max(sp.getZ(), ep.getZ())))
          );
          this.boss = boss;
          this.bossSpawnLocation = bossSpawnLocation;
```

```java
    }

    @Override
❹ public void onPlayerEnter(Player player){
        if(boss.isDefeated) return;
        bossUUID = boss.spawn(bossSpawnLocation);
        MinecraftRPG.instance.monsterManager.put(bossUUID, boss);
        boss.bossBar.addPlayer(player);
    }


    @Override
❺ public void onPlayerExit(Player player){
        boss.bossBar.removePlayer(player);
        boss.despawn();
        MinecraftRPG.instance.monsterManager.remove(bossUUID);
    }
}
```

BossArena.java

❶ "BossArena"도 "Village" 클래스와 마찬가지로 "Area" 클래스를 상속받아 제작합니다.

❷ "boss"는 해당 "BossArena"가 생성할 BossMonser입니다. 스폰된 개체의 UUID를 저장할 "bossUUID"
도 선언해 주고, BossMonster를 스폰할 위치인 "bossSpawnLocation" 변수도 선언해 줍니다.

❸ "BossArean"의 생성자입니다. "Village" 클래스와 마찬가지로 "super"를 통해 "Area"의 생성자를 호
출해 줍니다. 이후 추가로 받은 스폰할 몬스터와 스폰할 위치에 대한 정보도 변수에 저장합니다.

❹ 플레이어가 입장했을 때 "boss"의 "isDefeated"가 "true"가 아니라면 "bossSpawnLocation"에 보스
몬스터를 스폰해주고, 해당 BossMonster의 "bossBar"에 플레이어를 추가하여 보스 바를 볼 수 있게
합니다.

❺ 플레이어가 퇴장했을 경우엔 "bossBar"에서 플레이어를 제거하고 보스 몬스터를 디스폰해줍니다. 또한
"monsterManager"에서 해당 보스 몬스터를 제거해 줍니다.

그러면 이제 보스 아레나 테스트를 위한 커맨드를 작성해 줍니다. Commands.java로 가서 다
음과 같은 옵션을 추가해 줍니다.

```java
if (args[0].equalsIgnoreCase("testboss")) {
❶ if (AreaManager.instance.addStage(
        new BossArena("testBoss",
            MinecraftRPG.instance.sp,
            MinecraftRPG.instance.ep,
❷          new BossMonster(EntityType.ZOMBIE,
                new PlayerStatus(),
                new ItemStack[]{new ItemStack(Material.EMERALD, 1)},
                20,
                "ZombieKing"),
❸          new Location(player.getWorld(),
                (MinecraftRPG.instance.sp.getX() + MinecraftRPG.instance.ep.getX()) / 2,
                MinecraftRPG.instance.sp.getY() + 1,
                (MinecraftRPG.instance.sp.getZ() + MinecraftRPG.instance.ep.getZ()) / 2
            )
        )
    ) {
❹      player.sendMessage("테스트 보스 아레나를 성공적으로 생성했습니다.");
    }
}
```

Commands.java

❶ "Village"를 생성할 때와 동일하게 조건문에서 "addStage"를 호출해줍니다.

❷ 해당 "BossArena"가 생성할 "BossMonster"를 정의해 줍니다. 저는 "ZombieKinge"이라는 "ZOM-BIE" 타입의 쓰러지면 에메랄드 1개와 20의 경험치를 주는 "BossMonster"를 추가했습니다.

❸ 생성한 "BossMonster"를 스폰할 좌표를 설정합니다. 간단하게 "Area"의 중간 지점으로 설정하겠습니다.

❹ 생성이 성공적으로 완료되었다면, 플레이어에게 "테스트 보스 아레나를 성공적으로 생성했습니다."라는 메시지를 보냅니다.

다음은 Events.java로 가서 "onEntityDeath"에 다음과 같이 덧붙여 줍니다. 보스 몬스터가 죽었을 경우, 보스 몬스터의 "defeat" 메서드를 호출하여 격파 처리를 하는 코드입니다.

```java
@EventHandler
void onEntityDeath(EntityDeathEvent e) {

    Entity victim = e.getEntity();
    Entity killer = e.getEntity().getKiller();

    if (killer != null) {
        UUID uuid = victim.getUniqueId();

        if (MinecraftRPG.instance.monsterManager.containsKey(uuid)) {
            Monster monster = MinecraftRPG.instance.monsterManager.get(uuid);
            PlayerStatus playerStatus = MinecraftRPG.instance.player.getStatus();

            for (ItemStack i : monster.getDropItems()) {
                victim.getLocation().getWorld().dropItem(victim.getLocation(), i);
            }

            RPGPlayerExpChangeEvent event = new RPGPlayerExpChangeEvent(MinecraftRPG.
instance.player,
                    playerStatus.playerExp,
                    playerStatus.playerExp + monster.getDropExp());
            playerStatus.playerExp += monster.getDropExp();
            Bukkit.getPluginManager().callEvent(event);
            MinecraftRPG.instance.monsterManager.remove(uuid);
        }

        if (monster instanceof BossMonster) {
            ((BossMonster) monster).defeated();
        }
    }
}
```

RegisterCustomEvents.java

이후 빌드하고 실행해 보면 "/rpg testboss" 명령어를 통해 "BossArena"를 생성하고, 입장할 경우 좀비가 스폰되고, 좀비의 체력을 표시하는 보스 바도 같이 표기되는 모습을 볼 수 있습니다.

　이번엔 플레이어와 보스 몬스터가 사용할 스킬 시스템을 만들 겁니다. 스킬 부분을 클래스로 만들고, 스킬 아이템을 따로 만들어 해당 아이템을 사용할 경우 스킬을 발동할 수 있게 하겠습니다. 먼저 "Skill"이라는 인터페이스를 생성해 주고 다음과 같이 작성합니다.

```java
public class Skill {

    String name;

    public Skill(String name) {
        this.name = name;
    }

    public void Cast(LivingEntity caster){}

    public String getName() {
        return name;
    }
}
```

Skill.java

　"Cast" 메서드는 "Skill" 클래스를 상속받아 실제 기능을 구현하는 메서드이고, "getName"은 Skill의 이름을 반환해 주는 함수입니다.

　이후 간단하게 "TestSkill"이라는 테스트용 스킬 클래스를 하나 제작하겠습니다. "TestSkill"이라는 클래스를 생성하고 다음과 같이 작성해 줍니다.

```java
public class TestSkill extends Skill {

    public TestSkill(String name) {
        super(name);
    }


    @Override
    public void Cast(LivingEntity cater) {
        Vector dir = cater.getLocation().getDirection();
        cater.getWorld().createExplosion(
            cater.getLocation().clone().add(0, 1, 0).add(dir.multiply(2)),
            1,
            false,
            false
        );
    }
}
```

TestSkill.java

"Cast" 메서드에는 간단하게 시전자 "caster"의 위치에서 바라보는 방향으로 2칸 떨어진 위치에 규모 2의 폭발을 일으키는 코드를 작성해 놓았습니다. 이 스킬의 이름은 "test"로 하겠습니다.

이후 스킬을 발동시킬 아이템을 만들겠습니다. "SkillItem"이라는 클래스를 생성하고 다음과 같이 작성해 주겠습니다.

```java
public class SkillItem {

❶  Skill skill;
    int max_cool;
    int cool;
    ItemStack item;
❷  BukkitRunnable runnable;

❸  public SkillItem(Material material, Skill skill, int max_cool) {
```

```java
            this.item = MinecraftRPG.createCustomItem(material, skill.getName(), 1);
            this.skill = skill;
            this.max_cool = max_cool;
            this.cool = 0;

❹          runnable = new BukkitRunnable() {
                @Override
                public void run() {
                    if (cool > 0) {
                        cool--;
                    }
                }
            };


            runnable.runTaskTimer(MinecraftRPG.instance, 0, 1);
        }

❺  public Skill getSkill() { return skill; }
    public ItemStack getItem() { return item; }
    public int getMaxCool() { return max_cool; }

❻  public void use(LivingEntity caster) {
        if (cool == 0) {
            skill.Cast(caster);
            cool = max_cool;
        }
    }
}
```

SkillItem.java

❶ "SkillItem" 클래스의 각 정보를 저장할 멤버 변수입니다. "skill"은 이 아이템을 사용했을 때 사용될 스킬," "max_cool"과 "cool"은 각각 최대 쿨타임과 현재 쿨타임 "item"은 이 "SkillItem"의 실제 마인크래프트 ItemStack을 저장합니다.

❷ 해당 "SkillItem"의 쿨타임을 셀 BukkitRunnable입니다.

❸ "SkillItem" 클래스의 생성자입니다. 해당 "SkillItem"의 "item"은 Material을 받아서 "customModel-Data"가 10이고 "skill"의 이름을 가진 커스텀 아이템으로 초기화합니다.

❹ 해당 "SkillItem"의 쿨타임을 세는 BukkitRunnable입니다. "cool"이 0보다 크면 틱당 1씩 감소시키는 간단한 기능을 수행합니다.

❺ 각 멤버 변수를 반환하는 메서드들입니다.

❻ "SkillItem"으로 실제 스킬을 사용하는 "use" 메서드입니다. "cool"이 0일 경우만 작동하며, "skill"의 "Cast" 메서드를 실행하고 "cool"을 "max_cool"로 초기화합니다.

메인 클래스로 가서 다음과 같이 작성해 줍니다.

```java
public final class MinecraftRPG extends JavaPlugin {

    public static MinecraftRPG instance;
    public RPGPlayer player;
    public HashMap<UUID,Monster> monsterManager = new HashMap<>();
    public HashMap<ItemStack,SkillItem> skillItemManager = new HashMap<>();
    public Inventory playerStatusGUI;
    public Location sp,ep;

    @Override
    public void onEnable() {
        // Plugin startup logic
        instance = this;
        Bukkit.getPluginManager().registerEvents(new Events(), this);
        Bukkit.getPluginCommand("rpg").setExecutor(new Commands());
        playerStatusGUI = Bukkit.createInventory(null, 9, "Status");
        new AreaManager();
    }

    @Override
    public void onDisable() {
        // Plugin shutdown logic
    }
}
```

메인 클래스

ItemStack을 통해 "SkillItem"을 찾을 수 있는 "skillItemManager"를 추가해 줍니다. 이를 통해 마인크래프트 이벤트로 받은 아이템 정보를 "SkillItem"으로 연동할 수 있을 겁니다.

이제 Events로 가서 "SkillItem"을 사용했을 때 효과를 추가해 줄 겁니다. Events.java 클래스에 "onPlayerInteract" 메서드에 다음과 같이 덧붙여 줍니다.

```java
@EventHandler
void onPlayerInteract(PlayerInteractEvent e) {

    Block block = e.getClickedBlock();
    Player player = e.getPlayer();
    ItemStack item = player.getInventory().getItemInMainHand();
    Action action = e.getAction();

    if (item.getType().equals(Material.BLAZE_ROD)) {
        e.setCancelled(true);

        if (action.equals(Action.RIGHT_CLICK_BLOCK)) {
            MinecraftRPG.instance.ep = block.getLocation();
            player.sendMessage("두 번째 좌표가 설정되었습니다.");
        } else if (action.equals(Action.LEFT_CLICK_BLOCK)) {
            MinecraftRPG.instance.sp = block.getLocation();
            player.sendMessage("첫 번째 좌표가 설정되었습니다.");
        }
    }

    if (action.equals(Action.RIGHT_CLICK_AIR) || action.equals(Action.RIGHT_CLICK_BLOCK)) {
        if (MinecraftRPG.instance.skillItemManager.containsKey(item)) {
            MinecraftRPG.instance.skillItemManager.get(item).use(player);
        }
    }
}
```

Events.java

플레이어가 "허공에 우클릭", 또는 "블록에 우클릭"을 했으면, "skillItemManager"에서 아이템을 검색하여 "SkillItem"을 사용한 것으로 처리해 주는 코드입니다.

이제 테스트를 위해 커맨드를 추가하겠습니다. Commands.java로 가서 다음과 같이 작성해 줍니다.

```java
if (args[0].equalsIgnoreCase("skillitem")) {
    SkillItem testSkillItem = new SkillItem(Material.DIAMOND_SWORD,
        new TestSkill("Explosion"),
        max_cool: 20);

    MinecraftRPG.instance.skillItemManager.put(testSkillItem.getItem(), testSkillItem);
    player.getInventory().addItem(testSkillItem.getItem());
}
…
return false;
```

Commands.java

❶ 새로운 커맨드 옵션 "skillitem"을 추가합니다.

❷ 미리 만들어 둔 "TestSkill"을 담는 "SkillItem", "testSkillItem"을 생성하고 이를 "skillItemManager" 에 등록해 줍니다.

❸ 이후 해당 "SkillItem"의 "item"을 플레이어에게 지급합니다.

이제 빌드하고 실행해 보면 다음과 같이 스킬이 사용되는 것을 볼 수 있습니다.

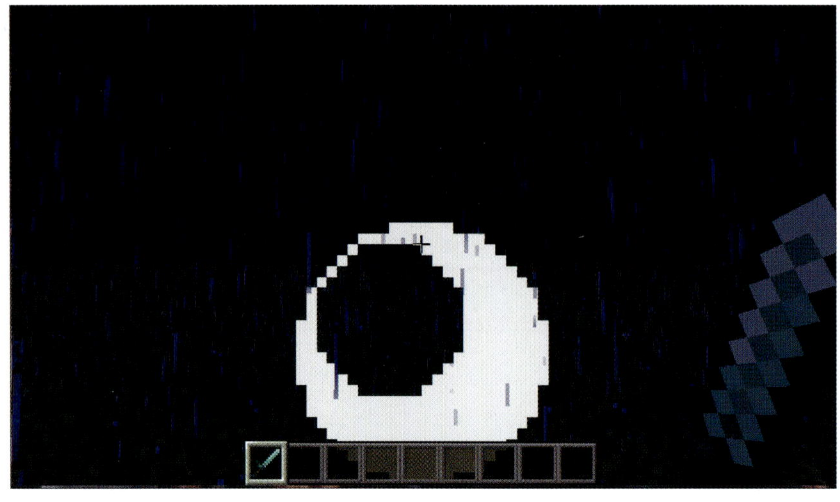

작동 화면

콘텐츠 구현 :
NPC 상호작용 시스템

학습목표

- NPC 클래스를 제작한다.
- NPC와의 상호작용을 이벤트를 통해 구현한다.
- 직업 시스템을 구축하고 NPC를 통한 전직 기능을 구현한다.
- 상점 시스템을 구축하고 NPC를 통해 상점 이용 기능을 구현한다.
- 레벨 디자인을 통해 게임을 완성하고 프로젝트를 마감한다.

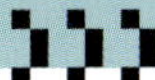

이번 챕터에선 NPC와 상호작용하는 시스템 전반을 제작하고, 레벨 디자인을 통해 RPG 게임을 마감할 겁니다. NPC는 플레이어와 상호작용하여 일정한 대화를 주고받을 수 있게 만들어 게임에 생기를 불어넣고, 전직과 상점 등은 모두 NPC와 상호작용하여 기능을 이용할 수 있게 만들어 주겠습니다. 이를 위해 앞에선 배우지 않은 TextComponent라는 Spigot의 기능을 사용하게 됩니다. 하지만 어려울 건 하나도 없으니 지레 겁먹지 마시길 바랍니다. 앞선 내용을 모두 만들었으면, 실제 마인크래프트 월드에서 Area를 생성해 주고, 몬스터와 NPC를 배치하여 RPG 게임을 완성해 프로젝트를 마감하겠습니다. 정말 얼마 안 남았으니, 마지막까지 열심히 프로젝트를 마무리 지어 봅시다.

이제 NPC를 만들 겁니다. NPC는 마을에 서서 움직이지 않고, 때려지지도 않으며, 우클릭으로 상호작용 할 수 있어야 합니다. "NPC.java"라는 파일 하나를 생성해 주고 다음과 같이 작성합니다.

```java
public class NPC {
❶ String[] script;
    String name;

    public NPC(String[] script, String name) {
❷        this.script = script;
        this.name = name;
    }


    public UUID spawn(Location loc) {
❸        LivingEntity entity = (LivingEntity) loc.getWorld().spawnEntity(
            loc, EntityType.VILLAGER);
        entity.setAI(false);
        entity.setInvulnerable(true);
        return entity.getUniqueId();
    }

❹ public String[] getScript() {
        return script;
    }

    public String getName() {
        return name;
    }
}
```

NPC.java

❶ "script"는 플레이어가 NPC와 상호작용했을 때, 채팅창에 출력될 대화를 저장합니다.

❷ "NPC" 클래스의 생성자입니다.

❸ "NPC" 개체를 생성하는 "spawn" 메서드입니다. "Monster" 클래스와 같이 생성된 개체의 UUID를 반환합니다. 여기서는 "Monster"와 다르게 "setAI" 메서드로 생성된 개체의 AI를 없애, 움직이지 않도록 하고, "setInvulnerable" 메서드를 통해 자연적으로 디스폰되지 않도록 합니다.

❹ 각 멤버 변수를 반환하는 메서드들입니다.

또한 메인 클래스로 가서 생성된 npc들을 관리할 "npcManager"를 하나 작성해 줍니다.

```java
public class MinecraftRPG extends JavaPlugin {
    public static MinecraftRPG instance;
    RPGPlayer player;
    HashMap<UUID,Monster> monsterManager = new HashMap<>();
    HashMap<ItemStack,SkillItem> skillItemManager = new HashMap<>();
    HashMap<UUID,NPC> npcManager = new HashMap<>();
    Inventory playerStatusGUI;
    Location sp,ep;

    @Override
    public void onEnable() {
        // Plugin startup logic
        instance = this;
        Bukkit.getPluginManager().registerEvents(new Events(), this);
        Bukkit.getPluginCommand("rpg").setExecutor(new Commands());
        playerStatusGUI = Bukkit.createInventory(null, 9, "Status");
        new AreaManager();
    }
}
```

메인 클래스

이제는 플레이어가 NPC와 상호작용, 즉, NPC에 우클릭하면 스크립트가 나오는 기능을 제작하겠습니다. Events.java로 가서 다음 코드를 덧붙여 줍니다.

```java
@EventHandler
❶ void onPlayerInteractEntity(PlayerInteractEntityEvent e) {
    Player player = e.getPlayer();
    Entity entity = e.getRightClicked();


  ❷ if (MinecraftRPG.instance.npcManager.containsKey(entity.getUniqueId())) {
        NPC npc = MinecraftRPG.instance.npcManager.get(entity.getUniqueId());
  ❸     for (String message : npc.getScript()) {
            Audience audience = Audience.audience(player);
            MiniMessage miniMessage = MiniMessage.miniMessage();
            audience.sendMessage(miniMessage.deserialize(message));
        }
    }
}
```

Events.java

❶ "PlayerInteractEntityEvent"는 플레이어와 개체가 상호작용을 할 때 호출되는 이벤트입니다. "get-Player" 메서드는 상호작용한 플레이어, "getRightClicked" 메서드는 상호작용한 개체를 가져옵니다.

❷ 개체의 UUID가 "npcManager"에 등록되어 있는지 검사합니다. 만약 등록되어 있다면, 해당 개체를 "NPC"로 판단하고 해당 "NPC" 클래스를 들고 옵니다.

❸ "NPC" 클래스에 저장되어 있는 "scripts"를 들고 와 순회하며 플레이어에게 메시지로 보냅니다. 이때, 채팅에 여러 기능을 넣은 Kyori Mini Message 포멧의 문자열도 보낼 수 있도록 "Audience" 객체를 들고 와 "Audience" 클래스의 "sendMessage"를 통해 보냅니다(Chapter 2. 메시지 참고).

마지막으로 테스트를 위해 NPC를 생성하는 커맨드 옵션 하나를 추가하겠습니다. Commands.java로 가서 다음과 같은 코드를 추가해 줍니다.

```java
if (args[0].equalsIgnoreCase("testnpc")) {
    NPC npc = new NPC(new String[]{"[color₩:blue](color:blue)Hello"}, "test");
    MinecraftRPG.instance.npcManager.put(
        npc.spawn(player.getLocation()),
        npc
    );
}
...
    }
  }
 return false;
```

Commands.java

이후 빌드하고 실행하여 "/rpg testnpc"를 통해 NPC를 생성하고, 우클릭으로 상호작용해 보면 다음과 같은 스크립트가 정상적으로 출력되는 것을 알 수 있습니다.

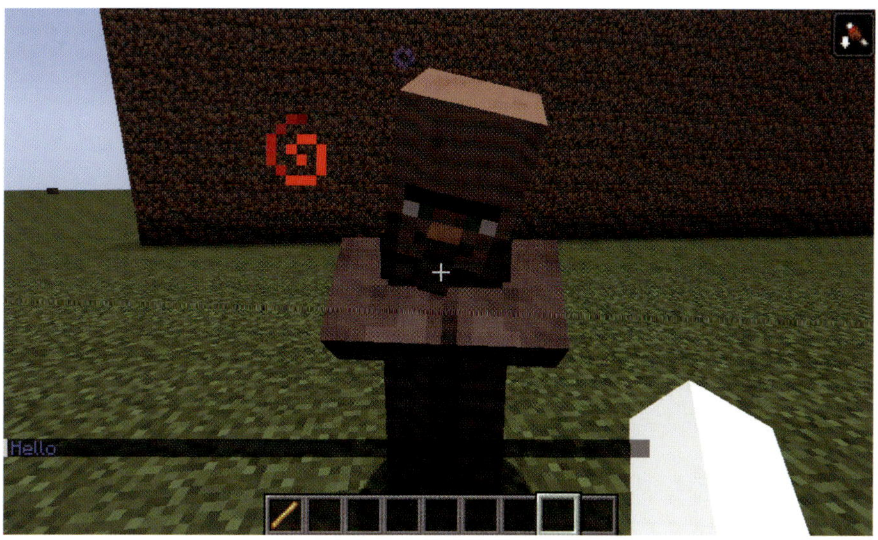

작동 화면

이번에는 직업 시스템과 NPC를 통한 전직을 구현하겠습니다. 먼저 "Job"이라는 Enum클래스를 생성하고 다음과 같은 속성들을 추가합니다.

```java
public enum Job {
    ADVENTURER,
    WARRIOR,
    SPEEDER,
    DEFENDER
}
```

Job.java

이후 "RPGPlayer" 클래스에 직업 정보를 담을 "job" 변수를 추가해 주고 캡슐화해 줍니다. 여기서 "setJob" 메서드는 플레이어의 직업을 설정하는 메서드입니다.

```java
public class RPGPlayer {
    Player player;
    PlayerStatus playerStatus;
    Job job = Job.ADVENTURER;

    public RPGPlayer(Player player, PlayerStatus playerStatus) {
        this.player = player;
        this.playerStatus = playerStatus;
    }

    public Player getPlayer() {
        return player;
    }

    public PlayerStatus getStatus() {
        return playerStatus;
    }
```

```java
    public Job getJob() {
        return job;
    }

    public void setJob(Job job) {
        this.job = job;
    }
}
```

RPGPlayer.java

이후 "Commands.java"로 가서 "WARRIOR"로 전직시켜줄 전직관 NPC를 소환하는 커맨드와 플레이어를 전직시키는 기능을 수행할 커맨드를 추가합니다.

```java
❶ if (args[0].equalsIgnoreCase("warrior")) {
❷     NPC npc = new NPC(new String[]{
           "₩n₩n₩n₩n₩n₩n₩n₩nWarrior로 전직하시겠습니까?₩n",
❸         "[〈click₩:run_command:'/rpg former _warrior'〉[color:green](color:green)Yes〈/click〉/" +
           "〈click:run_command:'/rpg former _decline'〉[color:red](color:red)No〈/click〉]"
       }, name:"former_warrior");

       MinecraftRPG.instance.npcManager.put(npc.spawn(player.getLocation()), npc);
   }

❹ if (args[0].equalsIgnoreCase("former")) {
       if (args[1].equalsIgnoreCase("_warrior")) {
❺         PlayerStatus status = MinecraftRPG.instance.player.getStatus();

           if (status.Str >= 6 && MinecraftRPG.instance.player.job == Job.ADVENTURER) {
               MinecraftRPG.instance.player.getPlayer().sendMessage("₩n₩n₩n₩n₩n₩n₩
n₩n" + "Warrior로 전직을 성공했습니다!");

               MinecraftRPG.instance.player.setJob(Job.WARRIOR);
❻             SkillItem testSkillItem = new SkillItem(Material.DIAMOND_SWORD,
                   new TestSkill(name:"Explosion"),
```

```java
            max_cool:20);
            MinecraftRPG.instance.skillItemManager.put(testSkillItem.getItem(), testSkillItem);
            player.getInventory().addItem(testSkillItem.getItem());
        } else {
            MinecraftRPG.instance.player.getPlayer().sendMessage("\n\n\n\n\n\n\n\n" + "전직할 수 없습니다.");
        }
    }
}
```

Commands.java

❶ "warrior"라는 커맨드 옵션을 추가하여 "WARRIOR"로 전직할 수 있는 NPC를 소환하는 기능을 구현합니다.

❷ 채팅창에 전직할 수 있는 UI를 띄우는 "NPC"를 생성합니다.

❸ "⟨click:run_command:~⟩"는 해당 태그로 둘러싸인 텍스트를 누를 경우 "~"에 해당하는 커맨드를 실행하게 해주는 Mini Message 포멧입니다. 여기서는 "Yes"라는 글자에 "/rpg former _warrior"라는 커맨드를, "No"라는 문자에 "/rpg former _decline"이라는 커맨드를 실행하는 기능을 각각 넣어줍니다.

❹ 텍스트 클릭으로 실행될 "former" 커맨드 옵션을 추가합니다. 2번째 옵션이 "_warrior"라면 "WARRIOR"로 플레이어를 전직시키는 로직을 실행합니다.

❺ 플레이어의 스테이터스를 검사하여 "Str" 값이 6보다 크고 직업이 "ADVENTRURER(기본값)"일 경우에만 플레이어를 "WARRIOR"로 전직시킨 후, "Warrior로 전직을 성공했습니다!"라는 메시지를 띄웁니다.

❻ 이전에도 작성했었던 "testSkillItem" 생성 코드를 다시 사용하여 "WARRIOR"로 전직한 플레이어에게 스킬을 줍니다.

❼ 만약 두 번째 옵션이 "_warrior"가 아니라면 플레이어에게 "전직할 수 없습니다."라는 메시지를 띄웁니다.

빌드하고 실행해 보면 다음과 같이 정상적으로 전직 시스템이 작동하는 것을 알 수 있습니다.

작동 화면

 상점 시스템

이제 상점 시스템을 만들어 보겠습니다. 상점 시스템은 "Shop"이라는 클래스를 제작하여 구현하겠습니다. 그전에 플레이어에 "money"라는 속성을 추가하여 재화처럼 사용할 수 있게 하겠습니다. RPGPlayer.java로 가서 다음과 같이 덧붙여 줍니다.

```java
public class RPGPlayer {
    Player player;
    PlayerStatus playerStatus;
    Job job = Job.ADVENTURER;
    int money = 0;

    public RPGPlayer(Player player, PlayerStatus playerStatus) {
        this.player = player;
        this.playerStatus = playerStatus;
    }

    ...
```

RPGPlayer.java

이후 "Shop.java"라는 클래스를 생성해서 다음과 같이 작성해 줍니다.

```java
public class Shop {
❶    Inventory inventory;
    boolean isSell;

❷    HashMap<Material, Integer> sell = new HashMap<Material, Integer>(){{
        put(Material.IRON_INGOT, 100);
        put(Material.GOLD_INGOT, 500);
        put(Material.DIAMOND, 1000);
        put(Material.EMERALD, 1500);
        put(Material.COAL, 20);
    }};

    HashMap<Material, Integer> buy = new HashMap<Material, Integer>(){{
        put(Material.IRON_SWORD, 1500);
        put(Material.DIAMOND_SWORD, 2000);
        put(Material.NETHERITE_SWORD, 3000);
    }};
❸    public Shop() {
        this.inventory = Bukkit.createInventory(null, 9, "Shop");
    }

❹    public Inventory getInventory() {
        return inventory;
    }

    public int getBuy(Material mat) {
        if (!buy.containsKey(mat)) return -1;
        return buy.get(mat).intValue();
    }
}

❺public int getSell(Material mat) {
    if (!sell.containsKey(mat)) return -1;
    return sell.get(mat).intValue();
}
```

```java
❻ public void initInventoryToSell() {
    isSell = true;
    inventory.clear();
    int _i = 0;
    for (Material m : sell.keySet()) {
        inventory.setItem(_i, MinecraftRPG.createCustomItem(m, sell.get(m).toString(), cus-
tomModelData: 1));
        _i++;
    }
}

❼ public void initInventoryToBuy() {
    isSell = false;
    inventory.clear();
    int _i = 0;
    for (Material m : buy.keySet()) {
        inventory.setItem(₩_i, MinecraftRPG.createCustomItem(m, buy.get(m).toString(),
customModelData: 1));
        _i++;
    }
}
```

Shop.java

❶ "inventory"는 해당 Shop의 GUI를 담당할 Inventory입니다. "isSell"은 이 "Shop"에 플레이어가 물건을 파는 것인지, 물건을 사는 것인지를 나타내는 변수입니다. "isSell"이 "true"이면 "Shop"의 물건을 사고, "isSell"이 "false"이면 "Shop"에 물건을 팔아 돈을 벌 수 있게 합니다.

❷ 물건을 살 수 있는 물건과 팔 수 있는 물건의 목록과 그 가격을 저장하는 HashMap입니다.

❸ "Shop" 클래스의 생성자입니다.

❹ 해당 "Shop"의 인벤토리 GUI를 반환하는 "getInventory" 메서드입니다.

❺ "getBuy"와 "getSell"은 각각 아이템을 사거나 팔 때, 해당 아이템의 가격을 반환하는 메서드입니다.

❻ 플레이어가 상점을 물건을 사기 위해 열었을 때, 상점을 물품을 구매하는 모드로 초기화하는 메서드입니다.

❼ 플레이어가 상점을 물건을 팔기 위해 열었을 때, 상점을 물품을 판매하는 모드로 초기화하는 메서드입니다.

이제 우리가 만든 "Shop"의 객체를 생성하여 메인 클래스에 저장해 주도록 하겠습니다. 메인 클래스로 가서 다음과 같이 덧붙여 줍니다.

```java
public final class MinecraftRPG extends JavaPlugin {

    public static MinecraftRPG instance;
    public RPGPlayer player;
    public HashMap<UUID,Monster> monsterManager = new HashMap<>();
    public HashMap<ItemStack,SkillItem> skillItemManager = new HashMap<>();
    public HashMap<UUID,NPC> npcManager = new HashMap<>();
    public Inventory playerStatusGUI;
    public Location sp.ep;
    public Shop shop;

    @Override
    public void onEnable() {
        // Plugin startup logic
        instance = this;
        Bukkit.getPluginManager().registerEvents(new Events(), plugin: this);
        Bukkit.getPluginCommand(name: "rpg").setExecutor(new Commands());
        playerStatusGUI = Bukkit.createInventory(owner: null, size: 9, title:
"Status");
        new AreaManager();
        shop = new Shop();
    }

    @Override
    public void onDisable() {
        // Plugin shutdown logic
    }
}
```

메인 클래스

이제는 상점을 여는 역할을 할 상인 NPC를 소환하는 명령어를 만들어 주겠습니다. Commands.java로 가서 다음과 같이 작성합니다.

```java
❶ if (args[0].equalsIgnoreCase("merchant")) {
        if (args.length == 1) {
            NPC npc = new NPC(new String[]{
                "₩n₩n₩n₩n₩n₩n무엇을 하시겠습니까?₩n",
❷              "[<click:run_command:/rpg merchant _buy>[color:green](color:green)구매</click>]/" +
                "<click:run_command:/rpg merchant _sell>[color:red](color:red)판매</click>]"
            },
            name: "merchant");
            MinecraftRPG.instance.npcManager.put(npc.spawn(player.getLocation()), npc);
        }

❸     if (args.length > 1) {
            if (args[1].equalsIgnoreCase("_buy")) {
                MinecraftRPG.instance.shop.initInventoryToBuy();
                MinecraftRPG.instance.player.getPlayer().openInventory(MinecraftRPG.instance.
shop.getInventory());
            } else if (args[1].equalsIgnoreCase("_sell")) {
                MinecraftRPG.instance.shop.initInventoryToSell();
                MinecraftRPG.instance.player.getPlayer().openInventory(MinecraftRPG.instance.
shop.getInventory());
            }
        }
}
...
}
return false;
```

Commands.java

❶ "merchant"라는 새 커맨드 옵션을 추가하여 기능을 구현합니다. 커맨드의 옵션이 "merchant" 하나 뿐일 경우 상점 NPC를 소환합니다.

❷ "구매"와 "판매" 텍스트에 각각 클릭하면 "/rpg merchant _but", "/rpg merchatn _sell" 커맨드를 실행하는 기능을 추가합니다.

❸ 만약 옵션이 추가로 더 붙어있다면 두 번째 옵션에 따라 상점을 초기화하여 플레이어에게 엽니다.

이제 상점에 물건을 구매, 또는 판매를 요청했을 때 호출되는 이벤트를 제작해 볼 겁니다.
각각 "PlayerShopBuyRequest"와 "PlayerShopSellRequest"라는 이벤트를 만들어 구현하겠습니다.
"PlayerShopBuyRequest.java" 클래스와 "PlayerShopSellRequest.java" 클래스를 각각 생성해 주고
다음과 같이 작성합니다.

```java
public class PlayerShopBuyRequest extends Event {
    public static HandlerList handlers = new HandlerList();
    Player player;
    Material itemType;
    int price;

    public PlayerShopBuyRequest(Player player, Material itemType, int price) {
        this.player = player;
        this.itemType = itemType;
        this.price = price;
    }

    public Player getPlayer() {
        return player;
    }

    public int getPrice() {
        return price;
    }

    public Material getItemType() {
        return itemType;
    }

    @Override
    public HandlerList getHandlers() {
        return handlers;
    }

    public static HandlerList getHandlerList() {
        return handlers;
```

```java
    }
}
```

PlayerShopBuyRequest.java

```java
public class PlayerShopSellRequest extends Event {
    public static HandlerList handlers = new HandlerList();
    Player player;
    Material itemType;
    int price;

    public PlayerShopSellRequest(Player player, Material itemType, int price) {
        this.player = player;
        this.itemType = itemType;
        this.price = price;
    }

    public Player getPlayer() {return player; }

    public Material getItemType() {return itemType;}

    public int getPrice() {return price;}

    @Override
    public HandlerList getHandlers() {return handlers;}

    public static HandlerList getHandlerList() {return handlers;}
}
```

PlayerShopSellRequest.java

이후 RegisterCustomEvents.java로 가서, 앞서 제작한 두 이벤트를 등록해 주겠습니다. InventoryClickEvent를 이벤트로 사용하는 "onPlayerClickInventory" 메서드를 추가한 후, 다음과 같이 작성해 줍니다.

```java
@EventHandler
void onPlayerClickInventory(InventoryClickEvent e) {
    Player player = (Player) e.getWhoClicked();
    Inventory inv = e.getInventory();
    ItemStack item = e.getCurrentItem();

    if (inv == MinecraftRPG.instance.shop.getInventory()) {
        e.setCancelled(true);
        if (item != null) {
            if (MinecraftRPG.instance.shop.isSell) {
                PlayerShopSellRequest event = new PlayerShopSellRequest(player, item.
getType(), MinecraftRPG.instance.shop.getSell(item.getType()));
                Bukkit.getPluginManager().callEvent(event);
            } else {
                PlayerShopBuyRequest event = new PlayerShopBuyRequest(player, item.get-
Type(), MinecraftRPG.instance.shop.getBuy(item.getType()));
                Bukkit.getPluginManager().callEvent(event);
            }
        }
    }
}
```

RegisterCustomEvents.java

플레이어가 인벤토리를 클릭했을 때, 그것이 "shop"의 인벤토리였을 경우, "isSell" 변수에 따라서 각기 다른 이벤트를 호출하는 함수입니다.

이후에 Events.java로 가서 실제 상점 구매/판매 기능을 구현해 주겠습니다. Events.java의 onPlayerClickInventory 메서드 내부에 다음과 같이 덧붙여 줍니다.

```java
...

    MinecraftRPG.instance.updateStatusGUI();
    }
}
```

```java
if (inventory == MinecraftRPG.instance.shop.getInventory() && item != null) {
    e.setCancelled(true);

    if (MinecraftRPG.instance.shop.isSell) {
        int idx = -1;
        for(int i = 0; i < player.getInventory().getSize(); i++) {
            ItemStack itemInIdx = player.getInventory().getItem(i);
            if (itemInIdx == null) continue;
            if (itemInIdx.getType().equals(item.getType())) {
                idx = i;
                break;
            }
        }
        if (idx != -1) {
            player.getInventory().getItem(idx).setAmount(
                player.getInventory().getItem(idx).getAmount() - 1
            );
            MinecraftRPG.instance.player.money += MinecraftRPG.instance.shop.getSell(
item.getType());
        }
    } else {
        int money = MinecraftRPG.instance.player.money;
        if (money >= MinecraftRPG.instance.shop.getBuy(item.getType())) {
            MinecraftRPG.instance.player.getPlayer().getInventory().addItem(
                new ItemStack(item.getType(), amount: 1)
            );
            MinecraftRPG.instance.player.money -= MinecraftRPG.instance.shop.getBuy(item.
getType());
        }
    }
}
```

Events.java

❶ 플레이어가 "shop"의 인벤토리를 클릭했고, 클릭한 곳이 빈 곳이 아닐 경우 로직을 실행합니다.

❷ "isSell" 값을 검사하여 "true"일 경우 판매 로직을 실행합니다.

❸ 판매 로직은 먼저, 플레이어의 인벤토리를 순회하여 판매하고자 하는 아이템이 있는지 검사하여 해당 아이템이 있는 플레이어 인벤토리의 인덱스를 반환합니다. 감지되지 않았다면 "idx"의 값은 변하지 않으므로 그대로 "-1"일 것입니다.

❹ "idx" 값이 "-1"이 아닐 경우, 즉, 판매하고자 하는 아이템이 플레이어의 인벤토리에서 감지되었을 경우, 해당 아이템의 수량을 하나 차감하고 플레이어의 "money" 변수에 지정된 금액을 추가합니다.

❺ "isSell" 값이 "false"일 경우엔 판매 로직을 실행하며, 플레이어의 "money" 값을 가져옵니다.

❻ 이후 플레이어의 "money" 값이 사고자 하는 물품의 가격 이상일 경우, 플레이어에게 지정된 아이템을 1개 지급하고 "money"를 가격만큼 깎습니다.

이제 플레이어의 재화를 플레이어가 확인할 수 있게 할 겁니다. 재화는 Status GUI를 이용해서 표현합니다. 메인 클래스로 가서 "updateStatusGUI" 메서드를 다음과 같이 변경해 주겠습니다.

```java
public void updateStatusGUI() {
    playerStatusGUI.setItem(0, MinecraftRPG.createCustomItem(Material.NETHER_STAR,
        "LV : " + player.getStatus().playerLevel,
        customModelData: 1));

    ...

    playerStatusGUI.setItem(6, MinecraftRPG.createCustomItem(Material.BLACK_STAINED_
GLASS_PANE,
        "", customModelData: 0));

    playerStatusGUI.setItem(7, MinecraftRPG.createCustomItem(Material.BLACK_STAINED_
GLASS_PANE,
        "", customModelData: 0));

    playerStatusGUI.setItem(8, MinecraftRPG.createCustomItem(Material.EMERALD,
        "SP : " + player.getStatus().Sp + ", Money : " + player.money,
        customModelData: 1));
}
```

메인 클래스

이제 빌드하고 실행하면, "/rpg mcrchant"로 상인을 소환하고, 상점을 열어 물건을 사고팔 수 있는 것을 확인할 수 있습니다. 또한 "/rpg status"를 통해 본인의 재화가 얼마나 남았는지도 확인할 수 있습니다.

레벨 디자인

이제 실제 플레이어가 플레이할 맵을 간단하게나마 만들어 보겠습니다. 이전에 우리가 테스트 하기 위해 제작했던 커맨드 옵션들은 삭제해도 무방합니다. 먼저 새로운 커맨드 옵션을 만들어 주겠습니다. Commands.java로 가서 다음과 같이 덧붙입니다.

```java
    ...
    MinecraftRPG.instance.player.getPlayer().openInventory(
    MinecraftRPG.instance.shop.getInventory());
  }
 }
}

❶ if (args[0].equalsIgnoreCase("spawn")) {
    if (args.length > 1) {
     ❷ if (args[1].equalsIgnoreCase("zombie")) {
        ❸    PlayerStatus mobstatus = new PlayerStatus();
            mobstatus.Str = 2;
            mobstatus.Def = 2;

            Monster monster = new Monster(EntityType.ZOMBIE, mobstatus, new ItemStack[]{
new ItemStack(Material.COAL, 2)}, 10);
        ❹    MinecraftRPG.instance.monsterManager.put(monster.spawn(player.getLocation()),
monster);
     ❺ } else if (args[1].equalsIgnoreCase("spider")) {

            PlayerStatus mobstatus = new PlayerStatus();
            mobstatus.Str = 5;
```

```java
            MinecraftRPG.instance.monsterManager.put(monster.spawn(player.getLocation()),
monster);
❻      } else if (args[1].equalsIgnoreCase("drowned")) {

            PlayerStatus mobstatus = new PlayerStatus();
            mobstatus.Str = 5;
            mobstatus.Def = 4;

            Monster monster = new Monster(EntityType.DROWNED, mobstatus, new ItemStack[]{
new ItemStack(Material.IRON_INGOT, 2)}, 45);
            MinecraftRPG.instance.monsterManager.put(monster.spawn(player.getLocation()),
monster);
        }
    }
}
```

Commandss.java

❶ "spawn" 옵션을 추가하여 몬스터를 생성하는 기능을 구현합니다. 또한 옵션의 길이도 체크하여 예외 처리를 해줍니다.

❷ 두 번째 옵션이 "zombie"일 때, "ZOMBIE" 형태의 Monster를 생성하고 스폰합니다.

❸ PlayerStatus 객체를 생성하고 "Str" 값과 "Def" 값을 조정한 뒤 "ZOMBIE" 타입의 몬스터를 해당 PlayerStatus로 생성합니다.

❹ 생성한 몬스터와 스폰된 개체의 UUID를 "monsterManager"에 등록합니다.

❺ 같은 방식으로 "SPIDER" 형태의 Monster 생성 코드도 추가합니다.

❻ 같은 방식으로 "DROWNED" 형태의 Monster 생성 코드도 추가합니다.

이번엔 NPC 스폰 명령어를 추가해 보겠습니다. 앞의 코드에 이어서 Commands.java에 다음과 같이 작성합니다.

```java
if (args[0].equalsIgnoreCase("npc")) {
    if (args.length > 2) {
        String script = "";
        for (int i = 2; i < args.length; i++) {
            script += " " + args[i];
        }

        NPC npc = new NPC(new String[]{script}, args[1]);
        MinecraftRPG.instance.npcManager.put(
            npc.spawn(player.getLocation()),
            npc
        );
    } else {
        player.sendMessage("/rpg npc [name] [script]");
    }
}
```

Commands.java

❶ "npc"라는 커맨드 옵션을 추가합니다. 이후 길이가 2 이상인지 체크하여 예외 처리를 합니다.

❷ "script" 문자열에 3번째 이상의 옵션을 대화 스크립트로 보고 " "로 구분하여 모두 집어 넣어 줍니다.

❸ 해당 "script"를 스크립트로 하는 NPC를 추가하고 "npcManager"에 등록합니다.

❹ 만약 커맨드의 길이가 충분하지 않다면 플레이어에게 명령어의 사용법이 담긴 메시지를 출력합니다.

다음으로 보스를 생성하는 명령어 옵션을 작성하겠습니다. 위 코드에 이어서 Commands.java에 다음의 코드를 덧붙여 줍니다.

```java
if (args[0].equalsIgnoreCase("boss")) {
    if (args.length > 1) {
        if (args[1].equalsIgnoreCase("ZombieKing")) {
            PlayerStatus mobstatus = new PlayerStatus();
            mobstatus.Str = 15;
            mobstatus.Def = 25;


            if (AreaManager.instance.addStage(new BossArena("ZombieKing_Arena",
                MinecraftRPG.instance.sp,
                MinecraftRPG.instance.ep,
                new BossMonster(EntityType.ZOMBIE,
                                        mobstatus,
                                        new ItemStack[]{new ItemStack(Materi-
al.EMERALD, 10)}, 20, "ZombieKing"),
                new Location(player.getWorld(),
                    (MinecraftRPG.instance.sp.getX() + MinecraftRPG.instance.ep.getX()) / 2,
                    (MinecraftRPG.instance.sp.getY() + MinecraftRPG.instance.ep.getY()) / 2,
                    (MinecraftRPG.instance.sp.getZ() + MinecraftRPG.instance.ep.getZ()) / 2
)))) { player.sendMessage("""Zombie King" 아레나를 성공적으로 생성했습니다.");
            }
        }
    }
}
```

Commands.java

이 코드는 "ZombieKing"이라는 보스의 아레나를 생성하는 커맨드입니다. 생성하는 방법은 이전과 같습니다. 또한 보스 몬스터에 걸맞은 스테이터스를 설정해 준 것을 볼 수 있습니다.

이제 우리 서버 폴더로 가서 "world" 폴더를 지워줍니다. Bukkit은 구동할 때 "world" 폴더가 없으면 자동으로 서바이벌 맵 하나를 생성해 줍니다. 우리는 이 생성된 맵에 레벨 디자인을 할 겁니다.

이름	수정한 날짜	유형	크기
bundler	2023-11-20 오후 7:14	파일 폴더	
crash-reports	2023-12-05 오후 5:25	파일 폴더	
logs	2024-02-22 오전 2:50	파일 폴더	
Maps	2024-02-25 오후 1:56	파일 폴더	
plugins	2024-02-25 오후 1:56	파일 폴더	
world	2024-02-25 오후 4:06	파일 폴더	
world_nether	2024-02-22 오전 2:51	파일 폴더	
world_the_end	2024-02-22 오전 2:51	파일 폴더	
banned-ips.json	2024-02-22 오전 2:50	JSON File	1KB
banned-players.json	2024-02-22 오전 2:50	JSON File	1KB
bukkit.yml	2024-02-22 오전 2:50	YML 파일	1KB
commands.yml	2024-02-22 오전 2:50	YML 파일	1KB
eula.txt	2023-11-20 오후 7:17	텍스트 문서	1KB
help.yml	2023-11-20 오후 7:18	YML 파일	0KB

world 폴더 제거

이후 서버를 실행시켜 보면 "world"라는 폴더가 생성되고, 접속하면 새로운 맵이 생성된 모습을 볼 수 있습니다.

서버에 접속하였으면, 근처 적당한 마을을 찾고, 조금 거리를 둬서 플레이어의 스폰 지점을 지어줍니다. 아래 사진은 제가 건축한 견본이며, 스폰 지점은 여러분 맘껏 손 가는 대로 지어주셔도 된답니다.

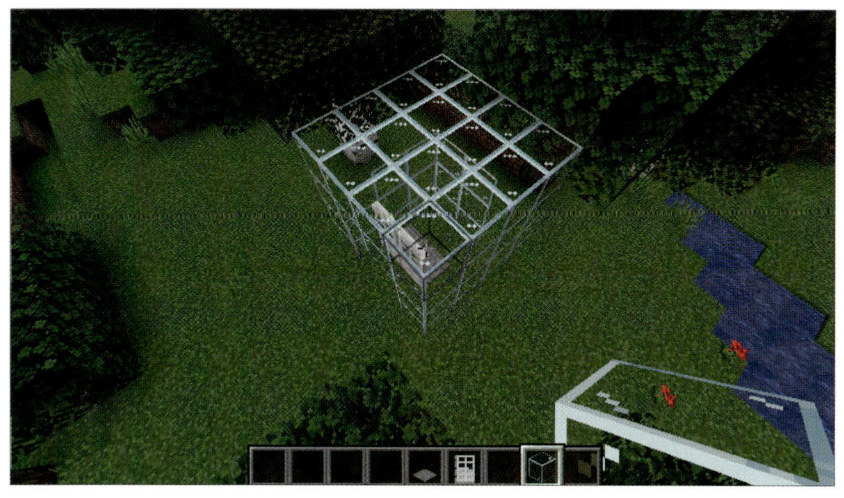

플레이어의 스폰 지점

다 지었으면 스폰 지점으로 설정할 좌표에 서서, "/setworldspawn ~ ~ ~" 명령어를 통해 스폰 지점을 설정해 줍니다.

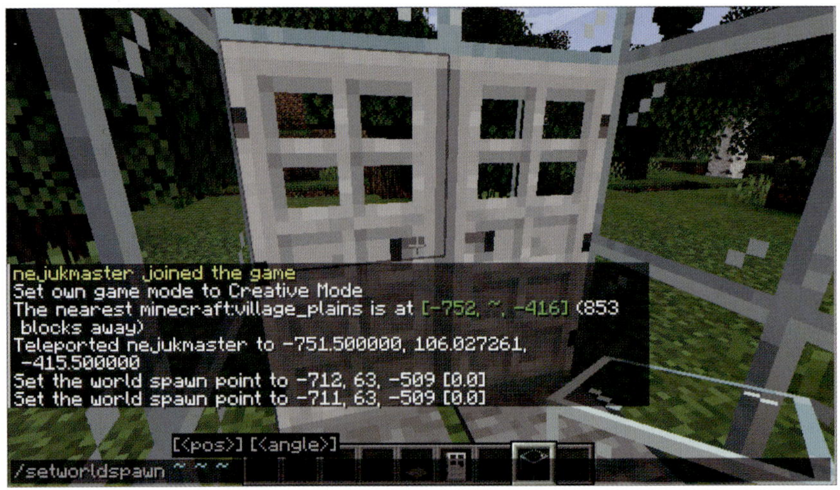

스폰 지점 설정

이제 근처 마을을 지정하여 "Village"를 생성하겠습니다. 먼저 알기 쉽게 "Village"로 설정할 영역에 다음 그림과 같이 울타리를 쳐 줍니다.

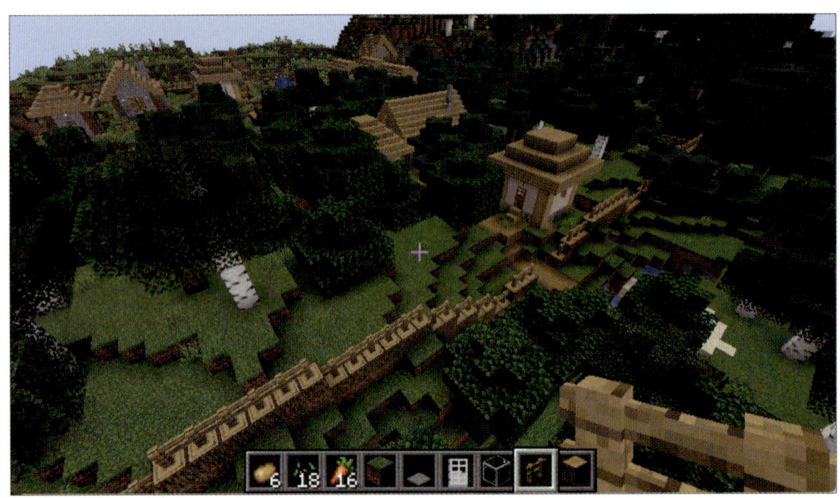

마을에 울타리 작업

이후 블레이즈 막대를 사용하여 이 마을의 영역을 "Village로 생성해 줍니다. 이때 우리의 플러그인은 y 좌표도 확인함을 잊지 말고 확실히 정육면체 형태로 지정해 줍니다. 이후 "/rpg village [이름]"을 통해 village의 이름을 지정해 줍니다. 모두 성공적으로 마쳤으면 마을에 들어가면 다음과 같이 작동 화면이 보여야 합니다.

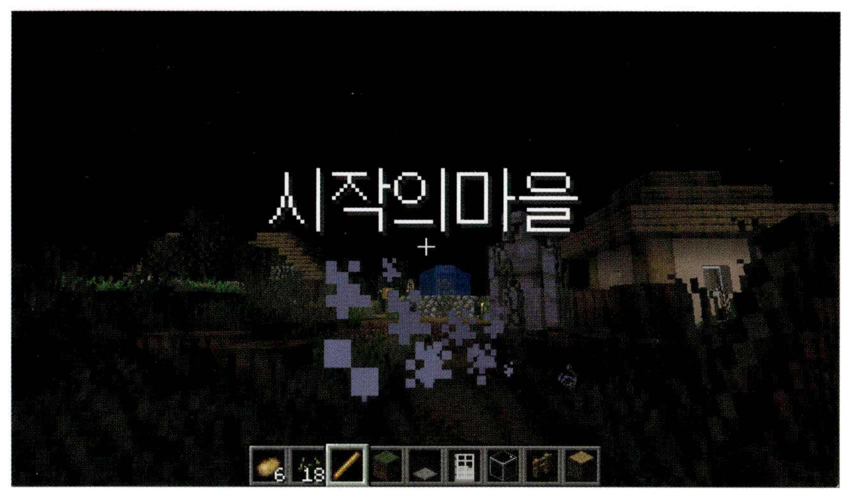

작동 화면

　그럼, 이제 마을에 NPC를 세우겠습니다. 그전에 먼저, 주민이 자연적으로 스폰되지 않게 하기 위해 마을의 침대를 모두 부순 후, "/kill @e[type=minecraft:villager]" 명령어를 통해 주민을 모두 지워줍니다.

　이후 저희가 추가한 "/rpg npc [이름] [스크립트]" 명령어를 통해 npc를 여러분이 원하는 만큼 배치해 줍니다.

NPC 생성

　모두 배치했으면 "/rpg merchant"와 "/rpg warrior" 명령어를 통해 상인과 "Warrior" 전직 NPC를 추가로 배치합니다.

이후 스폰 지역에서 마을로 가는 길목에 몬스터를 생성해 주겠습니다. "/time set night" 명령어를 통해 밤으로 바꿔준 후 "/rpg spawn zombie" 명령어를 통해 좀비 몬스터를 원하는 만큼 배치합니다.

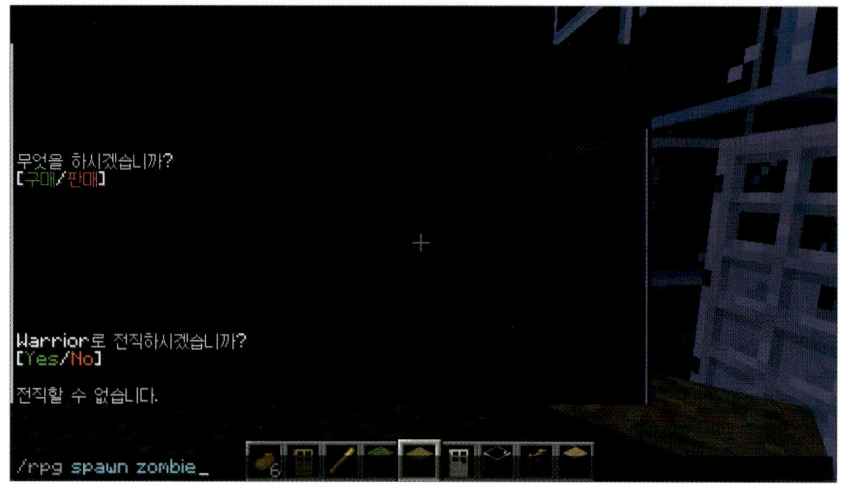

좀비 몬스터 스폰

이번에는 보스 몬스터 아레나를 지을 겁니다. 형태는 상관 없으므로 최대한 자유롭게 지어 봅니다. 저는 다음과 같이 지어 주었습니다.

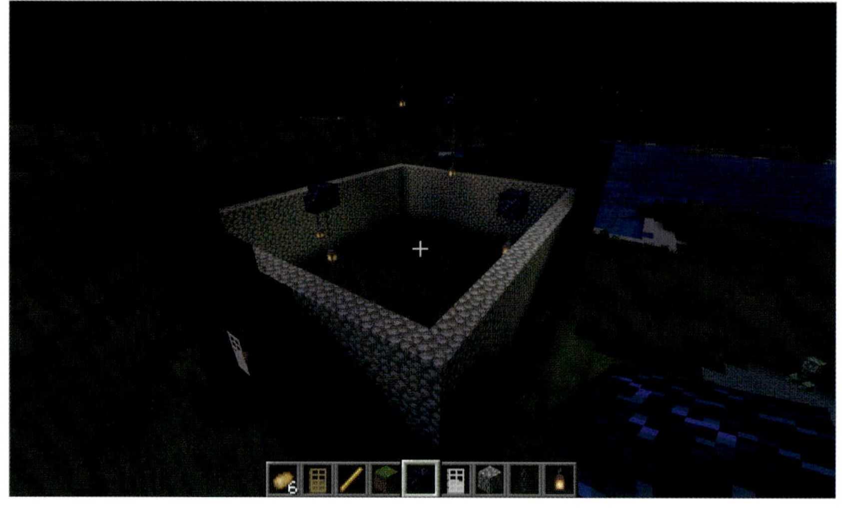

보스 아레나 건설

여러분도 모두 지었으면 아레나가 모두 늘어가는 직사가형 영역을 블레이즈 마대로 선택한 후, "/rpg boss ZombieKing" 명령어를 통해 "ZombieKing"의 아레나로 만들어 줍니다.

이후 마지막으로 마을에서 아레나로 가는 길목에 "/rpg spawn drowned"와 "/rpg spawn spider" 명령어를 통해 몬스터들을 적절히 배치해 주면 완성입니다. 이제 크리에이티브 모드를 풀고 여러분이 만든 RPG 게임을 즐겨보세요!

마인크래프트 RPG 만들기

1판 1쇄 발행 2025년 09월 25일

저 자 | 우마공 운영진
발 행 인 | 김길수
발 행 처 | ㈜영진닷컴
주 소 | (08512) 서울특별시 금천구 디지털로9길 32
갑을그레이트밸리 B동 10F
등 록 | 2007. 4. 27. 제16-4189호

ⓒ2025. ㈜영진닷컴

ISBN 978-89-314-8054-2